Knaur

Über die Autorin:

Carolyn Slaughter, 1947 in Indien geboren, wuchs dort und in Afrika auf. Sie hat bereits mehrere Romane geschrieben. Seit einigen Jahren arbeitet sie als Psychotherapeutin, vornehmlich mit Kindern. Carolyn Slaughter lebt heute in den USA.

Carolyn Slaughter
RISSE IN DER ZEIT

Aus dem Englischen von
Leonie von Reppert-Bismarck und
Thomas Rütten

Knaur

Die amerikanische Originalausgabe erschien 2002 unter dem Titel
»Before the Knife«
bei Alfred A. Knopf, New York.

Besuchen Sie uns im Internet:
www.knaur.de

Vollständige Taschenbuchausgabe 2003
Droemersche Verlagsanstalt Th. Knaur Nachf., München

Umschlaggestaltung: ZERO Werbeagentur, München
Umschlagabbildung: Collage, unter Verwendung eines Bildes von
Picture Press und eines Fotos aus dem privaten Besitz der Autorin
Satz: Ventura Publisher im Verlag
Druck und Bindung: Nørhaven Paperback A/S
Printed in Denmark
ISBN 3-426-62403-6

2 4 5 3 1

Für Leila, endlich doch.
Und für Kemp, der es ausgehalten hat.

What I want back is what I was
Before the bed, before the knife.

Sylvia Plath

Prolog

Dies sind die Erinnerungen an meine Kindheit, die ich in einer Gegend Afrikas verlebte, die man Kalahari nennt. Sie handeln von meiner Mutter, meinem Vater und meinen beiden Schwestern und unserem Leben an einem einmalig schönen Ort. Sie handeln von der Kindheit in einer Familie, die ihrem damaligen Schicksal, so will es mir im Nachhinein scheinen, genauso hilflos ausgeliefert war wie ich dem meinen. Was mir widerfuhr, betraf uns alle – meine Mutter, meinen Vater, meine Schwestern und mich. Wir alle zerbrachen an dem Grauen und versuchten gleichzeitig, so zu tun, als gebe es dieses Grauen nicht. Jeder von uns fand seinen eigenen Weg, es zu überleben, und jeder musste es alleine durchstehen. Nach außen hin waren wir das, was wir zu sein vorgaben: eine ganz normale englische Familie, die in den letzten Jahren britischer Kolonialherrschaft in einer ziemlich entlegenen Gegend Südafrikas lebte. Unser Leben unterschied sich kaum von dem der anderen um uns herum, und wir dachten und benahmen uns nicht anders, als es Engländer damals taten. Niemand stellte unser Verhalten in Frage, weder in dem Land, das wir seinen angestammten Besitzern geraubt hatten, noch in den stillen, verborgenen Räumen unseres Privatlebens. Und weil alles seine Ordnung hatte, gab es kein Ereignis, auf das man hätte verweisen und von dem man hätte sagen können: von diesem Moment an ging's bergab.

Mein Leben lang hatte ich geglaubt, dass dieser Moment für mich mit der Geburt meiner jüngeren Schwester gekommen war. Damals zerbrach die wechselhafte und zarte Beziehung, die zwischen meiner Mutter und mir bestand, und wir fanden niemals wieder richtig zueinander. Man schickte meine ältere Schwester und mich ins Internat, und ich erlitt eine Art Nervenzusammenbruch. Doch wie sich herausstellte, waren solche Vorkommnisse nur Nebenschauplätze, denn der eigentliche Moment, der alles veränderte, war erst in der Nacht gekommen, in der mein Vater mich zum ersten Mal vergewaltigte. Ich war sechs Jahre alt. Diese Vergewaltigung und die, die noch folgen sollten, zerstörten nicht nur die Unschuld meiner Kindertage, sondern auch das fragile Gleichgewicht unseres englischen Familienlebens.

Wir wussten es alle: Ich zeigte meiner Mutter mehr Beweise, als sie benötigt hätte; meine ältere Schwester lag in dem Bett an der gegenüberliegenden Wand, als es geschah. Danach beschlossen wir noch am gleichen Tag, dass es niemals geschehen war. In unserer privilegierten und beschützten Welt zogen wir es vor, das Geschehene zu begraben. Wir verbannten es aus unserem Blickfeld und unserem Gedächtnis und kamen niemals auch nur mit einem einzigen Wort darauf zu sprechen. Doch obwohl dieses Schweigen jahrzehntelang unangefochten gewahrt wurde und es ein Schweigen war, das uns zerstörte, jeden auf seine Weise, ist dies nicht die Geschichte, die ich erzählen will.

Als ich in Afrika lebte, erstreckten sich die Ebenen und Wüsten, so weit das Auge reichte. Wilde Tiere durchstreiften die Savannen, folgten und zeichneten uralte Migrationsfährten auf der Suche nach und der Flucht vor Wasserstellen, Verfall und Tod. Auf dem Grasland am Rande der Wüsten lebte der schwarze Mann und herrschte, wie er es seit Anbeginn der Zeit getan hatte. Er bestellte seine kleinen Felder, schlachtete seine Rinder und Ziegen in Zeiten des Überflusses, hungerte und ging zugrunde, wenn der Regen ausblieb oder marodierende Stämme, die über die Hügel kamen, seinen Tagen ein Ende setzten. Frauen zerstießen Mais, rührten in ihren schwarzen Töpfen über Holzfeuern, von denen schmale, blaue Rauchsäulen aufstiegen, die sich in der klaren, blauen Luft verloren. Süße Kartoffeln und dicke, gesprenkelte Kürbisse drückten die braune Erde an sich, und unter Mimosenbäumen mit Ähren, so lang wie die Finger einer Kinderhand, fütterten Mütter ihre Kinder und scheuchten Hühner aus dem Weg, während sie darauf warteten, dass ihre Männer aus dem Busch zurückkamen. Wenn am Morgen die Sonne aufging, räkelten sich kleine Jungen den Schlaf aus den Gliedern und führten Ziegen zum Grasen, wobei sie Stöcke durch den Sand hinter sich herzogen und schweigsam durch eine abgegraste Landschaft mit eingesprenkelten Dornenbüschen streiften, deren Gleichförmigkeit nur durch eine einsame Robinie unterbrochen wurde, die ihre Zweige flach über einen Himmel spreizte, der ebenso grenzenlos und blau war wie das Meer.

Doch dann rückten wir, die Stämme der Kolonisten, eines Tages an. Wir kamen über den Atlantik gesegelt, mit hohen Masten und weißen Segeln, die im Sonnenlicht glitzerten, und verkündeten, nun sei Afrika entdeckt. Wir schauten uns rasch um, hoben die vier Ecken eines schlafenden Kontinents wie ein Picknicktuch hoch, schüttelten es auf, schnitten es in Stücke und ließen es wieder fallen, nachdem wir es nach unseren Vorstellungen zerteilt hatten. Mit weißen, in der Sonne leuchtenden Gesichtern brachten wir unsere

Kolonnen von Söldnertruppen ins Land, unsere Waffen und Peitschen; wir verbreiteten unsere Krankheiten und Plagen, unterwarfen die Landschaft und die gemächlichen Menschen, die seit Urzeiten in ihr gelebt hatten. Wir blieben eine Zeit lang und lebten in Afrika so, wie wir es zuvor schon in Indien getan hatten, also ohne ernsthafte Absichten, hier wirklich heimisch zu werden, immerzu von Sehnsucht getrieben nach jenem fernen England mit den Hügeln, die in der Erinnerung blau schimmerten. Doch wenn man bedenkt, wie viele weiße Füße geschäftig hin und her liefen und sich des Landes und der Seen bemächtigten, wie viel Elfenbein und Gold, wie viele Edelsteine und Trophäen gesammelt, wie viele Farmen und Städte errichtet wurden, letztlich war es doch nur eine Stippvisite: Weiße, die kamen, um auf die Schnelle ihr Auskommen in der schönen Landschaft um den Äquator zu finden, die sich bis zu den schneebedeckten, vor einigen hundert Jahrmillionen dort hingesetzten Bergkämmen erstreckt. Wir nahmen uns, was wir haben wollten, und schon packten wir wieder zusammen. Ehe man sich versah, war das Leben des weißen Mannes, von Natur aus flüchtig und zerrissen, habgierig und ungeduldig, auch in Afrika vorüber: einer nach dem anderen, eine Nation nach der anderen hisste die Segel und kehrte über die Meere in die Heimat zurück, und kaum waren wir verschwunden, war es, als seien wir nie dort gewesen. Die reglose Luft kannte keine Erinnerung an uns, auf den verbrannten Ebenen hinterließen wir keinen einzigen Fußabdruck – wir waren vergessen –, nicht mehr als eine Hand voll ausgebleichter Gebeine im Schoße eines Kontinents, dessen Erinnerung bis zum ersten staunenden Lächeln des Menschen zurückreicht.

Eins

Ich wollte gerade behaupten, dass das Erste, woran ich mich im Zusammenhang mit Afrika erinnere, Riley's Hotel in Maun ist, einer Stadt im Norden von Botswana am Rande des Okawango-Deltas. Aber das stimmt nicht. Es ist nur so, dass ich dazu neige, den allerersten Ort, an dem wir wohnten, zu übergehen, als wollte ich ihn noch immer aus meinem Gedächtnis streichen, so wie ich es damals getan habe. So kann ich mich zumindest für einen Augenblick und ganz wie beim ersten Mal der Illusion hingeben, als sei es überhaupt nie geschehen. Alte Verdrängungsmechanismen eilen zu Hilfe, und so kommt es, dass meine Erinnerung selbst heute, wann immer ich an unser Leben in Afrika zurückdenke, direkt mit der Kalahari einsetzt. Ich lösche einfach die Erinnerung an die Zeit zwischen meinem dritten und sechsten Lebensjahr aus, als meine Mutter und ich noch unzertrennlich waren und uns gegenseitig ein Maß an Sicherheit gaben, das ihr schließlich ebenso plötzlich und schockartig genommen wurde wie mir.

In Wirklichkeit begann unser Leben in Afrika in Swasiland – einem winzigen afrikanischen Königreich, das mit eiserner Hand von der Republik Südafrika umschlossen wurde. Zu jener Zeit hatten die District Commissioners der britischen Regierung die Oberaufsicht über die Kolonie, und mein Vater war von England hergeschickt worden, um einer von jenen Männern zu werden, die in den steifen Hüten, khakifarbenen Uniformen und Kniestrümpfen des Empire umherstolzierten. Wir waren mit dem Schiff nach Afrika gereist, und da ich damals erst etwa dreieinhalb Jahre alt war, bin ich nicht sicher, wie viel mir von dieser ersten Seereise im Gedächtnis geblieben ist. Mir ist, als sähe ich das Schiff aus dem Hafen von Southampton auslaufen und die Wimpel für einige traurige, flüchtige Momente die Abreisenden auf dem Schiff mit den Zurückbleibenden am Ufer verbinden. Mir ist, als sähe ich meine Großmutter und meine Tante ganz weit unten, wie sie auf dem Quai stehen, stämmige Frauen in dunklen Kleidern. Meine Großmutter war verbittert und wortkarg, als wir uns von ihr verabschiedeten; sie mochte uns kaum einen Kuss geben, und ihr Gesicht war starr vor Wut. Sie hatte das alles schon einmal mitgemacht. Mein Vater hatte sich mit zwanzig nach Indien davongemacht und sich, als er sie und Irland verließ, hoch und heilig geschworen, nie mehr in diese erbärmliche, regennasse Armut zurückzukehren. Nun war es wieder so weit, und er führte uns in ein anderes Exil – dieses Mal in die dunkle, gottverlassene Hölle Afrikas.

Meine Schwester und ich wurden in Indien um die Zeit der Teilung und Unabhängigkeit, zu der es 1947 kam, geboren. Anlässlich unserer Geburt hatte meine Großmutter ihren entschlossenen Arm über die Meere ausgestreckt und darauf bestanden, dass wir katholisch getauft würden. Mein Vater, dem Priester und die heilige römisch-katholische Kirche zutiefst verhasst waren, übergab uns lammfromm. Nun versuchte er abermals, seiner Mutter zu entkommen, aber dieses Mal floh er nach Afrika, und dieses Mal ging er nicht allein – er nahm meine Mutter, meine Schwester und mich mit.

Nachdem mein Vater wie alle Briten seine Zelte in Indien abgebrochen hatte und nach England zurückgekehrt war, wollte es ihm nicht gelingen, sich wie die anderen dort niederzulassen. Damals unterstanden Englands überseeische Kolonien, abgesehen von Indien, der absoluten Herrschaft der Krone. Man brauchte nur einen Blick in den Atlas zu werfen, um zu erkennen, wie die Farbe Rot die Weltkarte dominierte, das scharlachrote Zeichen britischer Eroberung und Inbesitznahme, der Stiefel am Hals der Besitzlosen. Dieser rote Ausschlag hatte einmal ganz Indien und Pakistan überzogen, große Teile des Nahen, Fernen und Mittleren Ostens, Zentral-, Ost- und Südafrika, Australien, Neuseeland und die Britischen Inseln in der Karibik, von der entzündeten Wunde am Nordzipfel Irlands ganz zu schweigen. Und dieses ganze Riesenempire wurde merkwürdigerweise schlicht für England gehalten, mit Grenzen, die sich so weit vorschoben, wie es dem Schicksal beliebte.

Indien hatte sich, indem es sich das Empire vom Hals schaffte und sich von Pakistan trennte, in anderes Rot getaucht. Meine Eltern, die einander in Indien kennen gelernt und auch dort geheiratet hatten, mussten mit den übrigen Engländern das Land verlassen und das Feld für Unabhängigkeit und Freiheit räumen. Für England und sein Empire hatte damit die Totenglocke geläutet, es war der Anfang vom Ende und war weit schlimmer als die hochnäsige Unverschämtheit der erbärmlichen Buren in Südafrika, die dasselbe rund fünfzig Jahre zuvor versucht hatten. In Indien ließ sich der Traum nur schwer begraben. Das Ende der britischen Herrschaft in Indien war für die Engländer ein schwerer Schlag. Ohne Indien versank das Empire allmählich im Meer. Kaum zwölf Jahre darauf, als auch das Rot im Atlas schon zu einem Rosa verblasste, sollte der imperiale Schatten nicht mehr sein als ein Zeichen von Dekadenz und Korruption. Kräftige neue Farben und tapfere Flaggen sollten immer sichtbarer über den Kolonien flattern, in denen die Briten einst Polo gespielt und denen sie eine gewisse Ordnung und Vornehmheit beigebracht hatten, die Oxfordshire oder Sussex besser zu Gesicht stehen.

Für uns Engländer blieb Indien das geliebte Juwel in der Krone, ein strahlendes Land, das sich uns immer wieder entzog. Wie hatten wir uns einbilden können, wir könnten Indiens angebliche Dunkelheit mit dem Licht der Aufklärung durchdringen, wenn dies durch die Philosophie und Religion der Hindu viele Jahrhunderte zuvor bereits geschehen war? Ghandi hatte uns freundlich gebeten, Indiens Schicksal in Gottes Hand zu legen, und wurde für seine Mühen eingesperrt. Der kategorische Imperativ des Empire blieb unangefochten bestehen: Es war unsere moralische Pflicht, im Land zu bleiben; unmoralisch dagegen war es, das Land zu verlassen. Die Briten ließen sich in ihrer Gewissheit nicht beirren: Wenn die Inder schon unter britischer Herrschaft einen Aufruhr anzettelten, um sich von dieser Herrschaft zu befreien, wie groß wäre erst der Aufruhr, wenn die Briten tatsächlich gingen. Schließlich war es allein die britische Herrschaft in Indien, die das Messer der Hindu vom Rücken der Muslime fern hielt. Aber selbst nach all den gravierenden Fehlern und Gräueltaten fiel den Briten der Abschied von Indien schwer. Die Welt der *Raj,* Pomp und Prunk britischer Pracht, nirgends glorioser als in Indien, war für immer verloren.

Diese letzte schwindelerregende Eskapade, die Indien unter britischer Herrschaft erlebte, war meinem Vater in

Fleisch und Blut übergegangen. Als sehr jungem Mann war ihm bereits die absolute Befehlsgewalt über mehr als eintausend Inder zugefallen, und er hatte es genossen. Als Sohn eines Polizisten, 1914 in Irland in arme Verhältnisse hineingeboren, hatte er auf diesem entlegenen, aber erlesenen Satelliten des britischen Empires einen Ort gefunden, um seinen tief sitzenden Machthunger auszuleben. Es war eine berauschende Zeit in Indien, mit Aufständen und religiös bedingten Erhebungen, die die heißen Winde der Unabhängigkeit entfachten. In Europa wütete der Krieg, doch das ging meinen Vater nichts an. Er war in Indien der britischen Polizei beigetreten, später dem Nachrichtendienst in Neu-Delhi, wo er und meine Mutter heirateten und meine Schwester und ich zur Welt kamen. Unter seiner Aufsicht wurde ein gewaltiges Land in zwei blutige Hälften zerrissen, und als die Unabhängigkeit erklärt wurde, schmiss man die Briten hinaus und mit ihnen auch meinen Vater. Ehe man sich versah, existierte *British India* nicht mehr.

Als Indien hochging, spülte die Flutwelle dieser Explosion die Engländer in ihre Heimat zurück. In Scharen verließen sie auf dem Seeweg das Land – die gesamte Bürokratie, sämtliche Regierungsangehörige, Geschäftsleute, Krankenhauspersonal, Geistliche, das britische Militär und die britische Polizei – der ganze Haufen Knall auf Fall hinaus. Zurück ließen sie riesige Kasernen voller Soldaten, die tapfer jeder Einberufung gefolgt waren, wohin auch immer: in den Krimkrieg, auf den amerikanischen Kontinent, zu all den militärischen Konflikten in Afrika und Asien ebenso wie auf die trostlosen Schlachtfelder beider Weltkriege. Was England von seinen Beamten und Untertanen erwartete, war Mut, und was es im Gegenzug bekam, war Eroberung zu

Schleuderpreisen. Doch das hatte nun ein Ende, und was für ein trauriges Ende es war. Zurück blieb eine gewaltige Infrastruktur, die sie aufgebaut und unterhalten hatten, Recht und Ordnung, wie sie aus Anarchie und Barbarei mühsam entstanden waren. Zurück blieben aber auch ihre hübschen Häuser, umrankt von Bougainvillea und westindischem Jasmin, wie auch ihre kühlen, mit Veranden versehenen Landhäuser oben in den Hügeln. All die englischen Möbel, die sie über den Indischen Ozean herangeschafft hatten, wurden wieder nach Hause geschifft, zusammen mit dem Silber, dem Kristall, dem Porzellan und den Erinnerungsstücken an Indien, den angehäuften Diamanten und Smaragden, den mit Schnitzarbeiten verzierten Mahagonitischen und -stühlen, den Tigerfellen, den wunderschönen, handgenähten Kleidern, die wir alle trugen. Sie gingen fort und nahmen ihre ganze Lebensart mit. Natürlich verließen sie das Land auf manierliche Art. Als die Flagge zum letzten Mal eingeholt wurde, fehlte es nicht an Würde. Die Briten, die ganze Arbeit geleistet hatten, rückten ab und ließen ihr Werk, das sie für König und Vaterland erschaffen hatten, zurück. Sie verließen Indien ohne Reue, ließen ihre Gräueltaten inmitten der ethnischen Gemetzel zurück, aber ihnen war zugleich klar, dass sie hinausgeworfen wurden, und so konnten sie sich nicht ganz zu ihrem üblichen Hurra aufraffen.

Ich erinnere mich, als kleines Mädchen Fotos von Queen Victorias Geburtstagen, wie man sie in Indien feierte, gesehen zu haben – juwelenbehangene Elefanten, eine goldene Kutsche mit der behäbigen Königin, Kutschen mit dem Vizekönig, britischen Würdenträgern, indischen Maharadschas und Prinzen, Tiger in Käfigen, die durch blumengeschmückte, jubelnde Menschenmengen gezogen werden –

eine aus den Fugen geratene Monarchie. Doch damit war es nun vorbei, und man würde dergleichen nie wieder sehen, so wie zu Zeiten der langen Regierungsphase von Königin Victoria, als ihre Geburtstage in Kalkutta und Delhi mit demselben verschwenderischen Prunk und Protz begangen wurden wie in Westminster. Die Briten verstanden etwas von Pomp und Zeremoniell – und tun es noch. Darin kann ihnen niemand das Wasser reichen.

Mein Vater und meine Mutter tauschten die Üppigkeit und Schönheit Indiens gegen ein ausgebombtes und zerstörtes Nachkriegsengland ein, in dem die Rationen ebenso mager waren wie die Aussichten. Sie kehrten in ein Land zurück, dessen Städte zerstört waren, dessen Wirtschaft danieder lag und das, traumatisiert durch Bomben und verarmt, noch immer unter der Last der Kriegsfolgen ächzte. Noch eine Lebensart, die zum Teufel war, zudem eine, die mein Vater nicht ertragen konnte. Er fand es einfach zu deprimierend. Was sollte er in England mit seinem Talent anfangen, eine angestammte Bevölkerung in die Unterwerfung zu prügeln und den barbarischen Meuten Sinn für Ordnung und Respekt einzubläuen? Er landete schließlich in einem Kaufhaus in London. Dort hielt er es etwa ein Jahr lang aus, dann hieß es für uns wieder packen: Er hatte eine Schiffsüberfahrt nach Afrika gebucht. Meine Mutter, die in Indien geboren war und ihr ganzes Leben dort verbracht hatte (eine Tatsache, die sie uns wie vieles andere lange Zeit verschwieg), wäre gern in England geblieben, doch das zählte nicht. Mein Vater hatte sich zum Dienst in den Kolonien gemeldet; wieder war er auf der Flucht, und wir mit ihm, meine Mutter, meine ältere Schwester Angela und ich.

Die diversen Überfahrten sind in meiner Erinnerung zu

einem einzigen Bild verschmolzen. Der *Colonial Service* schickte seine Leute alle paar Jahre nach Hause, und so fuhren wir auf den majestätischen Schiffen der Union-Castle, die Namen der königlichen Residenzen trugen, hin und her. Die eleganten, blau-weißen Schiffe mit ihren purpurroten und schwarzen Schornsteinen hießen *Windsor, Dover* oder *Balmoral Castle*. Es waren schwimmende Paläste, prächtig in jeder Hinsicht. Anfänglich trugen sie zur Erschließung des afrikanischen Kontinents bei, indem sie die Post brachten und anderes Frachtgut lieferten: Baumwollpflanzen, Eisen, Stahl und die blinkenden neuen Maschinen, die das reibungslose Funktionieren des Empires sicherstellen sollten. In ihren Frachträumen lagerten Pflanzen, die der aufkeimenden Obstindustrie am Cape Colony Auftrieb geben sollten, oder Rebengewächse, die im fruchtbaren Boden des neuen Landes Wurzeln schlagen und zur Herstellung von Brandy und bordeaux-ähnlichen Weinen dienen sollten. Die Dampfer, mit denen wir reisten und die Investoren nach Witwatersrand oder zu den Diamantminen von Kimberley brachten, waren Instrumente des sich ausweitenden Empire.

Die Dampfer der Union-Castle, die nach Afrika fuhren, liefen donnerstags um Punkt 16.00 Uhr aus. Bei ihrer Rückkehr legten sie freitags kurz nach Sonnenaufgang voll beladen mit Fracht, Post und Passagieren in Southampton an. Die Verbindung war so verlässlich, dass die Menschen in Kapstadt ihre Uhren nach dem Fahrplan der Dampfer stellten. Was mir von diesen Seereisen in Erinnerung geblieben ist, ist das milchige Seewasser, in dem wir badeten, die Seife, die keinen Schaum ergab, und die kratzenden, weißen, an den Enden mit einem schmalen blauen Saum eingefassten Handtücher. Meine Mutter schrubbte uns in einem Kübel

Salzwasser, goss dann einen Eimer klares Wasser über unseren Kopf, und nachdem wir unseren Schlafanzug angezogen hatten, rannten wir um die Wette die schmalen Flure hinunter in unsere Kabine und unser Bett. Die Mahlzeiten nahmen wir getrennt von den Erwachsenen und früher als diese ein. Wir erhielten handgemalte Speisekarten, auf denen das Abendmenü für Kinder abgebildet war. Wir konnten wählen zwischen Milchreis oder Suppe, Fisch oder Lamm mit Gemüse, und Eier gab es auch immer. Auf den Hauptgang folgten Pudding, rote Grütze mit Sahne oder Eiscreme. Grau- oder Weißbrot mit Butter gab es immer reichlich, dünn geschnitten, mit Kruste. Der Nachmittagstee war eine luxuriöse Angelegenheit, mit waffeldünnen Sandwiches und Petit Fours mit dickem weißem Zuckerguss und einer Kirsche oder einem Zuckerveilchen, womit jedes einzelne perfekt abgemessene, feine, weiße Quadrat verziert war. Die Speisen wurden auf schweren Silbertabletts serviert, und den Tee schenkte man aus ebenso erlesenen Kannen ein.

Nachts war das Schiff hell erleuchtet, und zur Cocktailstunde setzte die Musik ein. Die Erwachsenen warfen sich zum Dinner in Schale, ließen sich Zeit mit den Aperitifs, die an Deck gereicht wurden, und begaben sich dann zu den Tischen, die mit wertvollem Porzellan, gutem Silber und kunstvoll zu Kronen gefalteten Stoffservietten gedeckt waren. Die Tische im Speisesaal hatten Seitenborde, die man rasch hochklappen konnte, wenn der hohe Seegang einem die Suppe auf den Schoß zu schwappen drohte. Eine Band spielte, anschließend wurde auf frisch gewienertem Boden getanzt. Meine Schwester und ich schlichen uns hinauf, beobachteten heimlich die wirbelnden Paare und versuchten, unsere Eltern auszumachen. Meine Mutter war die Frau mit dem hohen, beinahe hysterischen Lachen. Mein Vater war der, der nicht trank.

Tagsüber rannten wir auf den Decks herum, wobei sich immer wieder Splitter in unsere Fußsohlen bohrten. Wir schauten uns den Maschinenraum und die Kommandobrücke an, schwammen im Swimming-Pool, der wie ein Saphir in das dunkle Holzdeck eingelassen war, und spielten ganz wie unsere Eltern organisierte Spiele. Jeder wurde in das rege Leben an Bord einbezogen. Es gab zahllose Raucher-, Billard- und Kartenzimmer, Bars und Clubräume. Die dritte Klasse war eine Welt für sich, in die wir heimlich eindrangen, um ein bisschen arme Leute zu spielen, bevor wir wieder zu unseren piekfeinen Quartieren zurückliefen. Eine »Dritte Klasse« oder ein Zwischendeck, wie sie auch hieß, gab es zwar, gewiss, aber man sprach nicht davon. Angela und ich teilten uns eine Kabine, in der wir in übereinander liegenden Kojen schliefen. In raschem Wechsel stieg und sank der Spiegel des blauen Wassers vor den Bullaugen, das dabei zu beiden Seiten aus den darunter befindlichen Klappbehältern wegspritzte. Die Wellen wiegten uns in den Schlaf. Die Kabine war eine abgeschlossene Welt, die Wind und Wasser in Schach hielt. Manchmal fragte ich mich, was geschähe, wenn das dicke Glas der Bullaugen zerbarst und das Wasser hereinflutete – wie könnten wir es aufhalten? Wie schnell würden wir ertrinken? Doch dazu würde es nie kommen; das Schiff war ebenso unverwundbar, wie unser Leben es damals noch war. Angela schlief in der oberen Koje, ich unter ihr. Manchmal tauchte ihr Gesicht über mir auf, und ich sah es auf den Kopf gestellt und musste lachen.

Wir waren in den Schoß des Luxus zurückgekehrt. Indien

auf ein Neues: Bedient von vorne bis hinten las man uns jeden Wunsch von den Augen ab und erfüllte ihn. Dienstmädchen, Stewards und Zahlmeister ersetzten die indischen Kindermädchen, Butler und Bediensteten, die uns einst Tag und Nacht umsorgt hatten. Die Verpflegung war das genaue Gegenteil von dem eintönigen englischen Einheitsbrei, den wir zurückgelassen hatten. Die Dampfer hatten die üppigen Früchte südlicherer Breiten an Bord, und so kamen wir wieder in den Genuss von Mangos und Pampelmusen, die damals sehr sauer waren, Apfelsinen und Mandarinen, dicken, schwarz glänzenden Trauben, Avocados und hochroten Tomaten – Dingen, von denen man in England zu Beginn der fünfziger Jahre noch niemals gehört hatte. Und das Beste an allem war, dass es keine Rationierungen gab. Man konnte so viel Fleisch essen, wie man wollte, und die Mahlzeiten waren so zahlreich wie in einem Sanatorium.

Meine Mutter war glücklich auf jener ersten Überfahrt. Sie war die Modekönigin an Bord. Ich sehe ihre langen Abendkleider auf gepolsterten Satinbügeln in ihrer Kabine an der Tür hängen. Auf ihrer Frisierkommode standen Cremes und Kosmetika, sorgfältig in Reih und Glied, bereit für den Fronteinsatz. Ich berührte den glatten Stoff ihres Rocks mit meiner Zungenspitze und schaute auf zu ihrem Mieder, das mit Hilfe von Bändern aufgehängt war: schwarze Spitze und schwarzer Taft, trägerlos und glänzend, eng tailliert mit Tüllunterröcken, die bis zum Boden reichten. Cinderella-Tanzschuhe so durchsichtig wie Glas, mit kleinen Diamantsternen in den eiszapfenhohen Absätzen. Wenn ich sie mir so in Erinnerung rufe, sehe ich sie zumeist tanzen, und zwar weniger im Ballsaal des Schiffes als auf den roten, polierten Stufen eines windschiefen, hässlichen

Hauses mitten im Busch, Tausende von Meilen entfernt von jeglicher Zivilisation.

Meine Mutter und ich ließen das festliche Ankleiden allmählich zum Ritual werden. Sie liebte das ganze Drumherum, das mit der aufwendigen Abendtoilette verbunden war. Sie besaß eine Reihe schwarzer Abendkleider und wählte sorgfältig aus, welches sie jeweils trug. Ist das zu fein, fragte sie, oder nicht fein genug? Oh, die Samtrose ist zerknittert, und es ist schon zu spät, um sie noch zu bügeln. Macht nichts, ich nehme das Satinkleid mit dem tiefen Rückenausschnitt. Sei so gut und bürste die schwarzen Wildlederschuhe, ja, mein Schatz? Wenn sie erst einmal das Kleid ausgesucht und angezogen hatte, setzte sie sich auf einen Stuhl, ihr weit ausgestelltes Kleid um sich herum drapiert, und begutachtete ihr Gesicht im Spiegel. Ihr Make-up war eine Maske. Sie zog dünne, in hohem Bogen geschwungene Augenbrauen, dann trug sie Wimperntusche auf, nachdem sie auf ihren Farbblock gespuckt und ihn mit einem Bürstchen kräftig bearbeitet hatte. Ihr Mund formte ein O, während sie ihre Lippen mit hochrotem Lippenstift schminkte. Dann tupfte sie sie ab und setzte wieder ihr Lächeln auf. Sie sollte es den ganzen Abend nicht wieder verlieren. Sie packte ein hohes, kokettes Lachen aus, hielt es in ständiger Bereitschaft und setzte es ein, wann immer die Gelegenheit günstig erschien. Ich wusste, dass dieses Lachen nicht ihr gehörte, und ich schämte mich, dass sie nicht so recht zu wissen schien, wie und wann sie es einsetzen sollte. Wenn es mir in späteren Jahren in unserem Haus entgegenperlte, wenn ich gerade von Gast zu Gast ging und in Schinkenscheiben gerollte Pflaumen anbot, wurde ich ganz starr und zuckte zusammen.

Doch wenn sie sich vor dem Spiegel herausputzte, war sie

am ehesten sie selbst. Ich stand für gewöhnlich hinter ihr und beobachtete sie bei dem Flirt mit dem eigenen Spiegelbild. Sie stellte mir kleine Aufgaben, wie zum Beispiel den Puderquast in die Helena-Rubinstein-Dose zu tauchen und den samtigen Puder auf ihre weißen Schultern zu tupfen. Sie redete wie ein Wasserfall, ließ sich über den Stoff ihres Kleides aus und erklärte mir genau, wie es aufgehängt werden sollte – völlig gefangen von jedem Detail. Sie war stolz auf sich. Meine Taille misst immer noch 56 cm, zwitscherte sie, sogar jetzt noch, nachdem ich euch bekommen habe. Dann starrte sie auf ihre Zähne. Sie sind nicht mehr so gut wie früher, sagte sie, ihr beiden habt all mein Calcium verbraucht. Sie senkte die Stimme und klang plötzlich traurig. Früher hatte ich wunderschöne Zähne, sagte sie. Jahre später mussten all ihre Zähne überkront werden. Die neuen Zähne gaben ihr einen neuen Mund und ließen sie auf beunruhigende Weise anders aussehen. Sie hatte wasserblaue Augen, eine milchig weiße Haut und hohe Wangenknochen. Ihr rotblondes Haar trug sie kurz, steckte es zu beiden Seiten ihres Gesichts zurück und hatte einen nach innen gerollten Rundpony.

Sie besaß eine Kupferkette, die sie liebte; sie bestand aus ovalen Münzen, die überlappend aufgezogen waren. Sie polierte die Halskette mit Metallpolitur und stellte dann Angela und mich an, sie mit Zitronen abzureiben, um den Politurgeruch zu vertreiben. Wenn sie sich selbst im Spiegel betrachtete, wie sie strahlte, wie ihre milchige Haut durch das blinkende Kupfer erst richtig zur Geltung kam, schien sie zu wissen, wer sie war, schien sie mit sich und der Welt im Reinen zu sein. Ihr Gesicht, ansonsten oftmals von Angst und Zweifel gezeichnet, nahm dann einen heiter-gelassenen

Ausdruck an. Schönheit war das einzige, was sie zu bieten hatte, und so klammerte sie sich ebenso verzweifelt daran wie an den Arm meines Vaters, wenn sie abends den Tanzsaal betraten. Dann beobachtete ich ihr Gesicht, in dem sich für einen Moment im goldenen Licht Entsetzen spiegelte, bevor sie ihr Lächeln aufsetzte und das seltsam schrille Lachen ihre hochroten Lippen spreizte und sie also gewappnet war und wir beide beruhigt sein konnten.

Auf der ersten Schiffspassage wurde mir zum ersten Mal klar, dass das Feinmachen ihr Spiel war; ganz so wie Gordon's Gin ihr Getränk war. Ich weiß nicht, wer ihr das Feinmachspiel beigebracht hat, aber es war zweifellos ein Spiel, das sie mit mir zu spielen gewillt war. Hier auf dem Dampfer war sie unsere Mutter, weil es keine *Aja* gab, die uns auf den Arm nehmen und aus dem Zimmer bringen oder mit unseren Baumwollkappen, die uns bis knapp übers Ohr ins Gesicht gezogen wurden, in schwarze Kinderwagen packen konnte. Auf dem Schiff war sie eine andere. Ich erinnere mich, wie sie mit uns an Deck umherspazierte und bei uns saß, wenn wir im Kinderspeiseraum unsere Mahlzeiten einnahmen. Sie badete und zog uns sogar an, kämmte uns, scheitelte mein Haar und schob es mir mit Hilfe einer schleifenförmigen Spange aus dem Gesicht. Als ich einmal seekrank wurde, saß sie mit mir in einem Liegestuhl an Deck in der Abendbrise. Gemeinsam in Decken gehüllt und geborgen wie in einem Nest beobachteten wir, wie die Sterne aufgingen. Vor dem Einschlafen las sie uns eine Geschichte vor, deckte uns dann zu, bevor sie hinausschwebte und mit ihr das Knistern und Rascheln des Tafts und der schwere Duft von Chanel No. 5. Und während die feengleiche Erscheinung in Schwarz durch die Tür entschwand, presste ich die Augen fest zu, um das Bild ihrer weißen Schultern und ihres goldenen Haars in meinem Gedächtnis festzuhalten, bevor das Licht mit einem Klick gelöscht wurde, sie uns verließ und wir in der Finsternis zurückblieben.

Wir hatten eine besonders enge Bindung, meine Mutter und ich; Angela war damals noch eher das Kind unseres Vaters. Es gibt zahlreiche Fotos, auf denen ich mich an meine Mutter schmiege und sie ihren Arm um mich und ihre Hand zärtlich auf meinen pummeligen Arm legt. Angela hält sich zumeist ein wenig abseits, wirkt ein bisschen verlassen. Ich dagegen sehe aus, als sei ich mit ihrer Hüfte verschmolzen, und meine Mutter lächelt, während der Wind mit ihren kinnlangen Locken spielt. Sie hatte eine schwierige Beziehung zu Angela, und daran hat sich nie etwas geändert. Nach Angelas Geburt hing ihr Leben noch tagelang an einem seidenen Faden. Nach einem komplizierten Geburtsverlauf war Angela endlich herausgekommen, blau, schwach und unfähig, Nahrung aufzunehmen. Um sie am Leben zu halten, wurde sie über eine Nasensonde künstlich ernährt. Sie zu lieben war vielleicht ein zu großes Risiko. Und so kam es, dass Angela nach zahllosen Enttäuschungen frühzeitig lernte, dasselbe für meine Mutter zu empfinden.

Was meinen Vater betrifft, so wurde er an einem Ort, an dem Mädchen weniger als nichts galten, mit Töchtern bedacht. Er wurde mit Beileidsbekundungen förmlich überschüttet, als wir das Licht der Welt erblickten, und wären wir mit einer dunkleren Haut geboren worden, hätte man uns nach der Geburt das Genick gebrochen oder die Wirbelsäule, oder man hätte uns zum Sterben in einen Tontopf gesteckt. Ich habe keine Ahnung, was mein Vater den lieben langen Tag auf dem Schiff getan hat, während meine Mutter ihre Abendauftritte vorbereitete. Er bemühte sich nicht darum, Freundschaften zu schließen, und organisierte Spiele mochte er auch nicht. Er gehörte zu jenen Männern, die sich verloren fühlen, wenn sie nicht Auto fahren oder im Cockpit eines Flugzeugs sitzen; er war nicht gern untätig und raunzte auch uns häufig genug an: Warum tust du nicht irgendetwas? Aus dir wird nie etwas, wenn du herumsitzt und nichts tust. In Afrika lernte er zu fliegen und schaffte sich sogar eine Tiger Moth an. Motoren von Flugzeugen und Autos faszinierten ihn zeitlebens. Wie er sich an Bord die Zeit vertrieb, fällt mir schwer zu sagen. Vielleicht verbrachte er viele Stunden im Maschinenraum und schaute dem kolossalen Räderwerk zu. Mechanische Abläufe interessierten ihn, aber er hätte niemals jemanden danach gefragt; er wollte es selbst herausfinden, unnahbar und eindrucksvoll, wie er in seiner Isolation war. Er wird wortlos dagestanden und die ölverschmierten Seeleute beobachtet haben, wie sie den Maschinen Dampf machten und sie aufheulen ließen. Während er den weiten Ozean überquerte und von einer Welt in eine andere fuhr, wird er – im Rumpf des Schiffes auf und ab stolzierend wie bei der Truppeninspektion – den großen Maschinen seinen Segen gegeben haben, aber er wird es getan haben, um der Einsicht aus dem Weg zu gehen, dass er selbst in der Luft hing, allein auf dem weiten, weiten Meer, unterwegs zu einem Ziel, das nicht aus Wasser, sondern aus Sand gemacht war.

Die Überfahrten dauerten vierzehn Tage. Es gab einen Zwischenstopp, auf Madeira oder in Las Palmas. Dort gingen wir dann alle an Land und ließen uns im Laufschritt von kleinen, drahtigen Männern in Rikschas zu den Sehenswürdigkeiten ziehen. Ein jeder belud sich mit bestickter

Tischwäsche, geflochtenen Körben und großen Puppen mit Porzellangesichtern, die mit den Augen klimpern konnten. Wieder auf dem Schiff, machte sich eine gewisse Erwartung breit, das Gefühl, bald am Ziel zu sein. Wir beobachteten den Mond, der sich von Tag zu Tag anders präsentierte. Vögel gab es keine, und nachdem wir die Wolken hinter uns gelassen hatten, war der Himmel auf unserem Weg in die südliche Hemisphäre eigenartig leer. So wandten wir unseren bislang himmelwärts gerichteten Blick gen Afrika; wir konnten es kaum erwarten. Wir fuhren immer weiter, und mit den Tagen änderte sich auch das Klima und das Licht. Es wurde heiß, und die Luft war klar wie Gin; die Schatten wurden härter, die Meereswogen wilder, die Färbung eher grün als blau. Das majestätische Weiß des formvollendeten Schiffsrumpfes durchpflügte die hohen Wellen, derweil wir wie von einem Magneten unaufhaltsam südwärts, Richtung Afrika, gezogen wurden. Wir näherten uns dem Kap der Guten Hoffnung, heute wie damals zu Zeiten der Gewürzstraße der Wendepunkt gen Osten, die Landmarke für den Übergang von der alten in die neue Welt.

Eines Morgens, als wir gerade den Äquator erreichten, trat die gesamte Mannschaft bis zum niedrigsten Dienstgrad ganz in Weiß an. Verschwunden waren die dunklen, schweren Uniformen, die schwarz polierten Schuhe, die schwarzen Anzüge und Westen. An ihre Stelle waren – weiß von Kopf bis Fuß – funkelnde, gestärkte Uniformen mit dezenten Goldtressen, blendend weiße Schuhe und Handschuhe getreten. Es schien, als ob diese Weißen um so weißer wurden, je höher die Sonne am Himmel stand und je näher wir Afrika kamen.

Wenn man in den fünfziger Jahren auf diesen riesigen

alten Linienschiffen von England nach Afrika fuhr, konnte man noch eine Zeremonie erleben, die »Linienüberquerung« genannt wurde. Ein König Neptun, zurechtgemacht mit Gewändern und Bart, Dreizack und Mitra, war der Zeremonienmeister. Das Ganze fand statt, während das Schiff den Äquator überquerte. Ich bin mir nicht sicher, welche Rolle wir Kinder dabei eigentlich spielten, aber wenn man den Äquator zum ersten Mal überquerte, wurde man mit einem Kleister aus Wasser und Mehl bestrichen, bevor einem Eier auf dem Kopf zerschlagen wurden. Doch einmal, als ich schon größer war, passierte noch etwas. Ich trug einen dieser Badeanzüge, wie man sie damals trug – bestehend aus Baumwollrechtecken, die durch Gummiband leicht geschöppt waren und aussahen wie Knallfolie, nur weicher. Neptun saß auf seinem Thron, mit einem freundlichen Gesichtsausdruck hinter einem verlotterten, alten Bart, der außer den Augen und dem Mund sein ganzes Gesicht bedeckte. Wir Kinder stellten uns auf, um an ihm vorbeizuziehen, und dabei kamen wir ihm so nahe, dass ich erkennen konnte, dass dieser Neptun mein Vater war. Ich schaute ihn an, und er schaute mich an. Er schien sich zu fragen, ob ich ihn erkannt hatte. Ich ließ mir jedoch nichts anmerken. Auch er verriet mit keiner Geste, dass er mich kannte. Unsere Blicke trafen sich nur kurz, dann schauten wir beide schnell weg. Die Tatsache, dass er Neptun und zugleich mein Vater war, verwirrte mich. Er war ein anderer geworden und war doch gleichzeitig mein Vater. Später, als er wieder seine normale Kleidung trug, sich wie immer benahm und Zeitung las, verriet ich nicht, dass ich ihn erkannt hatte. Es zu sagen, hätte einen Tabubruch bedeutet, und ich hatte wie auch der Rest der Familie gelernt, niemals ein Tabu zu brechen.

Zwei

Afrika war nichts im Vergleich zu Indien. Einst ein Verbannungsort für zweitälteste Söhne, für hoffnungslose Fälle und dekadente Subjekte, galt Afrika mittlerweile als letztes Biotop für Kolonisten, die sonst nirgends mehr hin konnten. Unsere erste Anlaufstelle auf diesem Kontinent, Swasiland, taucht in meiner Erinnerung als üppig grünes, gepflegtes Land auf. Die Briten hatten dort Surrey geschaffen: bequeme, kühle Häuser mit Blumentapeten an den Wänden, schönem Porzellan und herrlicher Tischwäsche in den Schränken und Teekannen aus Silber. An Bediensteten, die für einen reibungslosen Tagesablauf sorgten, herrschte wahrlich kein Mangel. Die Gärten schmückten Beete, in denen Rosen und Malven, Rittersporn, Lupinen und Gartenwicken wuchsen. Weder hatte dieses britische Viertel etwas Afrikanisches an sich, noch hatte der Swasikönig etwas Kriegerisches. Die britischen Beamten und der König lösten die Dinge auf freundschaftliche Art. Sowohl in Hlatikulu, wo wir wohnten, als auch in der Hauptstadt Mbanane gab es mehrere Märkte, einen Metzger, ein paar Geschäfte und sogar ein Krankenhaus und ein Kloster. Von dem Haus, in dem wir wohnten, weiß ich jedoch wenig mehr, als dass dort ein Schrank stand, in dem ich eines Tages zu meinem großen Entsetzen einen Kinderwagen entdeckte – eines dieser schwarzen Ungetüme. Ich führte Angela hin, um es ihr zu zeigen. Wir waren beide verwirrt. Keiner von uns wusste irgendetwas von einem Baby. Bald danach erzählte uns eine Freundin von Angela, dass meine Mutter schwanger war. Ihr Zustand muss deutlich sichtbar gewesen sein, doch weder Angela noch ich erinnern uns daran. Ich war zu dem Zeitpunkt sechs und Angela acht Jahre alt.

Damals in Swasiland verfiel meine Mutter – aus Gründen, die mittlerweile nur allzu deutlich sind – in eine Depression, aus der sie sich nie wieder ganz befreien sollte. Mein ganzes Leben lang war ich zutiefst davon überzeugt, dass ihre Depression mit der Geburt meiner Schwester zusammenhing, dass es sich um eine Wochenbettdepression handelte. Mit der Geburt meiner Schwester, so glaubte ich all die Jahre, geriet mein Leben und das meiner Mutter emotional aus den Fugen. Keine von uns beiden schien sich davon erholen zu können. Doch wenn es sich lediglich um eine Wochenbettdepression gehandelt hätte, hätte sie sie überstanden. Aber sie tat es nicht, und sie war auch nie wieder in der Lage, sich richtig um mich zu kümmern.

Bis zu diesem Zeitpunkt war es meiner Mutter in Swasiland durchaus gut gegangen. Der Alltag dort verlief nicht viel anders als das Leben, das sie aus Indien kannte. Man ging auf Garten- und Cocktailpartys, trug schöne Kleider, die Menschen waren zuvorkommend und gastfreundlich, und Swasiland selbst lag in der Nähe eines Teils Afrikas, der durchaus zivilisiert war. Meine Mutter konnte nach Johannesburg fahren, wo es Läden gab, in denen sie Kleider und Make-up kaufen konnte; wir machten Ausflüge entlang der Küste, lernten Afrika von einer anderen Seite kennen, übernachteten in schönen Hotels und schwammen im Meer.

Das Afrika, das uns umgab, war damals fest in weißer

Hand, und zwar so sehr, dass man auf den ersten Blick den Eindruck gewinnen konnte, das Land habe die ihm eigene, natürliche Widerspenstigkeit abgelegt, habe seinen plötzlichen und unerklärlichen Gewaltausbrüchen abgeschworen. Die Briten hatten auch keineswegs die Absicht, solchen Unsinn zu dulden, und sie waren überzeugt, Derartiges mit Hilfe ihrer Bürokratie und ihres Verwaltungsapparats wegorganisieren zu können. Das Problem war jedoch, dass die Gewalt und die Andersartigkeit immer wieder zum Vorschein kamen und uns daran erinnerten, dass Afrika nicht zu zähmen war, dass sich dieses Land, unergründlich tief, wie es in den Seelen seiner Bewohner verankert war, einfach niemals besiegen oder in Besitz nehmen ließe. Man spürte die Sinnlosigkeit der britischen Bemühungen an der Gleichgültigkeit, mit der die Landschaft reagierte, und an den verächtlichen Seitenblicken, die uns aus braunen Augen trafen, wenn sich deren Besitzer bückten, um unsere achtlos abgestreiften Schuhe aufzuheben.

In Swasiland legte meine Mutter einen Gemüsegarten an, der von freundlichen Häftlingen aus dem Dorfgefängnis gepflegt wurde. Sie ließ die Gärtner Steine aus dem Weg räumen, Dünger unterheben und ordentliche weiße Zäune errichten. Gemeinsam pflanzten meine Mutter und ich Mohrrüben, Erbsen und Radieschen, und obwohl wir die Samen einfach wild verstreuten, wuchsen die Pflanzen immer in geraden Reihen. In Swasiland gediehen die Dinge, wie sie für meine Mutter nie wieder gedeihen sollten. Aus den Samen sprossen Pflänzchen, die Salatpflanzen wölbten ihre zarten Blätter und entwickelten starke Herzen, die Tomatenstauden bogen sich unter ihrer Last, die sich langsam dunkelrot färbte, die Bohnenpflanzen hatten Blüten und schossen in die Höhe, Kartoffeln und Zwiebeln wurden groß und dick, und kein Insekt kam uns je zuvor. Sie versuchte es mit Erdbeeren und konnte sie uns servieren; sie experimentierte mit Kräutern, und auch diese gelangten tatsächlich auf den Tisch.

Das Essen, das wir in Swasiland bekamen, war nach Art und Qualität so gut, dass es Jahre dauerte, bis wir wieder ähnlich Gutes aßen. Hier gab es keinen Skorbut, und unsere Beine waren nicht übersät mit Furunkeln, die mit heißen Zugsalbenverbänden verbunden und dann aufgeschnitten werden mussten. In Swasiland herrschten Gesundheit und Überfluss, und unsere Umgebung war alles andere als eine Wildnis. Nachts schliefen wir ungestört und ohne dass sich Löwen und Hyänen an unseren Zaun pirschten. Es gab keine Skorpione, die sich in unsere Teetassen verirrten, und im Fluss unterhalb unseres Gartens tummelten sich keine Krokodile. Wenn man den Schrank öffnete, brauchte man nicht zu befürchten, eine schwarze Mamba um einen Kleiderbügel geschlängelt vorzufinden. In Swasiland gab es Tierfelle auf dem Boden und die ein oder andere Trophäe an der Wand, aber keinen Gewehrschrank mit dem schweren Elefantengewehr, dem Krokodilgewehr, der doppelläufigen Schrotflinte für Wild, der 375er Magnum Express und der kleinen Hauswaffe, die neben dem Bett aufbewahrt wurde, geladen und entsichert, für alle Fälle. All dies sollte schon bald zu unserem Alltag gehören, wenn wir erst einmal die Kalahari erreicht hätten.

Kaum hatten wir Swasiland erreicht, übergab uns unsere Mutter erleichtert der Obhut der Kindermädchen und lebte wieder ganz für ihre Abendvergnügungen. Sie konnte Tage damit verbringen, sich über das leidige »Problem mit den

Bediensteten« auszulassen und die jungen Frauen einzuschüchtern, die ihr die Möbel und die Fußböden polierten und die Wäsche am Ende des Tages gewaschen, gebügelt und makellos sauber übergaben. Häufig wichen diese Frauen dem Blick meiner Mutter aus, während sie sich über eine unordentliche Falte oder einen losen Knopf beschwerte; sie schlugen ihre Augen auf eine so schüchterne und heimliche Art nieder, dass sie meiner Mutter geradezu missmutig vorkamen. Eine von ihnen war für unsere Wäsche verantwortlich, und die damit verbundenen Pflichten forderten ihre ganze Kraft. Sie musste sicherstellen, dass kein einziges Wäschestück – kein Tischtuch, kein Taschentuch, keine Serviette und kein weißes Hemd – meiner Mutter unter die Augen kam, das nicht blendend weiß war. Wenn es dennoch einmal vorkam, wanderte das Stück zurück in den Wäschekorb und von dort ins Becken, um die ganze Prozedur noch einmal zu durchlaufen: Handwäsche, Rubbeln über dem Waschbrett, Kochen im Kessel auf dem Herd, Ausspülen in Wasser, in dem ein winziger, blauer, in Musselin gewickelter Würfel lag, und schließlich Einlegen in eine Stärkelösung, bevor es in der Sonne zum Trocknen aufgehängt wurde. Und während dies im Waschraum geschah, war unser Koch, ein Mann, der die Gene des grausamsten Stammes Afrikas in sich trug, so außer sich vor Angst vor meiner Mutter, dass er jedes Mal, wenn sie ihm ein zusammengefallenes Soufflé oder ein Hühnchen, das nicht schön saftig und wirklich zart war, vor die Füße warf, schluchzend über dem Spülbecken hing. Wie oft, stöhnte sie dann, wie oft muss man denen eigentlich noch sagen, dass sie die Ofentür nicht öffnen sollen, um nachzusehen, ob das Soufflé aufgeht? Lernen die es denn nie? So etwas gab es in Indien nicht, ganz sicher nicht. Die

Inder sind intelligente Menschen, im Allgemeinen, oder zumindest verstehen sie etwas von der Kunst des Kochens.

Dieser glückliche Zustand sollte nicht lange anhalten. Schon bald fand meine Mutter nicht mehr die Kraft, die Bediensteten herumzukommandieren, nicht mehr die Lust, zum Nachmittagstee auszugehen oder sich für eine Gartenparty zurechtzumachen, denn der ganzen Freundlichkeit der Umgebung zum Trotz war in Swasiland etwas vorgefallen, das sich durch keine Waschaktion der Welt hätte reinwaschen lassen. Außerdem stand uns ein Umzug von Swasilands grünen Hügeln in die Wüstenlandschaft des Protektorats Bechuanaland unmittelbar bevor. Ich weiß nicht, wann meine Mutter von diesem anstehenden Umzug erfuhr, aber er trug zu ihrem Niedergang bei. So kam es, dass Angela und ich, da sie offensichtlich unfähig war, sich um irgendetwas zu kümmern, in ein entfernt gelegenes Internat geschickt wurden. Diese Schule hieß *Goedgegun*, ein Wort aus dem Afrikaans, das so etwas wie ›Alles in bester Ordnung‹ meint. In das Internat geschickt zu werden, bedeutete für Angela und mich die erste, traumatische Trennung von unseren Eltern und war uns eine frühe Lehre, wie barbarisch der Schulalltag sein konnte.

Wir waren Interne mit Wochenendausgang in Goedgegun, was schlimmer war als Interne ohne Ausgang, da wir auf diese Weise jeden Freitag gerettet wurden, nur um am Sonntag wieder in die Hölle zurückgeschickt zu werden. Wir sprachen kein Wort Afrikaans und hatten pausenlos Hunger. Angela lernte, Hühnchenknochen aufzuknacken, um das Mark herauszusaugen. Sie macht das noch heute. Wir bekamen eine Tagesration Zucker, die wir mit der ekelhaft klumpigen Maissuppe, den braunen Matebele-Haferflocken oder auf der einen Scheibe Brot, die wir pro Tag bekamen, verspeisen konnten. Wir entschieden uns immer für die Scheibe Brot – keine Frage. Es war die reinste Freude. Der Genuss dieser einen Scheibe Zuckerbrot, die wir ganz langsam aßen, versöhnte uns mit dem Morgen und konnte uns für den Moment vergessen machen, was folgte.

Als ich ins Internat kam, trug ich schon längst keine Windeln mehr, auch nachts nicht. Doch in jener ersten Nacht verlor ich die Kontrolle über meine Blase. Ab da schlief ich jede Nacht in dem warmen, vertrauten Gestank meines Urins und wachte am nächsten Morgen auf, um mich ob meiner Schande terrorisieren und demütigen zu lassen. Matron, die Erzieherin, eilte dann herbei, überschüttete mich mit ihren Schimpftiraden und zerrte mich ins Bad. Dort warf sie meine Laken in die Badewanne und zwang mich, sie zu waschen. Das war nicht leicht, da ich mit meinen Armen kaum bis auf den Grund der Wanne reichen konnte. Doch ungeachtet ihrer Anstrengungen konnte ich einfach nicht aufhören – die Hartnäckigkeit meiner Angewohnheit entsetzte mich ebenso wie sie. Die Situation erforderte strengere Maßnahmen. Matron nahm mich mit ins Badezimmer und bedeutete mir, in eine Schüssel zu pinkeln, die sie auf den Boden gestellt hatte. Unerklärlicherweise wollte sich in diesem Moment kein einziger Tropfen einstellen. Als es mir schließlich doch gelang, goss sie den Urin vorsichtig in ein Glas und drückte es mir in die Hand. Ich dachte, sie sei verrückt geworden, starrte sie an und gab ihr das Glas einfach wieder zurück. Sie befahl mir, es auszutrinken. Alle wussten Bescheid. Auf der Skala der öffentlichen Demütigungen, die es in dieser Schule gab, befand ich mich auf derselben Stufe wie der Junge, der mit einem Schild auf dem Rücken über die

Flure lief. Darauf stand: *Ich bin ein Dieb*. Ich konnte ihn nicht ansehen, so furchtbar fand ich seine Schande und die Tatsache, dass mich nicht viel von ihm trennte. Die fünf Tage Internatsleben bis zur jeweiligen Schonfrist am Wochenende vermochte ich kaum zu überleben. Angela konnte mich nicht retten, und in ihrer Verzweiflung tat sie, was sie auch in den folgenden Jahren immer wieder tat: Sie schaute weg. Ich erinnere mich, die ganze Zeit über geweint zu haben, leise in meinem Bett oder hörbar, wenn ich meinte, es würde helfen.

Wenn ich nach Hause kam, war ich den ersten Tag über glücklich, um dann, wenn ich begriff, dass ich wieder zurückgeschickt werden würde, aufs Neue in Tränen auszubrechen. Meine Mutter konnte mir nicht helfen. Sie hatte anderes zu tun. Sie sagte immer nur, du musst da hin, da hilft gar nichts. Und dann drehte sie sich um und ging davon, damit sie nicht mit ansehen musste, wie mein Vater mich packte und hinten ins Auto steckte. Auf dem Rücksitz saß bereits Angela, ruhig, mit gesenktem Kopf, und versuchte, brav zu sein. Sie funkelte mich an und fauchte: Hör auf, so zu schreien. Hör sofort auf.

Mein Vater pflegte auf dem Weg zu singen. Ich erinnere mich an Lieder wie *Danny-Boy* und ein altes katholisches Lied mit dem Titel *The Bells of St. Mary's*. Er war glücklich in Swasiland, er hatte seine Welt wieder im Griff und glaubte, dass sich meine Mutter ohne unsere Anwesenheit besser einleben und sich nicht länger bemitleiden würde. Er war wieder mit von der Partie, spielte das alte britische Spiel, anderen Ordnung und Gehorsam einzutrichtern, den faulen Schwarzen Beine zu machen und sie zur Arbeit anzutreiben. Er war ein Mann, der Gefallen an Uniformen fand; er muss seinen indischen Polizistenaufzug vermisst haben: die Reiterhosen und hohen Stiefel, die Jacke mit den aufgenähten Taschen und Schulterstücken, das zeremonielle Schwert für Sonn- und Feiertage und die unverzichtbare Waffe im Halfter. Natürlich hätte er so nicht im Busch herumlaufen können, aber hier trug er ordentliche, gestärkte Khakihosen und einen Helm, und außerdem war da noch die schneidend weiße Uniform für besondere Anlässe. Er war in seinem Element. Die Erkenntnis, dass England die Kontrolle über Afrika bereits wieder zu verlieren begann, und zwar so schnell, dass die Präsenz der Engländer in Afrika schon ein Jahrzehnt später auf der Landkarte getilgt sein würde, hatte sich bei ihm noch nicht durchgesetzt. Seiner Meinung nach saß die weiße Allmacht unerschütterlich fest im Sattel.

Auch dass meine Mutter dabei war, jeglichen Halt zu verlieren, scheint seiner Aufmerksamkeit entgangen zu sein. Sie schaffte uns aus dem Haus, und er fuhr uns sonntags nachts singend ins Internat. Alles war bestens. Seine Erleichterung, der Verkäuferstelle in diesem Laden in der Oxford Street entronnen zu sein, muss riesig gewesen sein. England war ein ziemlich unangenehmer Schock gewesen. Das Land war ebenso ausgeblutet wie das indische Reich. Er war gerade noch rechtzeitig entkommen. Und nun, in der grünen und schönen Enklave Swasiland, konnten mein Vater und seinesgleichen die Trommeln noch ein wenig rühren, die Dunkelheit in Schach halten und die Segnungen der Zivilisation denen näher bringen, denen eine harte Zuchtrute Not tat.

Während mein Vater sich anschickte, eine eindrucksvolle Karriere in den Kolonien zu machen, fühlte sich meine Mutter hundsmiserabel, und auch daran war ich nicht ganz unschuldig. Meine Wut darüber, dass ich aus dem Haus geworfen worden war, zog alle in Mitleidenschaft, abgesehen von meinem Vater, dem es wie stets gelang, uns gegenüber eine bewundernswerte Gleichgültigkeit an den Tag zu legen. Meine Mutter machte mir klar, dass mein Schreien und Toben ein Ende haben musste. Aber ich konnte nicht aufhören. Ich war am Boden zerstört, hatte mich meine Mutter doch anscheinend aufgegeben. Das neue Baby mit seinen goldenen Löckchen und blauen Augen schien im Vergleich zu der Ergebenheit, mit der ich an meiner Mutter hing, wenig zu bieten zu haben. Ich heftete mich an ihre Fersen, wenn meine Mutter mit Susan auf dem Arm umherging; ich bot an, Dinge für sie zu erledigen, sie aber schob mich ungeduldig beiseite. Da man glaubte, dass weiße Neugeborene zu zart besaitet für ein schwarzes Kindermädchen seien, das ja nie sauber genug sein konnte, war meine Mutter gezwungen, sich höchstpersönlich um Susan zu kümmern. Diese Aufgabe erschöpfte sie. Ich erschöpfte sie; mein Schreien, wenn ich zurück zur Schule gebracht wurde, war mehr, als sie verkraften konnte. Kurz vor Susans Geburt hatte sie mir eingeschärft, ich solle nun erwachsen werden, damit ich ihr würde helfen können. Ich hatte ihr den Gefallen getan. Ich hatte gelernt, meine Schuhe zuzubinden, mich zu waschen und mich um mich selbst zu kümmern. Ich hatte alles in meiner Macht Stehende getan, um erwachsen zu werden, und doch war nach der Geburt des Babys – zumindest schien es mir so – irgendetwas furchtbar schief gelaufen. Meine Mutter konnte plötzlich meinen Anblick nicht mehr ertragen, und je mehr ich weinte und schluchzte, desto mehr wandte sie sich von mir ab.

Ich verstieg mich auf den Gedanken, der Eindringling

müsse das Problem sein; meine Schuld war es jedenfalls nicht, dass alles schief gelaufen war, also musste es Susans Schuld sein. Ich träumte davon, sie in die Kloschüssel zu stecken und runter zu spülen. Ich stellte mir vor, sie im Busch einfach zu verlieren oder sie auf dem Fluss in einem Korb auf Nimmerwiedersehen auszusetzen. Die Tatsache, dass ich sie mochte, sie aufheben und herumtragen wollte, verstörte mich. Ich tat mein Bestes, sie zu hassen, ihr die Schuld dafür zu geben, dass ich in Ungnade gefallen war, aber irgendwo wusste ich doch, dass sie keine Schuld traf. Und weil ich einfach nicht begreifen konnte, warum sich die Beziehung zwischen meiner Mutter und mir so dramatisch verändert hatte, kam ich allmählich zu dem Schluss, dass es an mir liegen musste.

Jedes Wochenende durchnässte ich meine Laken und die Matratze. Ich versuchte, die Laken zu verstecken oder mein Bett so zu machen, dass es niemand mitbekäme, aber ich wurde immer erwischt. Ich fing wieder mit dem Daumenlutschen an, bis mein Daumen einem verschrumpelten, gelben Wurm glich. Nachts hatte ich Alpträume und weckte das ganze Haus mit meinem Schreien auf. Ich flehte meine Mutter an, mich nicht allein zu lassen, wenn ich ins Bett musste. Ich klammerte mich an sie und stammelte, ich könne nicht atmen. In ihrer Verzweiflung kam sie erst gar nicht mehr zu mir, wenn ich Alpträume hatte, und ließ mich stattdessen in der Dunkelheit allein. Manchmal hatte ich das Gefühl, ich müsste sterben. Immer wieder glaubte ich, in meinem Zimmer sei ein Gespenst, jemand, der zu mir ans Bett trete und nach meinem Kissen greife. Wenn ich den Morgen erblickte, war ich überrascht, dass ich nicht in der Dunkelheit vergangen war.

Wir lebten lange in Swasiland, zumindest für unsere Verhältnisse. Wir verließen es, als ich sechs Jahre alt war, also hatten wir beinahe drei Jahre dort gewohnt. Meine Erinnerungen an die Schule sind deutlicher als die an unser Leben zu Hause. Ich erinnere mich an den Schlafsaal, in dem ich schlief, an die kleinen Eisenbetten und die kratzigen, grauen Armeedecken. Zum Bettenmachen gehörte, dass wir die Laken an den Längs- und Querseiten akkurat um die Matratze einschlugen, so dass regelrechte Ecken entstanden. Wenn einem das nicht gelang, musste man das Bett wieder abziehen und es noch einmal versuchen. Meine Hände schienen jedes Mal, wenn ich versuchte, die Laken mit der nötigen Sorgfalt einzuschlagen, unbeholfen und nutzlos zu werden. Ob das nun an meiner Angst lag oder an der Tatsache, dass meine Hände einfach zu klein waren, weiß ich nicht. Es gab eine Betteninspektion und eine Schuhinspektion, und allenthalben herrschte ein militärisch strenges Regiment. Wenn ich auf dem Bett saß, reichten meine Füße nicht bis auf den Boden. Ich weiß noch, wie ich auf dem roten, polierten Fußboden ausrutschte und mir den Kopf aufschlug, was mir ein wenig Aufmerksamkeit von Angela, jedoch keine anderen Vergünstigungen eintrug. Dies mag der erste in einer ganzen Reihe von Unfällen gewesen sein, die meine gesamte Kindheit hindurch nicht mehr abreißen wollte.

Ich habe den Eindruck, dass Angela und ich, kaum dass wir uns ein wenig an den Schrecken des Alltags in *Goedgegun* gewöhnt hatten, aus der Schule genommen wurden. Eines Wochenendes kamen wir nach Hause und erfuhren, dass wir zu Hause bleiben würden, obwohl sich meine Mutter nicht im mindesten erholt hatte. Sie war noch immer apathisch und unglücklich, unsere Abwesenheit hatte nicht die gewünschte Wirkung gehabt, und auf geheimnisvolle, unterschwellige Weise fühlte ich mich auch dafür mitverantwortlich. Aus jener Zeit gibt es zwei Fotos, die mit einer Ritsch-ratsch-klick-klack-Kamera aufgenommen wurden. Auf beiden lässt meine Mutter den Kopf hängen, während ihr Körper seitwärts in sich zusammengesunken ist. Sie hat nicht die Kraft, den Kopf zu heben, und ist in eine geradezu greifbare Traurigkeit gehüllt. Auf einem der Bilder hält Susan einen Teddybären, doch auf dem zweiten ist der Bär in meinen Besitz übergegangen. Auffallend ist, dass auch ich den Kopf hängen lasse, dass mein Ausdruck den meiner Mutter spiegelt, als müsste ich, um überhaupt noch eine Bindung zu ihr zu haben, ihre Stimmung aufnehmen und mir zu Eigen machen.

Wir waren aus einem bestimmten Grund nach Hause geholt worden. Wir standen kurz vor der Abreise aus Swasiland, und schon bald wurde meine Mutter durch die Hektik des bevorstehenden Umzugs aus ihrer Apathie gerissen. Es war ein Theater, das sich in unserer Kindheit mit schöner Regelmäßigkeit wiederholte. Wir packten zusammen und zogen weiter. Sämtliche Kisten und Truhen kamen zum Vorschein, das Porzellan und Glas wurde aus den Regalen genommen und in Zeitungspapier gewickelt, die Möbel wurden aufgeladen, die Vorhänge abgenommen und die Tierfelle zusammengerollt und zusammengebunden. Meine Mutter fegte durch unsere Schränke, um zu sehen, welche von Angelas Kleidern an mich vererbt werden konnten; meine Sachen wurden an die schwarzen Kinder verschenkt, und Susan bekam etwas Neues. Dann stellte unsere Mutter eine Liste unserer Spielsachen zusammen und sortierte so viel wie möglich aus. Hatte sie erst einmal ihre Wahl getroffen, war sie nicht mehr umzustimmen. Manchmal wirkte das Zusammenpacken und Weiterziehen stimulierend auf sie; sie hatte das Gefühl, als bekomme sie noch einmal eine Chance, neu anfangen und ein glücklicheres und behausteres Leben führen zu können. Doch bei der Aussicht, Swasiland zu verlassen, blieb diese Wirkung aus, vielleicht, weil man ihr gesagt hatte, wohin die Reise ging und worauf sie sich da einließ.

Drei

Unser Ziel war die Kalahari-Wüste. Das ist ein weiter Weg von Swasiland. Wir mussten die ganze Republik Südafrika durchqueren bis zum allernördlichsten Zipfel des damaligen Protektorats Bechuanaland – bei uns hieß es P. B. –, des heutigen Botswana. Nördlich von P. B. liegt Rhodesien, das heutige Zimbabwe, und die Überreste des einstigen Nordrhodesien, das heute Sambia heißt. Im Westen grenzt die Kalahari an Namibia und im Süden an die Republik Südafrika, also an den schmaleren Teil der umgedrehten Birne, als die Afrika auf Landkarten erscheint. Unser erstes Etappenziel war die Hauptstadt von Botswana, Gaborone, von dort ging es weiter hinauf über die ausgefahrene und wellige Hauptstraße durch Orte, die Singsangnamen tragen wie Mahalapye, Palapye und Serowe. Als wir im Osten, in Francistown, ankamen, verließen wir die Straße und fuhren mitten ins Herz der Wüste, Richtung Norden, wo unser endgültiges Ziel, ein Ort namens Maun, lag. Maun spricht sich wie ›braun‹, doch bei den Einheimischen klingt es eher wie ›Ma-ooon‹.

Wir nahmen die alte Route Richtung Maun und dem Flussdelta. Sie ist ebenso alt und gewaltig wie die immensen, leeren Salzpfannen, die die Straße säumen. Sie ist eine mäandernde Straße, die auch einmal im Untergrund verschwindet, ganz so, wie es der Fluss tut. Sie zieht sich endlos in die

Länge, bis zur Erschöpfung und zum Verlust jeglichen Gefühls für Entfernungen, und ist so einsam wie die Leere, durch die sie führt. Prähistorische Lebewesen schufen auf ihrer Suche nach Wasser die ersten Pfade und folgten dabei Migrationsfährten, die älter sind als die Geschichte selbst. Elefanten-, Weißschwanzgnu-, Büffel- und Impalaherden folgten und drückten diesen Pfaden ihren Stempel auf, als ihre Hufe Spuren hinterließen, die Wind und Sand zwar verwehen, jedoch nie ganz tilgen konnten. Die ersten menschlichen Fußspuren stammten von Buschmännern, die diesen Fährten, die dem Instinkt zu verdanken sind und zu Wasser und Wild verhalfen, nachspürten; und derselbe halb vergessene, halb erinnerte Pfad führte auch den ersten weißen Mann zu der gelobten Oase am Ende der Straße. Als schließlich immer mehr Wagen der weißen Jäger und indischen Kaufleute die Gräser niederwalzten, verwandelte sich der unstete Pfad allmählich in eine breitere Straße. Und wenig später tauchten auch die ersten Haustiere auf, das Vieh, das bei dem damals üppig wachsenden Wüstengras gedeihen konnte. Wir fuhren über einen viel benutzten, ausgetretenen Weg, dem Mensch und Tier seit Urzeiten folgten, doch die meiste Zeit über musste man sich Mühe geben, um überhaupt etwas erkennen zu können.

Mein Vater schaffte es, die Orientierung zu behalten und auf diesem schwer auszumachenden Weg zu bleiben; vermutlich folgten wir auf unserer Reise durch den unbeschilderten Sand irgendeiner Karte. Gelegentlich stießen wir auf Spuren einer Buschlandschaft oder sahen eine Andeutung von einer Steigung oder einem Gefälle. Im Rückblick fällt es mir schwer, mir einen Ort auszumalen, für den meine Mutter weniger geeignet gewesen wäre. Die Straße verschwand hinter Wanderdünen; die Sandreifen bewegten sich schleppend durch tiefe Sandlöcher, eierten und blieben häufig stecken. Obwohl bei der Route, der wir folgten, kaum von einem Weg die Rede sein konnte, hätte ein Verlassen derselben – angelockt durch eine Sandschicht, die weniger tief und schwerfällig aussah – tödlich enden können. Den Weg hatte es schon immer gegeben, ihm haftete die Erinnerung an Wasser an; wenn wir ihn verlassen hätten, wären wir innerhalb von Sekunden orientierungslos und in wenigen Tagen tot gewesen.

Wenn man durch die Kalahari fährt, stößt man höchst selten auf einen Baum oder eine Anhöhe; es gibt nichts als das ausgebleichte Panorama und die betäubende Stille. Die Luft ist so klar, dass Dinge, die Meilen weit weg sind, zum Greifen nah scheinen und sich Schall auf eine Weise fortpflanzt, dass man glaubt, jedes Geräusch komme aus unmittelbarer Nähe. Die sonnenverbrannte Ebene glitzert unter dem blauen Himmel Afrikas, und man hat das Gefühl, der Horizont sei für alle Zeiten unerreichbar. Gelegentlich stößt man auf den verdorrten Kadaver einer Antilope oder auf das Gespenst eines Elefanten. Während man so hinter dem Steuer sitzt, wird man Teil einer unendlichen Welt, einer so verzaubernden Traumwelt, dass man versucht ist, einzuschlafen und nie wieder aufzuwachen.

Wir fuhren weiter, immer tiefer hinein ins Zentrum der Wüste, streiften die Ränder der Makgadikgadi-Pfannen: glitzernde, uralte Salzpfannen, die von der Erinnerung an einen einstmals riesigen, vom großen Zambezi-Fluss gespeisten See heimgesucht werden. Jetzt ist er leer und still, wie die Fata Morganas, die in Wellen über die Ufer kommen, an denen einst blaues Wasser leckte. Der See hat vergessen, woran sich das Land erinnert; doch jedes Mal, wenn der Regen kommt, verwandeln sich die Pfannen in das, was sie einmal waren. Über Nacht gewanden sie sich blau, die Flamingos kehren zurück, überziehen das Blau mit Rosa und hauchen den rätselhaften Seebecken neues Leben ein. Dann, nach wenigen Wochen, sind sie wieder fort und ihre atemberaubende Schönheit mit ihnen, als wüssten sie, wie jeder Nomade, wann die Zeit zum Aufbruch gekommen ist.

Wir landeten an einem Ort, der seit Anbeginn der Zeit von Nomaden bewohnt wurde. Hinter uns leuchtete die Erinnerung an das für immer verlorene Indien und an England, mit dem mein irischer Vater nichts als Kälte und Abweisung verband und das für meine in Indien geborene und aufgewachsene Mutter nur ein Traumgespinst war. Hinter uns lag auch das Klein-England von Swasiland und alles, was dort passiert war. Da waren wir nun, ohne einen Ort, den wir unser Zuhause hätten nennen und an den wir hätten zurückkehren können, mitten in der Wildnis, in den Händen eines Mannes, der seinen häuslichen Imperialismus an ein Empire geknüpft hatte, das auf Raub und Krieg gegründet war, und das zu einer Zeit, da die Einheimischen allmählich unruhig wurden. Wir nahmen unser eigenes Nomadenleben auf, zogen durch die Kalahari, von einem staubigen britischen Außenposten zum nächsten, blieben manchmal nicht länger als sechs Monate an einem Ort, immer in Bewegung; und jedes Mal ließen wir etwas zurück, das, wenn wir uns umdrehten und zurückblickten, urplötzlich wie eine Fata Morgana verschwunden war.

Als mein Vater uns in die Kalahari brachte, führte er meine Mutter noch weiter ins Hinterland und, was sie betraf, noch weiter weg von der Zivilisation und der Hoffnung.

Maun war der Ort, an dem ihr langsamer Niedergang seinen Anfang nahm. Vielleicht war es in Indien anfänglich anders gewesen. Als sie ihn kennen lernte, arbeitete sie als Telefonistin und lebte in einem katholischen Frauenheim in Delhi, während in Europa Krieg herrschte. Mein Vater setzte ihr unermüdlich nach, bis sie vor ihm floh und zu ihrem Onkel und ihrer Tante nach Ghaziabad entkam. Sie war achtzehn, allein und schutzlos. Sie hatte keine Mutter, und die Japaner hatten ihren Vater, einen Sergeanten der britisch-indischen Armee, gefangen genommen, als Singapur 1942 fiel. Ihr Onkel und ihre Tante redeten ihr zu der Ehe zu, und ein wenig muss sie der Gedanke verlockt haben, mit einem ranghohen Polizeibeamten des Empire verheiratet zu sein. Doch als sie Afrika und schließlich Maun erreichte, war alles schon schief gelaufen.

Wir waren auf dem Weg nach Maun, zu unserem ersten Posten im entlegensten Teil der Wüste. Mein Vater dürfte die Reise genossen haben; der immer wieder verschwindende, beinahe unsichtbare Weg wird eine Herausforderung gewesen sein, etwas, an dem er sich messen konnte. Er zeigte uns die Giraffen, die, den Kopf in den Wolken, an uns vorbeiglitten, oder drehte sich voller Aufregung über eine Herde Springböcke, die galoppierend in die Ferne stoben, zu uns um und brüllte voller Wut: Warum verdammt noch mal schaut ihr euch das nicht an? Wir beiden, Ange und ich, lagen zusammengekauert und verschwitzt auf der Rückbank und waren vor lauter Licht und Hitze so benommen, dass wir kaum unsere Köpfe heben konnten.

Unterdessen durchlebte meine Mutter auf dem Beifahrersitz einen einzigen Alptraum. Um sie herum sah sie, so weit das Auge reichte, nichts als Sand, Hitze und gleißendes

Licht, nichts, das sie dagegen abgeschirmt hätte, nichts, das sie unterhalten hätte, nichts, das ihr geholfen hätte zu vergessen, wohin wir fuhren und worauf sie sich um Himmels willen eingelassen hatte. Während mein Vater immer wieder auf irgendwelche wilden Tiere aufmerksam machte, sank meine Mutter immer tiefer in ihren Sitz. Die Zebras, die zierlich durch die Fata Morgana vor uns traten, interessierten sie einen feuchten Dreck, selbst der einsame Löwe erzeugte nichts als Widerwillen, und Anweisungen wie die meines Vaters, sie solle sich doch einmal dieses oder jenes anschauen, machten sie wütend. Sie sprach kein Wort. Sie sah sich nichts an. Ich kann sie noch heute vor mir sehen, weil ich sie damals schon so gut kannte und genau beobachtete. Ich hatte angefangen, jede ihrer Bewegungen und Gesten so zu studieren, als hinge mein Leben davon ab. Ich konnte ihre Stimmung vorausahnen, ich wusste, was sie dachte, und ich wusste, was sie fühlte. Sie weinte und dachte, keiner von uns würde es bemerken. Sie starrte aus dem Fenster, ohne etwas zu sehen, nicht einmal die Knochen und Überreste früherer Reisender oder den Schemen eines Ufers, der im Sand zu ahnen war.

Wenn man durch die Wüste fährt, beschleicht einen nach und nach eine lähmende Müdigkeit, und das Bedürfnis nach Schlaf wird überwältigend. Der Verstand welkt dahin, die Augen fallen zu. Doch mein Vater blieb die ganze Zeit über wach. Ich kann mir nicht vorstellen, dass er einen Fahrer genommen hätte, wie andere, normalere Menschen es getan hätten. Er wollte dies auf seine Art erledigen, und seine Art war die richtige. Er fuhr einfach weiter, bis das Ziel erreicht war; er saß am Steuer, wir, die Mitreisenden, waren für ihn nichts als Frachtgut. Die Ungeduld und Entschlossenheit meines Vaters prallte auf die stumm wachsende Verzweiflung meiner Mutter und verwandelte die Luft in etwas Knisterndes, Hochexplosives. Die Spannung war unerträglich, zumal für uns Kinder. Gefangen in dem Landrover harrten wir aus, wohl wissend, dass mein Vater erst am Ziel Halt machen würde und keine Sekunde eher.

Verbringt man mehr als eine Stunde in der Wüste, hat man das Gefühl, Haut und Haar seien steif vor Staub. Der Mund trocknet aus, die Lippen werden spröde und reißen. Das gleißende Licht und die heiße Luft, die durch das Wagenfenster hereinweht, hinterlassen überall einen feinen Film. Insekten tauchen aus dem Nichts auf und setzen sich auf die Augen oder zerschellen an der Windschutzscheibe. Ein riesiger Schwarm von Schmetterlingen kann stundenlang um einen herumflattern und das Licht aussperren. Gegen Mittag verfallen alle Tiere in absolute Bewegungslosigkeit und tiefe Stille, als setze das Leben kurzfristig aus und bleibe in einem flüssigen Gel hängen. Zu atmen fällt einem schwer, klar zu denken ist schier unmöglich. Die Gedanken schweifen ab, fangen an, sich im Kreis zu drehen, sortieren ihre Bilder immer wieder um, ergeben keinen Sinn und finden keine Ordnung. Meine Mutter saß auf ihrem Sitz, als schliefe sie, den Kopf über Susans Köpfchen gebeugt; sie musste sich regelrecht zusammenreißen, um Susan gelegentlich das Fläschchen in den Mund zu stecken. Sie öffnete eine kleine, blaue Niveadose und betupfte sich immer wieder die Lippen mit Creme, die sofort schmolz und sich mit dem Schweiß auf ihrer Oberlippe vermischte. Sie sagte kein einziges Wort. Bald versiegte die merkwürdige Fröhlichkeit meines Vaters, und seine Hände umfassten das Lenkrad so fest, als wollte er es würgen.

So ging es tagelang weiter. Nachts konnten wir den Wagen nicht verlassen, um ein Lager aufzuschlagen, da wir bis zum Morgengrauen mit Sicherheit gefressen worden wären. Morgens stieg meine Mutter aus dem Landrover und putzte sich mit Hilfe eines Glases Wassers die Zähne. Wir schauten zu, wie das kostbare Naß im Sand versickerte, und wichen zurück, wenn mein Vater explodierte. Meine Mutter ignorierte ihn; sie wandte ihm den Rücken zu und spuckte aus. Bei 40 Grad Hitze schaffte sie es, sich in einen Eiszapfen zu verwandeln. Wir bekamen unsere Ration Trockenfutter, und schon ging es weiter. Der Tag lag unendlich vor uns, die Hitze nahm zu, der Staub wirbelte zu den Fenstern herein, und schon bald musste ich mich wieder aus dem Fenster übergeben. Diese Angewohnheit trieb meine Eltern in den Wahnsinn, insbesondere meinen Vater, der nichts mehr hasste, als wenn die Seiten des Autos besudelt oder im Auto Unordnung gemacht wurde. Ich schaute immer meinem Erbrochenen hinterher und beobachtete, wie es vom Wind mitgerissen wurde. Wenn mein Kopf wieder im Auto war, rammte mir Angela ihren Ellbogen fest in die Seite und zischte: Hör auf. Als ob ich das gekonnt hätte.

Am Ende dieser Reise erreichten wir die größte und faszinierendste Oase der Welt. Maun liegt an der Spitze des Okawango-Deltas, wo der Sand der Kalahari auf ein Rinnsal stößt, das sich wundersamerweise von den Bergen von Angola bis nach Maun schlängelt. Es schwillt im Frühjahr zu einem Fluss an, der Sümpfe und andere Wasserwege durchspült, bis er leise an den Ufern dieses kleinen Dorfes ausläuft. Ich erinnere mich an Maun wegen seiner Schönheit und der Beschaulichkeit seiner Landschaft, doch für meine Mutter lagen die Dinge anders. So wie sie die Sache sah, hatte mein Vater sie um die halbe Welt und durch eine höllische Wüste geschleift, nur um sie in einer gottverlassenen Gegend abzusetzen, in der es nicht einmal eine richtige Stadt gab. Zwar trug der Ort den Namen einer Stadt, eine Stadt war er deswegen noch lange nicht. Es gab keine Läden – keinen Lebensmittelladen, keine Apotheke, keinen Metzger, keinen Bäcker –, kein Krankenhaus, keinen Arzt, keinen Zahnarzt, keine Werkstatt, keine Bücherei, kein Postamt, keine Bank, keine Tankstelle, nichts, einfach gar nichts, weit und breit. Dafür gab es jede Menge Krankheiten: Malaria, Typhus, Lungenentzündung, Durchfall, Schlafkrankheit, Tuberkulose, Diphtherie, Pocken und Kinderlähmung. Und dazu jedes nur erdenkliche Raubtier und sämtliche Schlangen und krauchenden Insekten, die man sich nur vorstellen kann.

Natürlich konnte der Ort mit einem Hotel aufwarten. All diese kleinen Ansiedlungen, in denen es zum Teil nur zehn europäische Häuser gab, hatten ein Hotel. Hotels in abgelegenen Protektoraten waren etwas ganz Besonderes. Sie dienten als Unterkunft für Beamte auf Stippvisite: für den Tierarzt, der die Tsetsefliege oder das Vieh untersuchen wollte, oder einen Zahnarzt oder sonstigen Arzt, die eingeflogen wurden, um die alle sechs Monate fällige Untersuchung durchzuführen, die denjenigen, die sich im Dienste Ihrer Majestät in der Wildnis befanden, gnädigst bewilligt wurde. Da es für uns zunächst keine andere Unterkunft gab, wohnten wir anfänglich in Riley's Hotel, das in der Nähe des Flusses Thamalakane liegt. Das Hotel war ein langer Flachbau, umgeben von herrlichen Gärten, die durch den Fluss bewässert wurden. Von den hohen Jasminbäumen segelten cremefarbene Blüten herab, die nach Geißblatt dufteten, aber eine Spur süßer und aufreizender. Violettfarbene Bougainvilleen umrankten die Hausmauern, Passionsblumen und ihre lilafarbenen, runzligen Früchte – die wir Grenadillen nannten – wucherten neben Rosen, Iris und Lotosblumen. Unter diesen Bäumen spielten Angela und ich, hier im Schatten bauten wir unser Haus, berauscht vom Duft der Jasminblüten. Papaya- und Bananenbäume standen zur einen Seite des Hotels, und dahinter hing sogar eine Schaukel. Hier spielten wir Gespenst – Angela und ich. Wir rannten gegen die nasse Wäsche, die auf der Leine hing, und sahen, wie die Konturen unserer Körper verstrichen, wie unsere Münder und Augen verschwanden und sich in weiße Höhlen verwandelten. Die afrikanischen Frauen kamen dann herausgerannt, über die raue Erde, wedelten mit den Armen und scheuchten uns fort wie Hühner. Manchmal gaben sie es auf und rissen die Laken von der Leine, ließen sie in Körbe fallen und nahmen sie mit in ihre heißen Küchen. Meistens hefteten wir uns dann an ihre Fersen und beobachteten sie, wie sie auf die schwarzen Bügeleisen spuckten, bevor sie sie mit einem gedämpften Schlag auf die Wäsche knallten, um diese in makellos weiße Quadrate zu verwandeln.

Angela freundete sich sofort mit Barbara Riley an, der Tochter des Hotelbesitzers. Barbara führte uns herum und erzählte uns Geschichten von dem legendären Bobby Wilmott, der wie kein Zweiter Krokodile schießen konnte, dann jedoch nicht zwischen den Zähnen eines Krokodils, sondern am Biss einer schwarzen Mamba starb. Sie zeigte uns das kleine Zimmer, das uns zusammen mit den anderen weißen Kindern als Schulraum dienen sollte. Dort saßen wir später alle zusammengewürfelt und versuchten, so gut es ging, einige Grundkenntnisse in Lesen, Schreiben und Rechnen aufzuschnappen. Es war der Anfang einer Schulkarriere, wie sie nur in solchen Schulen im Busch möglich ist. Unsere Stunden wurden entweder in Privaträumen oder in einem kleinen Gebäude abgehalten, das als Schule fungierte. Viele Kinder waren es nicht, die unterrichtet werden mussten, und es war nicht weiter schlimm, dass unterschiedliche Altersklassen beisammensaßen. Wir lernten, was an diesem Tag gelehrt wurde, und gaben uns dabei ebenso große Mühe wie unsere Lehrerin, Mrs. Kotse. In meiner Erinnerung kann ich das Klassenzimmer eher hören als sehen; es erscheint mir als offene Tür, durch die Gesang brandet, Kinderstimmen, die *Jan Pierewit* und *Sarie Marais* singen. Mrs. Kotse, eine blonde, gut aussehende Afrikaanderin, brachte uns Lieder bei, an die ich mich noch heute erinnere. Auch an ihren Mund erinnere ich mich noch. Sie hatte stets eine winzige Spuckeblase auf ihren Lippen; sie wanderte, wenn Mrs. Kotse redete, von der oberen zur unteren Lippe und wieder zurück, und wenn Mrs. Kotse sang, wanderte sie umso schneller, und da das Bläschen nie verschwand, war es faszinierend, seine Wege zu verfolgen.

Lesen lernte ich hauptsächlich durch meine Mutter, die *Peter and Jane*-Lesefibeln aus England mitgebracht hatte. Nachmittags saßen wir auf der rot gekachelten Treppe, und ich mühte mich ab mit Sätzen wie: *Sieh, wie Rover rennt. Sieh, wie Jane rennt. Sieh, wie Peter rennt.* Peter schien ein aktiveres und interessanteres Leben zu führen als Jane, deren Leben sich mehr oder weniger ausschließlich in der Küche abspielte, unter Aufsicht ihrer Mutter. Meine Mutter versuchte, mir vernünftigen Unterricht zu geben, doch sie war ruhelos, ungeduldig und darauf bedacht, mich loszuwerden.

Da diese Lesestunden jedoch die einzige Zeit waren, in der ich sie für mich alleine hatte, hielt ich durch, was sie noch ungeduldiger werden ließ. Als ich Jahre später selbst Mutter war, brachte auch ich meinen Kindern das Lesen anhand derselben Lesefibeln bei. Nicht ein Iota war zwischenzeitlich an den Lektionen verändert worden.

Angela und Barbara Riley lebten in einer glitzernden Welt der Phantasie, für die ich noch zu jung war, als dass ich sie hätte verstehen können. Sie waren außerordentlich stolz auf ihr schönes, dunkles Haar und nannten sich die Brünetten. Unter den Bäumen steckten sie tuschelnd die Köpfe zusammen und gingen gemeinsam auf Eroberungstouren. Ich fühlte mich ein wenig verloren, bis ich etwas entdeckte, das für mein Überleben schon bald wichtiger werden sollte als Freundschaft, Liebe oder Familie. Ich entdeckte den Fluss und verlor mich in seinen tiefen Rätseln. Der Okawango-Fluss, zu dem der Thamalakane bei Maun gehört, windet sich langsam und mysteriös durch die Wüste im nordwestlichen Botswana und schwillt einmal im Jahr mächtig an. Was auch immer er auf seinem Weg berührt, wird durch ihn verwandelt. Die Wüste ergrünt, Gräser und Feldblumen erobern das Terrain, Enten, Gänse und Fasane fliegen durch die Luft, und in den Bäumen gurren die Tauben. Die Dorfbewohner warten gespannt auf Neuigkeiten über sein Vordringen, horchen auf die Trommeln, die sein Anschwellen und seine Reise gen Süden begleiten, eine Reise, die in Shakawe beginnt und über eine ganze Kette von Dörfern führt, in denen er schon sehnsüchtig erwartet wird. Wenn die Dorfbewohner erfahren, dass er auf dem Weg zu ihnen ist, sprudeln sie vor guter Laune und werden übermütig. Sie ölen ihre Körper ein und holen die Kochtöpfe wieder hervor. Der Fluss kehrt zurück. Das Leben kehrt zurück. Keine Dürre in diesem Jahr.

Es ist ein merkwürdig unnatürlicher Fluss. Die Fluten ergießen sich über den Sand und verweilen dort, statt in ihm zu versickern, wie zu erwarten wäre. Der Grund dafür liegt in der geheimen, unsichtbaren Welt, die zum Fluss gehört: ein unterirdischer See von fossilem Grundwasser, der tief unter dem Okawango liegt. Das Wasser flutet also tatsächlich über einem Jahrtausende alten See, der verhindert, dass es sich verliert und im Sand versickert. Der Okawango ist auch insofern etwas Besonderes, als er in der trockenen, regenlosen Jahreszeit herbeigerauscht kommt und durch Kanäle fließt, die sich eigentlich durch die Wassermengen weiten müssten, doch stattdessen enger bzw. durch Sand, hohes Schilf oder dichte Papyruswälder völlig eingedämmt werden, so dass der Fluss verschwindet, um dann wieder aufzutauchen, ganz so, wie es ihm beliebt. Nilpferdgras, rosa und blaue Wasserlilien überwuchern dann für kurze Zeit die Wasserwege und ersticken den Fluss. Doch dann kehrt er zurück: ob als kleines Rinnsal, das zu einem Strom schwillt, als ein sich schlängelndes Labyrinth, das Inseln bildet, als See oder unermesslich großer Sumpf – das in den Untergrund gegangene Wasser bricht aus dem Sand hervor, und der Fluss ist wieder da.

Riley's Hotel war sicherer und schöner als unser Zuhause; seitdem liebe ich Hotels. Wahrscheinlich konnte ich in Hotelzimmern unbelästigt schlafen. Angela und ich hatten ein eigenes Zimmer mit weißen Bettüberwürfen und einem Fenster, von dem man den rückwärtigen Garten, in dem sich die Wäsche im Wind bauschte, überschauen konnte. Unsere Mahlzeiten wurden etwas eher als die der Erwachsenen im

Speisesaal serviert, und zwar von eleganten Obern mit Fez, die sich ein wenig abseits an den Wänden hielten und dann plötzlich wie durch ein Wunder an unserer Seite auftauchten, wenn wir sie brauchten. Sie waren nett zu uns, gaben uns zusätzliche Portionen und hoben unzählige Male unsere gestärkten Servietten vom Boden auf, mit einem Stirnrunzeln, wenn unsere Manieren zu wünschen übrig ließen. Sie nannten uns *Missy* oder *Little Missy* und wiesen uns gelegentlich auf väterliche Art und Weise zurecht: *Missy*, so etwas macht ein junges Mädchen nicht mit seinem Essen. Oder, etwas bedrohlicher: Gott ist nicht glücklich über Kinder, die ihr Essen verschwenden. Auf schwerem, cremefarbenem Porzellan mit einem feinen, hellgrünen Rand wurden Berge von sehr reichhaltigem, sehr englischem Essen aufgefahren: Roastbeef mit gerösteten Kartoffeln, Blätterteigbrötchen und zerkochtes Gemüse und als Nachtisch köstlichen Rührkuchen, mit Karamellüberzug und einem Klecks Vanillesoße. Es war der gleiche schwere Nachtisch, wie man ihn auch in englischen Internaten bekam. Er sah aus wie eine Biskuitrolle, lang und rund, und wenn er mit Rosinen gebacken war, hieß er ›Spotted Dick‹, und wenn mit Schokolade, ›Elephant's Tool‹.

Der einzige Ort, der es mit dem Fluss in Maun aufnehmen konnte, war unser Baumhaus. Als wir bei Riley's aus- und in unser eigenes Haus einzogen, entdeckten wir am Hang, der von unserem Haus zum Fluss führte, nicht weit vom Ufer, ein großartiges Baumhaus. Es thronte in einem riesigen, sehr alten Baum, in dessen Armen sich ein Würgebaum ausgebreitet, seine Fänge um den Baumstamm geschlungen und in die Äste hinaufgetrieben hatte und ihn nun langsam und leise erdrosselte. Wir nannten seine Ranken Affenseile und nutzen sie, um auf den Baum und auf die Plattform zu gelangen, die sich im Herzen des Baumes befand und die uns mit ihren Blätterwänden als ein Zimmer diente. Die Plattform befand sich auf einem großen Termitenhaufen, den die fleißigen Ameisen aus ihrer Spucke und ihrem Kot langsam und sorgfältig errichtet hatten. Das Termitennest, das sich ganz um den Baumstamm zog, bot einen effektiven Schutz vor den zudringlichen Schlingarmen des Würgebaums. Wenn man die Oberfläche des Nests ankratzte oder einen Teil so abbrach, dass man ins Innere sehen konnte, entdeckte man ein raffiniertes System von Kuppeln, Durchgängen und Bögen. Sobald eine Wand beschädigt war, wurde ein Ameisenreparaturteam entsandt, das die Stelle ausbesserte und abdichtete, was die Struktur zusätzlich festigte. Wir saßen in unserem Baum, Angela und ich, glücklich, wie man nur glücklich sein konnte, während die afrikanischen Frauen mit Krügen auf den Köpfen und Babys auf dem Rücken vorbeiglitten; gelegentlich hielten sie an und lächelten, rückten das schlafende Baby zurecht und gaben uns eine Hand voll Guaven.

Zum Baumhaus rannten wir jeden Morgen, doch in den Fluss gingen wir wegen der dort patrouillierenden, als Baumstämme getarnten Krokodile nie. Ab und an glitt einer dieser hin und her treibenden Stämme ans Ufer und verharrte bewegungslos im warmen Sand. Das flache, braune Wasser schien durch die Blüten der Wasserlilien weiß und rosafarben gesprenkelt. Unser Boot schaukelte zwischen den Gräsern, wilde Enten flogen auf, nicht in Formation, sondern ein, zwei Exemplare, die flach über dem Wasser flogen, wie gefangen durch die Hitze, die alles zu Stillstand, grüner Bläue und Ewigkeit verkehrte. Das Wasser bewegte sich kaum, die Reiher verharrten still, und ein einzelnes afrikanisches Kind schaufelte Schlamm in das Rosa ihrer Handfläche, um einen Kuchen daraus zu formen. Ein anderes Kind stürzte in unsere Küche, stieß mit dem Kopf gegen den Bauch meines Kindermädchens und rannte zum Koch, der das Brot knetete. Es zerrte an seiner Schürze, fuchtelte wild herum und brabbelte vor Entsetzen. Als er sich dem Kind zuwandte, heulte es: Ai, ai, ai. Meine Schwester, sie ist im Fluss verschwunden. Kaum hatte sie das Wort »verschwunden« ausgesprochen, wurde ihre kleine Schwester auch schon in die Tiefen des Flussbettes hinabgezogen. Die ältere raufte sich die Haare, zog den Koch am Arm und bettelte, ruf den *morena*, sag ihm, er soll kommen, jetzt, jetzt. Und der Koch, die Hände wieder im Teig versenkt, seufzte und sagte, geh nach Hause, geh, es ist zu spät.

Jeden Tag wurde uns aufs Neue eingeschärft, nicht ins Wasser zu gehen. Wenn es nicht der Krokodile wegen geschah, dann wegen der Bilharziose. Die Botschaft war unmissverständlich: Bleibt weg vom Wasser, oder ihr werdet sterben. Ich verhielt mich entsprechend und ging nicht ins Wasser, doch das musste nicht bedeuten, dass man es nicht betrachten durfte. So hockte ich mich ans Ufer des braunen, düsteren Wassers, das träge und angereichert mit dem Abfall des Lebens vorbeifloss. Man konnte im Boot sitzen, nach einer Wasserrose greifen und sie mitsamt Wurzel herausreißen. Wenn man sich ihren Stängel näher anschaute, während das langsame Schaukeln der verschlafenen Strömung verträumt vom Tod sprach, sah man, dass dessen Grün in Braun und noch weiter unten in Weiß überging und es im Wurzelbereich nach Schlamm und Dunkelheit roch. Wann immer Ange mit Barbara Riley auf Tour war, kletterte ich auf den

Baum, setzte mich mit angezogenen Beinen hin und beobachtete, wie sich der Fluss in der stillen Hitze in einen Spiegel verwandelte. Ich starrte ins breite Gesicht des Flusses, bis ich allmählich das Gefühl bekam, mich in seinen schwerfälligen Gewässern zu verlieren. Mein Körper löste sich auf, und ich konnte das dunkle Wasser betreten, mit ihm verschmelzen. Und dann trug mich der Fluss wie ein schlafendes Kind an seinem braunen Busen weiter und immer weiter flussabwärts, die gewundenen, engen Kanäle entlang, tiefer und tiefer in Richtung Sumpf. Und dort, zwischen den kleinen Inseln und den von Lotosblättern und wilden Geranien umringten flachen Seen, verlangsamte der Fluss seine Fahrt, wir drehten uns noch ein paar Mal und kamen schließlich eng umschlungen zur Ruhe.

In meinem verlorenen und aufgelösten Zustand erschreckte ich mich jedes Mal, wenn ich Violets Stimme hörte, die mich von unten rief, den Schatten der handförmigen Blätter auf ihrem Gesicht. In ihrer blauen Uniform, mit gestärkter Schürze und einem *doek*, einem sorgsam gefalteten Häubchen, auf dem Kopf, schaute sie, die Hände in die Seite gestemmt, zu mir herauf und sah verärgert aus. Was machst du da? Sitzt auf dem Baum wie ein Pavian? Keiner weiß, wo du bist. Bist immer verschwunden, träumst ewig vor dich hin. Komm da runter, schnell, schnell. Die Madam ist böse, und ich bekomme Ärger, weil du mir wieder entwischt bist. Dann zog sie an meinem Fuß oder schlug mir aufs Bein, um mich anzutreiben. Erfüllt von echter Trauer, kehrte ich auf den Boden zurück und trödelte hinter ihr her, auf dem ausgetretenen Pfad zu unserem Haus, das ein wenig zurückgesetzt zwischen Mopane- und Akazienbäumen stand, ein grünes Dach aus Eisenwellblech hatte und glatte, weiße, von roter Bougainvillea und anderen Kletterpflanzen bewachsene Außenwände. Während ich mich dem Haus näherte, wurde mein Herz hölzern und steif wie ein Zweig. Und kaum hatte ich das Haus betreten, versteinerte ich, wurde still, schaltete all meine Sinne ab und brachte sie zum Schweigen. Geistesabwesend ging ich durch mein äußeres Leben, ohne in ihm wirklich anwesend oder gar heimisch zu sein, fast ohne irgendetwas zu empfinden.

Dieses Baumhaus und der Fluss, der darunter entlangplätscherte, hielten eine einfache Lektion für uns bereit: Lernt zu überleben. Meine Mutter hat diese Lektion nie wirklich gelernt. Sie ging in den Garten und versuchte Gemüse so zum Wachsen zu bringen, wie es in Swasiland gewachsen war. Wir lebten von unterschiedlichen Kürbisarten und süßen Kartoffeln, doch meine Mutter wollte Salat. Sie hatte die Samen mitgebracht, und mit Hilfe des Gärtners säte sie und wartete. Doch nichts geschah: Die Samen verschwanden oder trieben einfach keine Wurzeln. Doch dann feierte sie einen kleinen, aber großartigen Triumph: Aus dem Samen eines weichblättrigen Kopfsalats keimte ein Sprössling, dann entwickelten sich ein paar Blätter, die immer zahlreicher wurden, bis aus dem Samen ein Salat geworden war, ein richtiger Kopfsalat. Meine Mutter versuchte verzweifelt, ihn am Leben zu halten und tatsächlich, der Salat überlebte Insekten, Stürme und trampelnde Wildtiere. Sie schützte ihn mit Maschendraht, kümmerte sich Tag und Nacht um ihn und kehrte stets mit einem Lächeln aus dem Garten zurück. Angela und ich machten uns nichts aus dem Salatkopf, aber wir hielten es für lebenswichtig, dass sie weiter lächelte. Als der weiche, grüne Hoffnungsträger ein volles Herz hatte und schön fest und rund war, ging sie hinunter, um ihn zu ernten, aber das verdammte Ding war über Nacht verschrumpelt. Von ihm war nur noch ein grüner Abklatsch auf dem Boden übrig. Sie stand da und betrachtete das Ganze, dann wandte sie sich ab und ging. Wir hatten an diesem Salat regen Anteil genommen, hatten aufmerksam verfolgt, wie er gedieh, ihm gut zugeredet, und so war es für uns ein ebenso schwerer Schlag wie für sie, als sie mit hängendem Kopf aus dem Garten zurückkehrte.

Wie vieles andere hatte Kopfsalat in Maun keine Überlebenschance. Die meisten unserer Lebensmittel wurden alle paar Monate per LKW aus Rhodesien geliefert. Die getrockneten Produkte kamen en gros, und die Frage, wann sie einträfen, gab zu allerlei Spekulationen Anlass. Wann waren sie aus Bulawayo abgefahren? Wie weit waren sie wohl gekommen? Ob unsere Vorräte an Zucker, Mehl, Hefe oder den kleinen blauen Tütchen, die die Wäsche so herrlich weiß werden ließen, bis zum Eintreffen der Lastwagen reichten? Meine Mutter gewöhnte sich an, Teepackungen ganz auseinander zu nehmen, um die letzten Blätter herauszuschütteln, damit nichts verloren ging. Es wurde ihr zur lebenslangen Gewohnheit. Der Zucker – brauner für die anderen, weißer für uns – wurde in Säcken geliefert, ebenso Salz, Kaffee, Tee, Mehl, Milchpulver, Dosenfleisch, Pökelfleisch, Sardinen, Reis, getrocknete Bohnen und Erbsen, Kondensmilch und die Babymilch von *Cow & Gate* für Susan. Die meisten Marmeladen gab es in Dosen, die die Aufschrift *Koo* trugen, daneben konnten wir Erdnussbutter, Konserven- und Trockenobst und gelegentlich etwas Besonderes wie ein Glas *Marmite* kaufen. Sämtliche Grundnahrungsmittel erhielten wir auf diesem Wege, abgesehen von Nudeln, die damals noch nicht üblich waren, und Käse, der als Rarität galt. Ansonsten lebten wir von Wild und Rind, Hühnchen, Eiern und – zumindest in Maun – von Wildenten vom Fluss und Brassen and Barben, sofern man das abstoßende Äußere der Fische mit ihren wilden Augen und borstigen Flossen ignorieren und den deftigen, schlammigen Geschmack ihres Fleisches vertragen konnte. Termiten aßen wir nicht, obwohl die Afrikaner sie liebten. Sie fingen sie mit Lichtfallen, wenn sie nachts in die Dunkelheit ausschwärmten, und verschlangen sie wie Erdnüsse. Wir sahen voller Ekel zu, doch sie lachten uns nur aus und sagten, wir wüssten gar nicht, was wir da verpassten.

Die Afrikaanderinnen, die in Maun lebten – es war nur eine Hand voll dieses außerordentlich zuverlässigen und befähigten Menschenschlags –, hatten immer noch Vorräte, wenn wir unsere schon längst aufgebraucht hatten. So wurde ich um eine Tasse Zucker oder einige Gramm Mehl zu Mrs. Kotse geschickt. Die Afrikaanderinnen konnten hervorragend kochen. Sie backten Milchtorten und köstliche *Koeksusters* – eine Art geflochtenen, in Öl gebratenen Krapfen, der mit Sirup bestrichen wurde. Aus den weißen Teilen der Wassermelone kochten sie Marmelade, und unsere Geburtstagskuchen konnten sie in jeder erdenklichen Größe und Form herstellen und mit dickem Zuckerguss dekorieren. Sie machten Butter und Käse und kannten sich sogar bestens mit den Tücken des Kerzenmachens aus. Sie hängten leckere Wildstreifen, sogenannte *Biltongs*, zum Trocknen in die Sonne, stellten lange, würzige Würste namens *Boerewors* her und schickten jedem, der an Krankheit oder Kummer litt, kräftige, schmackhafte Eintöpfe oder Hühnersuppen.

Wo auch immer wir im Protektorat Bechuanaland lebten, immer gab es einige Afrikaander unter den Briten. Sie waren entweder beim Public Works Department oder arbeiteten als Kaufleute oder Mechaniker. Sie waren für diese winzigen Gemeinden im Busch unersetzlich, wurden jedoch von den Engländern herablassend behandelt. Meine Mutter konnte sie nicht ausstehen. Sie hielt sie für ungehobelt und primitiv und war in ihrer Gegenwart arrogant und richtiggehend unhöflich. Sie betrachtete bei solchen Gelegenheiten ihre roten Nägel oder, wenn eine von ihnen ihr soeben, in der kochenden Hitze auf einer Veranda sitzend, eine Dauerwelle gelegt hatte, fuhr sie sich demonstrativ durchs Haar, bevor sie sich mit einem abfälligen Achselzucken entfernte. Meine Mutter war der Meinung, dass allein die Tatsache, dass sie Britin war, sie zu etwas Besserem machte, wie auch die Tatsache, dass sie mit einem affektierten Akzent sprechen konnte, den sie irgendwo aufgeschnappt hatte. Die Frauen begegneten ihr freundlich: Sie wussten, dass sie Probleme hatte. Aus ihren Blicken sprach eine Art Mitleid, das meine Mutter entsetzt hätte, wenn sie es gesehen hätte.

Im Gegensatz zu uns waren die Afrikaander nicht auf der Durchreise. Sie hatten vor zu bleiben. Und wie ihre hugenottischen Vorfahren hatten sie weder Frankreich noch Holland mit sich geschleppt, als sie gen Afrika die Segel hissten. Sie begannen ein neues Leben, und das ermöglichte ihnen, sich in einer Intensität auf das neue Land einzulassen, wie es den Engländern nur selten vergönnt war. Die Afrikaander verstanden sich nicht auf die britische Politik, die Kolonien bluten zu lassen, eine Politik, die sich bestenfalls mit Fahrerflucht vergleichen ließe. Stattdessen machten sie Afrika zu ihrer Heimat und besiedelten es. Sie brachten ihre Geschichte, ihre Bräuche und ihre Talente mit, aber sie passten sie dem an, was sie vorfanden. Sie hatten Holland und

Frankreich verlassen, um sich eine neue Religion zu schaffen, und nachdem sie Afrika erreicht hatten, ließen sie ihre Sprache in all den anderen aufgehen, was zu einer dynamischen und ständig fortschreitenden Entwicklung einer Mischsprache führte. Natürlich hatten die Buren zu der Zeit, als wir in Afrika ankamen, die Briten längst in ihrem eigenen Spiel des Ländereienraubs ausgestochen, und nun war es ihnen ein Leichtes, ein neues System der Unterdrückung in Gang zu setzen, das sie ihren ehemaligen Herren unmittelbar abgeguckt hatten.

Wir Kinder trieben uns, sooft es ging, in der Nähe der Küchen der Afrikaanderinnen herum, in der Hoffnung, einen Bissen abzubekommen, oder um die Frauen beim Dauerwellenlegen zu beobachten – einer Prozedur, bei der aggressive Chemikalien verwendet wurden, die die Kopfhaut verbrannten und das Haar eher tot als lebendig erscheinen ließen. Die Frauen trugen am liebsten Hauskleider, unförmige Baumwolloveralls, mit weiten Ärmeln und großen Taschen. Doch für uns nähten sie wunderschöne Kleider, zumeist in einem Hinterraum des Fertighauses, das auf einem Staubquadrat aufgestellt worden war und um das ausgemergelte Hunde herumlungerten. Die Frau, die meine Kleider nähte, war mittleren Alters, hatte eine ziemlich unförmige Figur und lockiges, graues Haar. Sie hieß Mrs. Brink. Nachmittags ging es zur Anprobe. An meine Kleider erinnere ich mich ebenso gut wie an die meiner Mutter. Sie dufteten herrlich nach neuem Baumwollstoff, und das Material war steif und glänzend. Auch das war per LKW gekommen. Die Ballen wurden herausgezogen und auf den Tisch fallen gelassen, zurechtgelegt und ausgerollt, bevor der Stoff mit einer großen Zickzackschere abgeschnitten wurde. Am deutlichsten erinnere ich mich daran, wie ich auf dem Küchentisch stand und Mrs. Brink um mich herumging, mit Nadeln im Mund, den Kopf leicht zur Seite geneigt. Sie steckte einen Saum ab, stimmte die Abnäher aufeinander ab, befestigte den weißen Kragen am Halsausschnitt und ging zurück zu einer Singer-Nähmaschine, die sie mit dem Fuß zum Surren brachte. Ich probierte das Kleid immer wieder an, um den Saum richten, eine Schleife am Rückenteil befestigen, die Länge der Puffärmel kontrollieren oder den Sitz des Kragens verbessern zu lassen. Ach, ich muss noch eine Anprobe machen. Geh doch in der Zwischenzeit in die Küche und bitte das Mädchen, dir etwas Kaltes zu trinken zu geben.

Das schönste dieser Kleider war ein hellblaues, gepunktetes Partykleid; darunter trug ich einen separaten bauschigen Tüllunterrock. Wenn an den heißen Nachmittagen das ganze Haus schlief, zog ich das Kleid an und tanzte. Die in der Taille entspringenden Lagen steifen Tülls wurden nach unten zu immer üppiger, so dass man, wenn man an sich runterschaute, weder seine Beinkonturen noch seine Füße sehen konnte. Es war ein Kleid, das allen Kummer vergessen machte, doch an manchen Tagen wirkte das Kleid nicht, und dann fühlte ich mich so schmutzig wie eine Kakerlake. Voller Wut attackierte ich dann das Stoffgesicht meiner Puppe, zerpflückte ihren roten Mund, riss ihr die blauen Glasaugen heraus und verknotete ihre langen Beine. Dann rannte ich fort in den Busch, um mich zusammengekauert unter einem Dornenbusch zu verstecken, und dort blieb ich, bis es Zeit war, aus meinem Trancezustand zu erwachen und nach Hause zu gehen.

Als wir nach Maun zogen, war ich beinahe sieben Jahre alt

und damit zu alt und erfahren, als dass der alte Trick meiner Mutter, mich in die Obhut der Bediensteten zu übergeben, noch funktioniert hätte. Außerdem kam ich mittlerweile auch ohne meine Mutter zurecht, da ich ja den Fluss hatte. Er war wesentlich beständiger als sie. Ich konnte an seine braunen Ufer hinunterlaufen, wann immer ich wollte, und jedes Mal wurde ich schon erwartet. Wenn ich aufwachte, war er noch immer da, in seiner ganzen Schönheit und Friedfertigkeit, und sah aus wie immer. Nachts wurde er vom Mond beschienen, der das braune Wasser silbrig färbte, während Fische sein Glas durchschnitten und mit einem einzigen Platsch die gleichmäßige Hintergrundmusik der Insekten übertönten. Das Wasser floss unaufhaltsam weiter, es wusste, wohin es wollte, und schloss mich ein in seine verschlungenen Umarmungen. Seine langsame Unbeirrbarkeit wurde mir zum Quell für mütterlichen Zuspruch und Trost. Der Fluss war meine Zuflucht, an ihm fing meine Phantasie Feuer, hier sprach der Wind durch die Dornenbäume zu mir. Und hier konnte ich mich vor einer Welt verstecken, die ich immer mehr zum Fürchten fand.

Vier

Als wir Maun schließlich erreichten, steckte meine Mutter in einer ernsten Krise, und ich wusste, dass ich sie nicht mit derselben Leichtigkeit würde im Stich lassen können, mit der sie mich in Swasiland im Stich gelassen hatte. Sie war Anfang dreißig, als sie in eine Depression verfiel, der wir beide hilflos ausgeliefert waren. Ich verbrachte Stunden an ihrer Tür oder schlich mich an ihr Bett, wo ich mein Gesicht an das Moskitonetz lehnte, das sich in der leichten Brise des Deckenventilators hob und senkte. Ich stand da und beobachtete sie durch die Gaze, wie sie mit geschlossenen Augen und dem Handrücken auf der Stirn auf dem Bett lag. Oft war ihr Gesicht zur Wand gekehrt, während sie tat, als schliefe sie. Ihr Körper war gegen jegliche Berührung oder Gemeinschaft versiegelt und krümmte sich um etwas, als ob er einen leeren Raum beschützen wolle. Sie war todtraurig und einsam, während mich eine einzige Frage umtrieb: Was soll ich tun? Was soll ich tun?

Während ich sie in ihrer Nachmittagsohnmacht liegen sah, wusste ich, dass sie nicht schlief; sie tat nur so, wie sie es auch nachts machte. Ich hatte das Gefühl, dass sie nur so tat, um nicht aufstehen, den Flur hinuntergehen und mich retten zu müssen in jenen dunklen Nächten, wenn der Generator ins Stottern geraten und schließlich verstummt war und das Haus in völliger Dunkelheit lag. Manchmal am frühen

Nachmittag, wenn sie unter dem Moskitonetz lag, hob ich es hoch, voller Scheu und jederzeit bereit, es bei dem kleinsten Signal wieder fallen zu lassen. Doch natürlich gab es kein solches Signal, denn die Spielregeln besagten, dass es mich nicht gab. Sie wusste sich in Sicherheit. Wir wussten beide, dass ich ihr keinen Ärger machen oder sie aufwecken würde. Ich war dort, weil ich Gaben hatte, die ich am Altar niederlegen wollte, direkt neben die Aspirinschachtel und die Chinintabletten: ein Glas Wasser mit einer Zitronenscheibe oder eine geviertelte Orange; ein Bild mit Bäumen und einem blauen Himmel oder eine Buntstiftzeichnung von einem Weihnachtsstern, die ich am Morgen gemacht hatte. Ich musste bei ihr bleiben, über sie wachen, denn in dieser Verfassung konnte ich sie unmöglich allein lassen.

Bald blieb mir nichts anderes übrig, als mich selbst genauso zum Verschwinden zu bringen, wie sie es tat. Ich saß mit dem Rücken zur Wand, legte ein Bein über das andere, wartete und beobachtete sie, gab keinen Mucks von mir und rührte mich nicht. Ich verschwand geradezu in ihrer Sphäre des Schweigens, verschmolz mit der betäubenden, tonlosen Hitze des verdunkelten Zimmers. Aber zumindest wusste ich, wo sie war, und das war immerhin besser, als sie überraschend vorzufinden wie damals, als ich sie eines Spätabends in die Schwärze jenseits des Fliegengitters starren sah, wo der windgepeitschte Regen gegen die Blätter des Bananenbaums schlug. Ich rief ihren Namen, auf dass sie sich umdrehte und mich ansähe, aber als dann ihr unendlich ferner Blick nicht mehr in die Nacht, sondern auf mich gerichtet war, konnte ich nicht ertragen, was ich in ihren Augen las.

Am Ende verließ ich sie doch. Ich kehrte ihr den Rücken und fand mich, ehe ich mich versah, im Busch wieder, dessen glühender Umarmung ich beinahe leidenschaftlich entgegenrannte. Da draußen in der blauen Leere trennte uns nichts als der schwere, heiße Wind und überall, im Sand verteilt, lagen Diamanten zu meinen Füßen. Wenn ich lange unter einem Baum verharrte, war es, als ob Gott über den Sand auf mich zuliefe, über die goldenen Unebenheiten schlenderte, die unter seinen Füßen Wellen bildeten. Ich hatte die Flügel eines Reihers und schwang mich hoch in die Luft, um von dort auf mich hinabzuspähen, wie ich unter dem Baum saß und in den Sandmulden stocherte, in denen sich Käfer vor der Sonne verkrochen hatten.

Manchmal war etwas geschehen, wenn ich zurückkam: Etwas hatte sie verändert, sie war wieder da. Die Mutter vom Dampfer war zurückgekehrt, und eine Zeit lang war alles vergeben und vergessen. Ich habe eine flüchtige Erinnerung an meine Mutter, sehe sie mit Bubikopf und Toni-Dauerwelle, wie sie sich vornüberneigt, sich in ihrem eleganten Rock hinunterbeugt, ihre bloßen Arme vorstreckt, um aus der Hand eines kleinen Mädchens, dessen Zöpfe am Ende mit Schleifen zusammengehalten werden, einen Blumenstrauß entgegenzunehmen. Sie lächelt wieder, sie ist glücklich, alles ist wieder in Ordnung. Sie war die *Memsahib*, die First Lady im Busch, die Frau des District Commissioner. Sie vertrat Ihre Majestät, Elizabeth II., die junge Königin von England, die in demselben Jahr 1953 gekrönt worden war, mit Krönungskrone, goldener Robe, Zepter und Reichsapfel, den sie in ihren kleinen weißen Händen hielt. Draußen in der Wildnis schwenkten wir unsere Fahnen und feierten die neue Queen, so gut es ging, und alles war wieder in Ordnung: Glanz war wieder auf meine Mutter gefallen, das Leben hatte sie für kurze Zeit wieder.

Wir machten Picknicks im Busch, und wir taten es vermutlich, weil die Engländer eine Vorliebe für Picknicks haben, die sie sich auch dann nicht nehmen lassen wollen, wenn sich die Umgebung für solche Unternehmungen nicht gerade empfiehlt. Ähnlich war es mit dem Essen. Da diese Menschen gewöhnt waren, mittags eine Riesenmahlzeit einzunehmen, mit Fleisch, Kartoffeln und deftigem, grünem Gemüse, wurde Entsprechendes, wenn die Mittagshitze ihren Siedepunkt erreichte, Tag für Tag serviert, und natürlich aßen wir alles bis auf den letzten Bissen auf und ließen nichts auf dem Teller liegen, da es uns anderenfalls kalt und klumpig zur nächsten Mahlzeit serviert worden wäre. Spinat, den ich einfach nicht hinunterkriegen konnte, kam ebenso lange auf den Tisch, wie ich mich hartnäckig weigerte, ihn zu essen, also tagelang, bis meine Mutter mit einem Seufzer ein Dienstmädchen heranwinkte und sagte: In Gottes Namen, nimm es weg. Und dann stürzte meine Verbündete und Freundin Violet herbei, schnappte sich den widerlichen Schleim und warf ihn dem Hund zum Fraß vor, der Spinat allerdings keinen Deut lieber mochte als ich.

Eines Sonntags, es war ein kochend heißer Dezembertag, machten wir uns zu einem Picknick an einem Fluss auf. Wir breiteten Decken unter Mopane-Bäumen aus, auf die sich die Frauen mit ihren Weidenkörben setzten. Sie waren fortan damit beschäftigt, Fliegen und Ameisen zu verscheuchen, auf Schlangen und Skorpione zu achten und alles Mögliche zu tun, die Lebensmittel kühl zu halten. Eine Bootsfahrt stand in Aussicht, und wir Kinder waren begeistert. Man setzte uns Hüte auf. Man cremte uns mit Nivea ein – Sonnenmilch gab es damals noch nicht. Die weiße Creme wirkte auf unserer Haut wie Butter, die man beständig auf ein brutzelndes Hühnchen streicht. Schon bald war unser weißes Fleisch hochrot, und als es wehtat, rieben wir unsere Schultern mit den kühlen Rindenstücken einer Wassermelone ab und gingen einmal mehr ins Wasser, um uns abzukühlen, was den Schaden nur noch schlimmer machte. Es war ein idealer Tag für eine Bootsfahrt und zum Fischen – hier gebe es keine Krokodile, hieß es.

Mein Vater steuerte das Boot, wir Kinder – wir müssen zu sechst oder siebt gewesen sein – saßen des Gleichgewichts wegen fachmännisch im Boot verteilt. Die Dieselabgase des Außenbordmotors hingen in der Luft. Mein Vater entschied, dass das Boot zu voll war. Also stieg jemand aus. Es gab eine oder zwei Angeln, und los ging's, auf eine kleine Insel mitten im Fluss zu. Irgendwann, als wir schon ziemlich weit draußen waren, begann das Boot zu sinken. Das Wasser war tief. Hilfe war weit und breit nicht in Sicht, niemand von uns konnte schwimmen, nur Angela, doch die hatte es irgendwie geschafft, sich einen Angelhaken in den Zeh zu rammen. Als das Wasser rasch das Boot füllte und das Heck unter sich begrub, schrien wir. Schon bald waren wir im Wasser und schlugen wild mit den Armen um uns, öffneten und schlossen unsere Münder im Rhythmus unserer Schreie, mussten braunes Wasser über unsere Köpfe fließen lassen und tauchten voller Entsetzen immer wieder unter. Kein Zweifel, wir würden ertrinken.

Doch meinem Vater gelang es irgendwie, uns alle über Wasser zu halten. Er verhielt sich wie ein Holzbalken, an dem wir um des nackten Überlebens willen hingen, und obwohl er den Grund mit seinen Füßen nicht erreichen konnte und wir uns an seinen ausgestreckten Armen, seinen Schultern und seinem Nacken festklammerten, schaffte er es, selbst über Wasser zu bleiben und keinen von uns ertrinken zu lassen. Er war Herkules mit einem Haufen Kindern, die wie Kletten an seinen Schultern hingen, und er hielt uns über Wasser, bis ein Boot mit heulendem Motor auf uns zuschoss, um uns zu retten. Das war ein herrlicher Tag, geadelt durch Heldenmut, ein Tag, den man nicht vergessen würde: Weißt du noch, wie Dad uns alle vor dem Ertrinken gerettet hat? Und Krokodile waren auch im Wasser. Und wir wären beinahe alle gestorben. Weißt du noch? Und ich konnte dann den anderen, die ganz normale Väter hatten, sagen, dass es mein Dad war, der uns gerettet hat.

Bechuanaland war ein Land ohne Grenzen, und ausgerechnet dort gelangte mein Vater erneut in eine Machtposition, wie er sie in Indien innegehabt hatte. Niemand schaute ihm auf die Finger, am wenigsten meine Mutter. Er genoss uneingeschränkte Freiheit in einem Land, in dem es für Weiße wenig Reglementierungen gab. Auf seinem Territorium konnte er tun und lassen, was er wollte; er war der Herr der Wildnis, wie er auch bei uns der Herr im Haus war. Er duldete keinerlei Infragestellung seiner Autorität, weshalb er auch mit keiner konfrontiert wurde. Er war Friedensrichter einer kleinen Gemeinde von Weißen und einer riesigen Gemeinschaft von Schwarzen, an die partout nicht ranzukommen war, außer wenn der Arm des Gesetzes sie berührte. So konnte er drakonische und aberwitzige Strafen über einen Schwarzen verhängen, der die Hühner eines Weißen gestohlen hatte, aber ein Auge zudrücken, als sich eines diesigen Nachmittags ein Schuss aus dem Gewehr eines Weißen löste, der es gerade in unmittelbarer Nähe seiner Frau reinigte und sie so erschoss.

Der Busch hielt, zumindest für meinen Vater, einen gewissen Macht- und Nervenkitzel bereit, zugleich war er aber auch ein Ort entsetzlicher Langeweile. Es gab nichts zu tun, keinen Ort, wo man hätte hingehen können. Nichts als Alkohol und Sex, der perverse Formen annahm, um einen für das langsame Ticken der Uhr und das tödliche Schneckentempo zu entschädigen, in dem die Tage ineinander übergingen, ohne dass man an ihrem Ende etwas vorzuweisen gehabt hätte. Solcher geradezu schmerzhaften Langeweile konnte man nur mit gefährlichen Ablenkungen begegnen. Wir erlebten, dass Leute den Buschkoller bekamen oder völlig überschnappten. Die Skandalträchtigsten waren die, die sich den Eingeborenen anpassten und ihren vergeblichen Versuch, der Gleichgültigkeit zu entfliehen, tarnten, indem sie mit Land und Leuten verschmolzen. Was sie nicht ertragen konnten, war ihre Belanglosigkeit, die Tatsache, dass sie noch nicht einmal auf der Oberfläche eines Landes, das immer wieder zu seinem Ausgangszustand zurückkehrte, einen Eindruck hinterließen. Wir hörten von Leuten, die in krokodilverseuchten Flüssen Wasserski fuhren, oder von jemandem, der sich eine Kugel in den Kopf jagte, nachdem er einen wunderschönen Sonnenuntergang ein einziges Mal zu oft gesehen hatte.

Meine Eltern waren an solchen Ausschweifungen nicht beteiligt. Sie hatten höhere Ziele und standen über solchen Dingen, einfach gestrickt und geradezu militant anständig, wie sie waren: Sie rauchten nicht und tranken kaum und hätten nicht einmal im Traum ihre Autoschlüssel in einen Hut geworfen, um einen Sexpartner für die Nacht zu losen. Ich weiß nicht, ob sie jemals davon sprachen, was geschah, wenn die Happy Hours und Cocktailpartys vorüber waren. Uns gegenüber taten sie jedenfalls so, als ob nichts passierte, und ich ahnte erst etwas von einer dunklen, verborgenen, unterbewussten Seite des Lebens, als der Körper eines Weißen am Flussufer angespült wurde und das Tuscheln begann. Er hatte das Unaussprechliche getan, sich mit einer Schwarzen eingelassen und sie geschwängert, woraufhin er in einem Maße geächtet worden war, dass er sich im Fluss ertränkt hatte. Solche Vorfälle, das Überschreiten der Hautfarbengrenze, sexuelle Angelegenheiten, trieben meinen Vater in puritanische Empörung. Er lief rot an und ließ sich darüber aus, wie abscheulich so etwas sei – mit einer *Kafferin* zu schlafen, sich wie ein Tier zu benehmen, als Engländer nicht zu wissen, wie man sich benimmt. Er konnte gar kein Ende finden, konnte nicht an sich halten, redete sich immer mehr in Rage: Wenn dieser Schwachkopf sich nicht in den Fluss geworfen hätte, hätte ich es für ihn getan. Alles, was dazu nötig gewesen wäre, wäre eine Schere gewesen, mit der ich all seine Probleme gelöst hätte. Er schrie derartige Tiraden durchs ganze Haus und gab sich keine Mühe, seinen Abscheu vor seinen Kindern, dem Dienstpersonal oder seiner angewiderten, verkniffen dreinblickenden Frau zu verbergen. Ihn so zu hören, war entsetzlich. Ich rannte bei solchen Anfällen aus dem Haus und übergab mich in unserem aufs säuberlichste gepflegten Garten; ich stand da, würgend und spuckend, und konnte nicht begreifen, warum ich so außer mir und wütend war. Einmal, es war an den Victoria-Wasserfällen, fotografierte er uns drei, Angela, Susan und mich. Er kniete mit einem Bein auf der Erde, das andere hatte er angewinkelt, während er versuchte, uns alle aufs Bild zu bekommen. Plötzlich fiel sein Hodensack seitlich aus seinen Shorts – er trug keine Unterwäsche – und ich starrte in blankem Entsetzen, völlig versteinert und schwindelig vor

Verwirrung und Ekel darauf, als er brüllte: Los, sagt mal ›cheese‹, lächeln.

Als wir klein waren, durften wir uns mit afrikanischen Kindern herumtreiben und im Garten spielen, doch als wir in die Pubertät kamen, war damit von heute auf morgen Schluss. Niemand sagte: Hört auf, mit den schwarzen Kindern zu spielen. Wir wussten einfach, dass wir unseren eigenen Weg zu gehen hatten, und dasselbe wussten auch unsere schwarzen Spielgefährten. Unsere Kindheit war vorbei; wir waren in der Welt der Weißen angekommen und übernahmen deren Vorurteile und Verbote. Entsprechend verschlossen und eng wurden unsere Herzen, und unser Verstand wurde kleinlich und ängstlich. Für die schwarzen Kinder war es etwas anderes; sie waren mittlerweile zu beschäftigt, um noch zu spielen. Sie waren draußen, um Bündel Feuerholz heranzuschleppen, in den Feldern zu arbeiten, Schlangen zu töten, Wasser zu holen, Babys auf ihrem Rücken zu schleppen oder mit einem langbeinigen Geschwisterkind, das an ihrer Hüfte hing, herumzulaufen. Die Mädchen lernten, sich zu benehmen und wie man eine Emailschüssel voller Ziegenmilch oder ein Reisigbündel, so lang wie eine Kuh, auf dem Kopf balancierte, während die Jungen draußen im Busch ihren letzten Schliff bekamen.

Meiner Mutter war es nie ganz recht gewesen, dass wir unsere Zeit mit einheimischen Kindern verbrachten. Wenn wir sie nach dem Grund fragten, gab sie uns keine Antwort. Stattdessen fing sie an, wie eine Besessene alles zu desinfizieren, und holte jedes Mal, wenn die Kinder gegangen waren, ihr Sagrotan hervor. Hatte ein afrikanisches Kind mit einem unserer Spielzeuge gespielt, so kochte sie es ab oder warf es weg. Sie klagte ohne Unterlass über die wunden Stellen, die die Kinder an den Beinen hatten und die offenbar nie zuheilen wollten, und über den Eiter in ihren Augen und das weiße Zeug um ihre Münder und ihre kleinen, spitzen Penisse. Ihre Nacktheit störte sie. Die kleinen Jungen trugen oft nicht mehr als einen Flicken vor ihrem Penis, und die Mädchen mitunter nichts als eine Kette mit blauen Perlen um den Hals. Der große Bauchnabel ärgerte sie. Warum konnten sie die Nabelschnur nicht kürzer abschneiden? Warum musste es ihnen bei jeder einzelnen Abnabelung misslingen? Meine Mutter hätte ein wenig Hilfe bei der medizinischen Grundversorgung anbieten können, wie es einige andere Engländerinnen taten, doch sie tat es nicht. Jede Möglichkeit, die sich ihr eröffnet hätte, schlug sie aus und wandte sich von allem ab, was ihr geholfen hätte, sich zu öffnen und sie in die Welt zu ziehen, die sie umgab. Später sollte sie dieses Verhalten mit der reichlich affektierten Bemerkung erklären, weißt du, Liebes, ich *brauchte* eben nie zu arbeiten, und mit diesen Worten deutlich machen, dass es für sie ein Zeichen von Armut, von mangelndem sozialen Status war, wenn eine Frau arbeitete. Sie blieb dieser Einstellung ihr Leben lang treu, nicht nur in Afrika. Sie schien nicht begreifen zu können, dass sie, wenn sie nicht abhängig gewesen wäre, aus dieser Hölle hätte entkommen können, Angela unter dem einen Arm, mich unter dem anderen und Susan meinetwegen auf dem Kopf balancierend.

Als sie immer einsamer und unglücklicher wurde, ging mein Vater zunehmend auf Distanz zu ihr, aber vielleicht war es auch umgekehrt. Es ist schwer zu sagen. Sie hatte nichts zu tun, außer sich geradezu fanatisch um häusliche Angelegenheiten, vor allem ums Putzen, zu kümmern – alles musste makellos und blitzend weiß sein, und sie war gnadenlos, wenn es darum ging, das Dienstpersonal auf ihre Standards zu verpflichten. Mein Vater war meist unterwegs auf seinen geheimnisvollen Reisen ins Landesinnere. Wenn er nicht gerade seinen Machtbefugnissen als Magistrat frönte, mit Angelegenheiten der Einheimischen befasst war oder einer Hinrichtung durch Erhängen beiwohnte, was ebenfalls zu seiner Arbeitsplatzbeschreibung gehörte, fand man meinen Vater tief in den Sümpfen, wo er die Tsetsefliege studierte. Er unternahm lange Expeditionen in das Okawango-Delta und zu den Okawangoinseln, wo die Tsetsefliege Abkühlung sucht, in den Bäumen schläft und sich in Stellung bringt, um das Blut von Haustieren und wilden Tieren gleichermaßen anzuzapfen und dabei den Menschen mit der Schlafkrankheit, sein Vieh mit *Nagana* zu infizieren. Die Fliege fiel ausnahmslos jedes Tier an, doch ironischerweise infizierte sie nur den Menschen und sein Vieh – das Wild jedoch nie.

In den vierziger Jahren wurden die ersten Maßnahmen gegen die Fliege ergriffen. Sie beruhten auf der Vorstellung, man könne Herr des Problems werden, wenn man den Fliegen ihren Schatten und ihr Blut entzog. Die Bäume wurden geringelt, so dass sie nicht weiter wachsen konnten, Wild wurde massenhaft geschlachtet, doch konnte man auf diese Weise nur ein begrenztes Areal opfern – einen Streifen Land westlich von Maun, der uns einigermaßen Sicherheit bot. Andernorts flogen die Tsetsefliegen lustig weiter und eroberten das übrige Gebiet, das sich rasch ihrer Herrschaft ergab. Die Afrikaner überließen ihr das Terrain, die Tiere starben, die Weideflächen wurden verlassen. Es war ein Kampf, in dem die Fliege stets die Oberhand behielt. Heutzutage wird sie da, wo Geld für einen solchen Luxus vorhanden ist, durch Insektizide, die per Flugzeug zerstäubt werden, unter Kontrolle gehalten, doch zu der Zeit, da wir in Afrika waren, musste der Mensch weichen, wo immer die Fliege auftauchte.

Einmal sah ich einen Mann in unserem Salon, der an Schlafkrankheit litt. Zwei Frauen gingen mit ihm auf und ab, er war ausgemergelt und zitterte, und sie schleiften ihn hin und her, um zu verhindern, dass er in einen Schlaf fiel, aus dem er niemals wieder aufwachen würde. Sie sprachen laut auf ihn ein, ohrfeigten ihn, spritzten ihm Wasser ins Gesicht, schüttelten ihn und drängten ihn, wach zu bleiben. Ich kann mich nicht mehr entsinnen, ob er überlebte oder starb und warum er überhaupt in unserem Salon war. Die Szene hatte etwas Viktorianisches, weshalb ich mich wahrscheinlich so genau daran erinnere. Es schien alles so untypisch für Afrika – der ohnmachtsähnliche Zustand, das Hinübergleiten in den Tod, das passte einfach nicht zu einem Land, in dem der Tod stets jäh, brutal und eigentlich ohne jede Melodramatik eintritt.

Bis in die Fünfzigerjahre kannte man in Bechuanaland keine Zäune. Ein Afrikaner grenzte seinen Grund und Boden nicht von dem seines Nachbarn ab. Die wilden Tiere zogen frei umher, kamen und gingen, wo immer es sie hinzog, hatten ihre eigenen Saisons und gaben dem Grasland Zeit, sich immer wieder zu erholen. Die Kalahari war bekannt für ihr goldenes Gras und das fette Vieh. Das Grasland lebte im Einklang mit dem Rhythmus der Migrationswellen, die über es hinwegzogen. Es herrschte ein labiles Gleichgewicht. Als aber die Kolonialregierung das Sagen hatte, beschloss sie, die Gelegenheit zu nutzen und Rinderzuchtfarmen auf dem offenen Grasland zu errichten, um dort riesige Herden zu mästen, bevor sie dann in die Schlachthöfe geschickt wurden. Innerhalb von zwanzig Jahren war das Grasland verschwunden, die ganzjährigen goldenen Pflanzen durch Dornengestrüpp ersetzt. Die ersten Sandstürme formierten sich am Horizont, die Wüste rückte vor. Ende der Fünfziger sorgten schwere Ausbrüche von Maul- und Klauenseuche dafür, dass die Viehindustrie zum Stillstand kam. Das Vieh starb wie die Fliegen. Tierärzte fuhren hinaus und erschossen die Tiere, warfen die Kadaver in tiefe Massengräber und bedeckten sie mit Kalk. Landwirte gingen von heute auf morgen Pleite. Man konnte die Verwesung riechen. Die Rinder hatte die Weiden ruiniert, nun ruinierte die Maul- und Klauenseuche die Rinder.

Man beschloss, einen Zaun zu errichten – eine unüberschreitbare Grenze, Kuki-Zaun genannt, die das Land in vier Quarantänegebiete aufteilen sollte, um die Maul- und Klauenseuche einzudämmen. Der Plan wurde umgesetzt, der Stacheldrahtzaun hochgezogen, und damit bereitete man dem ungehinderten Wanderleben der Herden in der Kalahari ein jähes Ende. Der Draht verstellte den Weg von Süd nach Ost und schnitt die wild lebenden Tiere von ihren Wasserstellen ab. Britische Tierärzte riegelten auf Geheiß der Regierung alles lückenlos ab und machten sich das vordringliche Ziel der Herrschenden, die Drahtzäune so schnell und so effizient wie möglich hochzuziehen, zu Eigen. Die Folge war, dass die in königlicher Prozession daherschreitenden Elefanten, die Büffel und Schwarzfersenantilopen, die Zebras und Giraffen – all die großen, frei umherwandernden Herden, die ihren Weg auf uralten Migrationsfährten zum Wasser gingen, geradewegs in die Stacheldrahtzäune galoppierten und dort liegen blieben, bis sie verendeten.

Als wir in Maun waren, schien es, als ob der Reichtum und die Schönheit der Tierwelt kein Ende haben könnten. Am besten konnte man sie vom Flugzeug aus beobachten, von wo aus man auf das dichte, verzweigte Netz von Pfaden herabblickte, das sich durch das empfindliche Grasland zog, bis dieses zu Staub wurde. Tausende, Hunderttausende Wildtiere verschwanden Mitte der sechziger Jahre von der Bildfläche, als sich das Trockengrasland in eine Dornsavanne verwandelte.

Dieser Wandel hatte zur Folge, dass das Wild so prächtig gedieh, dass es überhand nahm und schließlich dazu verurteilt war, seine eigenen Nahrungsressourcen zu zerstören und am Ende zu verhungern. Das Vieh, das die Kolonisten ins Land brachten, zerstörte das übrige Grasland, indem es Herden von galoppierenden Antilopen und Zebras verdrängte, die seit Urzeiten mit dem fragilen Gleichgewicht des Graslandes koexistiert hatten.

In jenen Tagen durchzogen keinerlei Straßen die offenen Savannen, in denen man den Spuren im Sand folgte und sich dem Wagnis überließ. Wenn der Okawango Wasser führte und das Wasser langsam talwärts kam, stellten sich auch die Herden ein, die das Wasser witterten und dem geheimnisvollen Lauf des Flusses folgten, um im Riedgras zu weiden und im Wasser zu prusten und zu tollen. Während das Nashorn und der Springbock mit gesenkten Köpfen soffen, schlichen sich Löwen unwiderstehlich verführerisch an und schlugen zu, walteten ihres Amtes und hielten die Geier bei Laune. Über Nacht waren sie dann wieder allesamt verschwunden, zogen ins Landesinnere zu den flachen Regenwassermulden des Bushvelds, und es schien, als zögen sie bis in alle Ewigkeit auf Erinnerungsspuren hin und her, folgten ihren Hufspuren nach und kehrten an den Ort zurück, an dem ihre Wanderschaft begonnen hatte und an den sie auch künftig unweigerlich wieder zurückkehren würden.

Fünf

Unsere Zeit war ebenfalls abgelaufen. Eines Tages hieß es, wir würden Maun verlassen. Erklärungen gab es keine. Wir wurden woanders hingeschickt, das war alles. Befehl von oben, eine neue Stelle und ein neues Zuhause. Ein anderer District Commissioner übernahm den Job meines Vaters, und meinem Vater wurde ein anderer Posten zugewiesen, der nahezu identisch war mit dem, den er soeben verließ. Ohne große Vorwarnung mussten wir also wieder packen und umziehen. Ich weiß nicht, was mein Vater davon hielt. Ich jedenfalls war am Boden zerstört. Maun würde aufhören zu existieren, die Wüste und das Delta würden sich in Luft auflösen, und der Fluss wäre auf immer verloren. So kam es mir vor – als würde das alles, wenn ich erst einmal weg wäre, ohne jede Spur versinken –, doch im Grunde wusste ich, dass es auch ohne mich weiter bestünde und dass es, wenn wir erst einmal weg wären, so sein würde, als wären wir nie dort gewesen – als ob mein Gesicht sich nie im gesprenkelten Glas des Flusses gespiegelt hätte, als ob Ange und ich nie Teestunden in den Zweigen des Baumhauses zelebriert hätten, den Mond nie über den Dornenbäumen aufgehen und in den Wolken hätten verschwinden sehen. Im Grunde meines Herzens wusste ich, dass die Wüste mich nicht im mindesten vermissen und der Wind meine Fußspuren verwehen würde, bis die Pfade, die ich gegangen war, wenn mich die Einsamkeit umhertrieb, unkenntlich wären.

Nachdem wir Maun und den Fluss verlassen hatten – gab es nur noch Buschland. Wir zogen von Maun nach Francistown, in eine richtige Stadt, die an der Eisenbahnlinie lag, die Rhodesien und Südafrika miteinander verband. Dort gab es eine Art Schule, und natürlich einige Läden, eine Autowerkstatt, eine Barclay-Filiale, einen Friedhof und womöglich sogar ein Krankenhaus und eine Kirche. Und, man glaubt es kaum, zwei Hotels: das Grand Hotel und das Tati Hotel. Ich glaube, in einem der beiden quartierten wir uns nach unserer Ankunft für eine Weile ein. Auch einen Fluss gab es, den Tati-Fluss, der träge in den Shashe-Fluss mündete; und gar nicht weit war der Shashe-Stausee, so dass es zumindest Wasser gab, auch wenn der Fluss die meiste Zeit über kein Wasser führte.

Ich habe meine Mutter in Francistown noch recht deutlich vor Augen. Ich beobachtete sie natürlich nach wie vor wie ein Falke. Ihre Vorfreude hielt noch eine Weile an, so dass sie eine Zeit lang etwas entspannter lebte. Sie unternahm einen weiteren Versuch, einen Garten anzulegen, und da der Boden etwas fruchtbarer war, hatte sie dieses Mal mehr Erfolg. Ihr gelang es sogar, einen Kopfsalat zu voller Reife zu bringen, und präsentierte ihn meinem Vater voller Stolz. Er freute sich darüber und aß ihn zum Abendessen. Doch die Ödnis ihres Lebens ließ sie wieder in die alte Starre verfallen, und schon bald lag sie wieder jeden Nachmittag unter dem Moskitonetz im verdunkelten Zimmer, bei surrendem Ventilator und abgewandtem Gesicht. Wenn ich sie voller Hoffnung fragte, ob sie geschlafen habe, lautete ihre Antwort meist, sie habe nur gedöst. Wenn ich mich erbot, ihr etwas zu bringen, meinte sie, dass ihr nicht zu helfen sei. Mittlerweile litt sie an einer Neuralgie, einer geheimnisvollen Krankheit, der sie oder irgendein Arzt diesen Namen gegeben hatte. Sie äußerte sich in rasenden Kopfschmerzen und Schwächeanfällen – die sie jederzeit bekommen konnte – sowie in häufigen Ohnmachtsanfällen oder zumindest -ängsten. Gegen diese Symptome, die sie jahrelang quälten, schien es kein Mittel zu geben. Wenn ich mit ihr redete, ignorierte sie mich häufig, zuckte stumm mit den Achseln, wandte sich von mir ab oder ging einfach davon. Ihr Schweigen war beredt, voller unterdrückter, ohnmächtiger Wut, die sich nirgends entladen konnte als in ihren quälenden Kopfschmerzen, die sie inzwischen Neuralgie nannte.

Als sie viele Jahre später, heimgekehrt in die Zivilisation, immer noch litt, lief sie von Arzt zu Arzt, um die Ursache der Neuralgie, der Schwächeanfälle, des Ohnmächtigwerdens herauszufinden. Die Ärzte konnten sie nicht finden. Zweifellos hielten sie sie für eine dieser Hysterikerinnen. Da sie verzweifelt nach einem Krankheitszustand, einer Diagnose suchte, die ihre Leiden rechtfertigte, griff sie schließlich den Vorschlag auf, sich die Gebärmutter entfernen zu lassen – es war die Zeit, da Ärzte mit wachsender Begeisterung Frauen die Fortpflanzungsorgane ausräumten. Es dauerte lange, bis sie sich von dem Eingriff erholt hatte, doch verschaffte er ihr endlich einen triftigen Grund, im Bett zu bleiben und von uns Ruhe und Rücksichtnahme zu verlangen. Viel später setzten die Petit-mal-Anfälle ein, dann bekam sie Alzheimer, und während der langen, einsamen Jahre wich die Depression, ihr treuster Lebensgefährte, nicht von ihrer Seite. Auch ich, in meiner hilflosen Art, tat es nicht.

Nach wie vor hielt ich Wache auf der anderen Seite des

Moskitonetzes, doch mittlerweile durchbrach ich hier und da die Fassade der Schlafenden. Wenn sie sich bewegte, schob ich das Netz beiseite und setzte mich auf ihre Bettkante. Und wenn sie mich auch dann noch ignorierte, so wussten wir beide doch, wie es um sie stand. Einmal saß ich eine ganze Weile und fasste Mut für eine Frage, die ich ihr stellen wollte. Ich versuchte zu sprechen, doch ich brachte kein Wort hervor. Schließlich schlug sie die Augen auf. Was willst du?, fragte sie blinzelnd, während ihre Hand auf der Stirn lag, die Innenseite nach außen gekehrt, die Finger gekrümmt. Ich wollte nur nachsehen, ob du etwas brauchst, murmelte ich. Was ich brauche, kannst du nicht verstehen, sagte sie und drehte ihr Gesicht wieder der Wand zu. Ich wartete und wartete. Dann kam ich unumwunden zur Sache. Liebst du mich? Blitzartig fuhr sie herum und sah mich an, als sei ich irgendein merkwürdiges Insekt, das sich auf ihrem Bett niedergelassen hatte. Sei nicht albern, fauchte sie, und drehte sich wieder der Wand zu.

Nach diesem Vorfall dauerte es einige Monate, bis ich ein weiteres Gesprächsthema anzuschneiden wagte. Ich hatte immer noch Zweifel, ob sie irgendetwas für mich empfand, und das brachte mich dazu, mir Gedanken über ihre Mutter zu machen. Hatte sie meine Mutter geliebt? War Liebe, vielmehr der Mangel an Liebe, der Grund für die Probleme, die wir miteinander hatten? Sie hatte uns einmal erzählt, ihre Mutter sei tot. Sie sei gestorben, als sie selbst neun Jahre alt war. Ich wurde nun auch bald neun, und da ich an einem Ort lebte, wo andere Altersgenossen Großmütter hatten, wollte auch ich etwas über meine Großmutter erfahren. So fragte ich sie eines Tages, als sie einmal bei besserer Laune zu sein schien, nach ihrer Mutter. Sie ist tot, sagte sie. Aber wie hieß sie? Oh, habe ich dir nie erzählt, dass sie Anne hieß? Nein, sagte ich erschreckt. Anne war mein zweiter Vorname. Nun, sagte sie, wir haben dich nach ihr benannt. Nach einer Toten? Ich war entsetzt. Das ist doch nicht schlimm, sagte sie. Ich versuchte weiter mein Glück. Wo ist sie denn gestorben? In Indien natürlich. Und woran? Keine Ahnung, sagte sie und wurde ärgerlich. Ich ließ nicht locker, auf eine Art, von der ich wusste, dass sie sie verärgern würde. Was hatte sie denn? War sie krank? Ich *weiß* es nicht, herrschte sie mich an, was interessiert dich das? Und überhaupt, legte sie nun richtig los, warum versuchst du ständig, irgendwelche Dinge herauszufinden? Glaub ja nicht, ich wüsste nicht, was du heimlich so treibst, dass du die Überseekoffer auf der Veranda durchwühlst und in meinen Schubladen und Schränken herumstöberst. Immerzu bist du am Schnüffeln, Spionieren, Fragenstellen. Was ist nur los mit dir? Wonach suchst du überhaupt? Was willst du herausfinden?

Mein Vater machte in Francistown eine schwierige Phase durch. Als Kind hatte ich keine Vorstellung, was an ihm nagte, doch im Nachhinein scheint es mir sonnenklar. Nun, da er nicht mehr in Maun war, gab es wieder eine Öffentlichkeit, hatten seine Taten wieder Konsequenzen. Er war nicht länger im Hinterland, tief im Landesinneren. Er befand sich in einer Stadt mit gewissen Strukturen, in der Verwaltungskräfte sahen, was er tat, und ihn in seine Schranken verweisen konnten, wenn er übereifrig wurde. Die ungezügelte Macht eines Mannes, der sie erbarmungslos gegen die Natur auslebte und alles und jeden vernichtete, der sich ihm entgegenstellte – solche berauschenden Erlebnisse hatten in Maun ihr Ende gefunden. Als wir nach Francistown kamen, bekam Tarzan einen Boss. An Exkursionen in die Sümpfe, das Krokodilgewehr im Anschlag, war nicht mehr zu denken. Auch Streifzüge durch die Wüste, bewaffnet gegen Zecken und Schlangen und auf der Jagd nach tödlichen Insekten oder erkranktem Vieh, gehörten nun der Vergangenheit an. In Maun war der tägliche Gang zur Arbeit nahezu gleichbedeutend mit dem Aufbruch zu einer Safari. Jeden Tag ging mein Vater mit einigen Einheimischen in den Busch, und jeden Tag riskierte er ernsthaft sein Leben. Seine Ausflüge in die Prärie waren keine Freizeitsafaris. Unterwegs gab es weder ein kühles Zelt noch gebügelte Laken, kein guter Tropfen Bordeaux, kein Wildbraten standen auf einer damastgedeckten Tafel unter Bäumen mit ausladend flachen Baumkronen bereit, und die Tiere tauchten auch nicht pünktlich um sechs auf, damit man sie aus gemessenem Sicherheitsabstand beobachten konnte, den obligatorischen Abenddrink nicht zu vergessen. Wenn er in Maun von seinen Ausflügen heimkehrte, erbebte das ganze Haus bei seiner Ankunft. Er stürmte für gewöhnlich zuerst in die Küche und knallte ein paar tote Enten auf den Tisch, dann stellte er seine Waffen in den Gewehrständer und streifte seine verdreckten Stiefel auf dem gewienerten Fußboden ab. Darauf verschwand er im Schlafzimmer, ließ seine verschwitzten Khaki-Kleider fallen und verlangte saubere Kleidung und ein vernünftiges Abendessen. Der Master ist zurück, flüsterten die Bediensteten an solchen Abenden. Wir verdrückten uns derweil oder nahmen – wie die Bediensteten – Haltung an.

Meine Mutter stand unterdessen in der Eingangstür und schaute sich die Unordnung an, die er bei seiner Ankunft produzierte, die roten, leeren Patronenhülsen, die er neben ihre Sammelteetasse von Spode schmiss, sein verbranntes Gesicht mit dem weißen Streifen, den der Sonnenhut auf seiner Stirn hinterlassen hatte. Da er Shorts trug, waren seine Knie meist puterrot, und seine dicken Strümpfe mit Insekten und Kletten übersät. Mit der aufgeblähten, erschöpften Selbstsicherheit eines Mannes, der die Mächte der Finsternis besiegt hatte und zu seiner Schneekönigin zurückgekehrt war, stampfte er umher. Meine Mutter warf ihm in solchen Momenten einen verächtlichen Blick zu und zog sich in ihr Zimmer zurück. Das Erstaunliche ist, dass mein Vater, der meines Wissens bei all den Schlangen, Krokodilen und lauernden Krankheiten nie krank, gebissen oder in irgendeiner Form durch die Brutalität dieser Umwelt affiziert wurde, durch meine Mutter in Sekundenschnelle erledigt werden konnte.

Während mein Vater in meiner Erinnerung an Maun nur in den Abgründen meines Gedächtnisses existiert, nimmt seine Gestalt ab Francistown klarere Konturen an. Ich kann mich gut an ihn erinnern, er, vielmehr sein äußeres Leben, steht mir von da an deutlich vor Augen. Er ging frühmorgens aus dem Haus, um ins Büro zu fahren, adrett gekleidet in geplätteten Khakis und glänzenden Schuhen. Ein Fahrer namens Peter fuhr vor, nahm neben der Hintertür des Chevvy, die er geöffnet hielt, Haltung an und salutierte kurz, wenn mein Vater sich näherte. Mein Vater stieg ein und brauste davon, um seines Amtes als District Commissioner zu walten. Mein Eindruck ist, dass er nicht der einzige District Commissioner in der Stadt war und dass es Menschen gab, bei denen er aneckte. Er war unfähig, Befehle entgegenzunehmen oder im Team zu arbeiten, und konnte nur schlecht mit Autoritäten umgehen. Mir war klar, dass er zu kämpfen hatte, und wenn er am Morgen aus dem Haus ging, sah man ihm die Anspannung an. Ich beobachtete ihn, nicht auf dieselbe Art, wie ich meine Mutter beobachtete, sondern weil ich, wie mir rasch klar wurde, dabei war, seine Schwachstellen auszuloten und damit eine Möglichkeit zu finden, ihn zu besiegen.

Seit Francistown erinnere ich mich an seine Gewalttätigkeit, an deren körperlichen Aspekt. In Francistown brach seine Wut furchterregender als zuvor aus ihm hervor. Wenn er in der Nähe war, schalteten wir auf Alarmstufe Rot und gingen ihm aus dem Weg, schlichen auf leisen Sohlen im Haus umher wie die Bediensteten und versuchten, ihm nicht auf die Nerven zu fallen oder unter die Augen zu kommen. Denn seine Nerven waren wie die Lunte am Pulverfass seiner Wut und konnten jeden Moment eine Explosion verursachen. Angela war zahmer als ich und fürchtete vor allem seine Art, zu schreien und stundenlang kein Ende zu finden. Sie ging ihm völlig aus dem Weg, während ich um ihn herumschlich, immer auf der Hut und bereit zu fliehen, wenn es sein musste. Wenn der Boy vergessen hatte, seine Schuhe blank zu putzen, trat mein Vater ihn; wenn der Koch die Suppe zu heiß gemacht hatte, wurde er ausgeschimpft. Mein Vater konnte einen Mann mit einem Rückhandschlag niederstrecken und gefiel sich darin, es zu demonstrieren. Ich musste mehr von seinen körperlichen und geistigen Gewalttätigkeiten einstecken, weil ich dagegenhielt. Ich mochte diese Gegenwehr; sie verschaffte mir Genugtuung. Wenn ihn etwas – sagen wir, eine Tür, die zuknallte – verärgerte, schlug er um sich, doch wenn er sich aus irgendeinem Grund zurückhielt, lief sein Gesicht rot an und nahm einen verbissenen Ausdruck an. Er konnte nicht lange an sich halten und explodierte früher oder später immer. Manchmal hatte seine Gewalttätigkeit etwas Beiläufiges. So aß ich einmal eine

Mango, als er vorbeikam und mir mit einem einzigen Schlag die Mango aus dem Mund und die Lippe blutig schlug.

An Susan, die noch klein war, hatte er noch nicht jenes Interesse, das er später an ihr entwickeln sollte – eine tödliche Obsession, die meine Mutter letztlich überflüssig werden ließ. Doch sie war damals groß genug, um engen Kontakt zu ihrem afrikanischen Kindermädchen zu haben. Susan wurde in ein weiches Dreieckstuch eingeschlagen und als blond gelockter Schopf auf einem kräftigen, schwarzen Rücken getragen und hin- und hergewiegt, während das Kindermädchen den Boden schrubbte, die Wäsche aufhängte oder die Bügelwäsche erledigte. Von meiner Warte aus, der Hundeperspektive, schien dieser Rücken das Paradies auf Erden, und ich sehnte mich danach, meine Schwester abzuwerfen und an ihre Stelle zu treten, doch dazu war ich bereits zu groß. Ich stand schon mit beiden Beinen auf dem Boden.

Die Partys und wilden Nächte hörten auch in Francistown nicht auf, und meine Mutter konnte noch immer zu neuem Leben erwachen, wenn es ihre Position in der Stadt erforderte. Sie war zur Stelle, wenn es galt, etwa anlässlich der Geburtstagsfeierlichkeiten zu Ehren der Queen, huldvoll zu lächeln oder einen Blumenstrauß aus der Hand eines Mädchens entgegenzunehmen, und sie vermochte auch ein gutes Abendessen zuzubereiten, wenn Honoratioren unsere Gäste waren. Abends führte sie durchaus noch ihre hübschen Kleider aus, zum Tanz auf rot polierten Veranden, die sich rund um die älteren und eleganteren Häuser zogen, doch ihr schrilles, falsches Lachen ließ sie nicht mehr hören, und in ihr Lächeln mischte sich Verzweiflung. Wir wohnten zu jener Zeit in einem Haus mit Parkettfußboden, auf dem

Tierfelle den Schritt dämpften. Unter den Fellen gab es ein besonderes Stück, nämlich ein Löwenfell samt Kopf, der einem mit aufgerissenem Maul, gefletschten Fängen und funkelnden, schwarzen Augen entgegensah. Man konnte sogar die Einschusslöcher erkennen. Doch trotz der Felle, der Kuduhörner an der Wand, der Holzmasken und afrikanischen Schmuckgegenstände war es ein typisch englischer Raum, eine Zufluchts- und Troststätte für Verbannte, ausgestattet mit Möbeln aus Londoner Geschäften, Blümchentapete an den Wänden, chintzbezogenen Stühlen und Stapeln veralteter englischer Zeitungen und Zeitschriften. Diese Räume spiegelten haargenau das Unbehagen, das die fremde Umgebung den Engländern einflößte. Sie befanden sich weit draußen in der Wildnis, Tausende Kilometer fern der Heimat, in beständiger Ungewissheit, wann ihre Zeit abgelaufen sein oder sich das Land erheben und sie zerfleischen würde.

Das gesellschaftliche Leben in Francistown war abwechslungsreicher als in Maun. Man traf sich zum Abenddrink und zu Gartenpartys und lernte Skandinavier kennen, die von den Buschmännern fasziniert waren. Leute auf der Durchreise kamen und gingen und brachten mit ihren Besuchen und dem damit verbundenen Tratsch ein wenig Bewegung in das Alltagsleben von Francistown. Auch lud die Umgebung von Francistown zu Ausflügen ein. Bulawayo war nicht mehr weit, und auch zu den Victoria-Fällen fuhren wir; sogar mehrmals, doch war es nie mehr wieder so ergreifend wie beim ersten Mal, als die Schönheit und Großartigkeit dieser senkrechten Flüsse mir den Atem verschlugen. Ich wurde von einem Gefühl der Ehrfurcht und einer Ahnung des Erhabenen überwältigt. Hier standen wir in Gottes

Wasserpalast, und er konnte nicht weit sein. Oberhalb der Victoria-Fälle, eingemeißelt in eine Statue von David Livingstone, war eine Zeile dieses Forschungsreisenden zu lesen: »Schauspiele, so herrlich wie diese, dürften normalerweise nur Engel im Fluge erblicken.« Ich habe diese Zeile nie mehr vergessen, denn für mich galt dies für ganz Afrika oder zumindest für den Teil des Kontinents, an dem ich in meinem nackten Überlebenskampf so verzweifelt festhielt. Denn mittlerweile war Afrika zweigeteilt: Der eine Teil strahlte vor Schönheit; in dem anderen herrschte Dunkelheit – ein unausdenklicher Ort, an dem Bilderfetzen aufblitzen, Geister auftauchen und mich anfallen konnten, wenn ich sie am wenigsten erwartete.

Ich hielt meine Blicke fest auf die Landschaft gerichtet und liebte sie mit einer leidenschaftlichen Hingabe, die einer religiösen Ekstase glich. Draußen im Busch konnte ich mich auflösen, eins werden mit dem Sand, wie ich einmal mit dem Fluss verschmolzen war. Nichts konnte meiner Seele etwas anhaben, sie war unverletzlich. Und auch mein Körper löste sich da draußen im reinigenden Feuer der Mittagshitze auf. Dieses merkwürdige Gefühl der Auflösung hätte sich in dieser Form nirgends sonst auf der Welt einstellen können, zumindest habe ich da meine Zweifel. Da draußen im afrikanischen Busch, in der völligen und geradezu überirdischen Stille der Mittagszeit, gab es etwas, das für Visionen wie geschaffen war. Ich glaube, es lag an der Luft. Sie hatte eine ganz besondere Qualität, die zu beschreiben unmöglich ist, doch schien es mir, als sei die Luft mit Quecksilber, kleinen Blitzen oder Gin versetzt – jedenfalls schien sie flüssig, wogte gleichsam über die Wüste hinweg und zog einen Silberstreifen hinter sich her. Um die Mittagszeit schmerzte sie, ihrer enormen Intensität wegen, in den Augen, und gegen zwei Uhr vibrierte sie wie der Kopf einer Kobra. Um diese Tageszeit pulsiert die Luft regelrecht, verändert die Konturen, treibt die runden Hügel in die Höhe, flacht die Baumkronen der Dornenbäume ab und gleicht alles an, was dazwischen liegt. Sie kann einem aber auch ebenso plötzlich entgegenschlagen und das Gefühl geben, man sei leicht verrückt. Sie enthält Funken, die sich im Haar verfangen und einen dahin und dorthin zerren. Und während man noch darüber nachdenkt, ob man gerade durchdreht, blickt man auf und sieht direkt vor sich eine Giraffe, die mit ihrem Kopf über eine Baumkrone ragt, und es kommt einem vor, als seien Tier und Baum in den Himmel hinaufgesegelt, um von nun an gemeinsam dort zu leben. Es ist eine afrikanische Illusion, die einem in ihrer Schönheit den Atem raubt, manchmal aber auch einfach zu unwirklich erscheint und Angst macht. Es gab Tage, an denen ich schreckhaft und ängstlich war und dann draußen im Busch in weiter Ferne womöglich etwas sah, das sich bewegte, eine einsame schwarze Figur, unheimlich, beinahe übernatürlich. Auf den ersten Blick schien die Figur in der Luft zu gehen, doch gleichzeitig bewegte sie sich gar nicht, so dass ich den eigenartigen Eindruck bekam, sie würde mich niemals erreichen, auch wenn sie geradewegs auf mich zukam. Genauso gut konnte es einem passieren, dass der kleine blaue Hügel vor einem nur einen Steinwurf entfernt zu liegen schien, man tatsächlich jedoch eineinhalb Tage gebraucht hätte, um ihn zu erreichen.

Diese Ausflüge in den Busch, die mich Dinge sehen ließen, die ich nicht beschreiben konnte, oder mich Dinge fühlen ließen, für die es keine Worte gibt, versetzten mich in einen merkwürdigen Zustand. Wenn ich nach Hause kam, sah mich meine Mutter an, als sei ich eine entlaufene Geisteskranke. Ich trug keine Schuhe, so dass meine Fußsohlen eine dicke, rissige Hornhaut hatten. Mein Gesicht war sonnenverbrannt, und ich wurde häufig ergriffen, sei es von einem Sonnenstich oder einer seltsamen Gnade, die mich rettete. Fiebernd und abwesend betrat ich das Haus. Es war ein tranceartiger Zustand. Geh – sagte sie dann mit einer bedrohlichen Handbewegung, geh dich waschen, und zwar schnell. Du bist ja ganz dreckig und verstaubt, und du stinkst wie eine Eingeborene. So kommst du mir nicht an den Abendbrottisch. Steig in die Wanne, wasch dir die Haare, zieh Schuhe an, hol die Galmeilotion und lass dir von dem Mädchen die Schultern einreiben. Wie du aussiehst! Was ist nur mit dir los? Warum musst du dich immer so aufführen?

Angela führte, soweit ich das beurteilen kann, ein normaleres Leben, doch ist sie mir aus der Zeit in Francistown nicht so gegenwärtig wie aus der in Maun. Ich weiß nicht, wer ihre Spielkameraden waren. Ich war es meines Wissens jedenfalls nicht. Was ich weiß, ist, dass sie damals begann, Partei zu ergreifen, und zwar für meine Mutter, mit deren Verärgerung und Verwirrtheit sie sympathisierte. Auch sie hielt mich für eine Unruhestifterin, die meine Mutter aufregte und meinen Vater zu Wutausbrüchen reizte. Sie fand, ich sollte einfach den Mund halten und mich wie ein normaler Mensch benehmen. Gelegentlich versuchte sie, mit mir zu reden und mir klar zu machen, wie ich mich verhalten musste: Halt dich einfach fern von ihm, widersprich ihm nicht, und sieh ihn nicht so an, als würdest du ihn hassen, das macht ihn nur noch wütender. Ich schaute für gewöhnlich weg, sah in die Ferne und sagte kein Wort. Hör auf zu schmollen, sagte sie dann, komm und lass uns schwimmen gehen. Ich bring dir bei, wie man Tennis spielt, wenn du willst. Ich ging auf keinen ihrer Vorschläge ein. Okay, sagte sie im Gehen, aber pass wenigstens auf, dass du dich von Mummy fern hältst.

Wenn ich aus dem Busch zurückkam, versuchte ich manchmal, mich unter Menschen zu mischen, doch die Weißen langweilten mich, und eigentlich fühlte ich mich viel mehr zu dem Leben der Afrikaner in ihren Krals hingezogen. Das Dorfleben war noch beschaulich und spielte sich noch nicht, wie später, zwischen Hütten aus Planken und Wellblech und ziegelbeschwerten Dächern ab, in denen ausrangierte Kisten als Tische und Stühle dienten und eine Radkappe als Kochtopf. In den späten Fünfzigern lebten Afrikaner immer noch in traditionellen, strohgedeckten, kreisförmig angeordneten Hütten, die von einem langen, mit roten Streifen und Halbmonden verzierten Erdwall geschützt wurden. Gekocht wurde in dreibeinigen, schwarzen Töpfen; Frauen hockten nah am Feuer, rührten Wasser in den Maisbrei und ließen ihn kochen, bis er dick und trocken war und eine Kruste an der Innenseite des Topfes bildete. Ergänzt wurde dieses Basisgericht mit wilden Kaninchen und was auch immer sonst sie von uns an Fleisch abbekamen, was so gut wie gar nichts war, obwohl wir reichlich davon hatten. Die Kinder führten die Kühe und Ziegen auf die Weide und brachten sie in der Dämmerung zurück. Das Dorf lebte noch seinen alten Rhythmus, der den Rest der Welt in Schach hielt.

Unsere Bediensteten wie auch unser Koch Mpanda, der aus Nyasaland stammte und niemals genügend Geld haben sollte, um seine Familie dort besuchen zu können, wohnten in Unterkünften am Ende des Gartens. Es gab eine ganze Reihe solcher Räume für das Dienstpersonal, und auch ein Plumpsklo und ein Waschbecken fanden sich dort. Dem Personal war es strikt untersagt, dort Besuch zu empfangen, doch man traf sich mit den Bediensteten der Nachbarschaft im Schatten der Bäume oder draußen vor der Küche. Die Zimmer waren mit Möbeln eingerichtet, die wir ausrangiert hatten, mit Betten etwa, deren Sprungfedern ausgeleiert waren, fleckigen, verschlissenen Matratzen und Kommoden, deren Schubladen nicht mehr richtig schlossen. Mpanda besaß eine Kollektion von Kleidungsstücken, die mein Vater abgelegt hatte; sie passten nicht richtig, so dass seine Hosenbeine im Wind schlackerten, wenn er ging. An seiner Zimmerwand hatte er Fotos aus Zeitschriften aufgehängt, die sein Lieblingsmodell Elisabeth II. als junge Königin zeigten, und dieses Foto war abgesehen von einer Bibel sein wertvollster Besitz. Wir sollten uns von diesen Quartieren fernhalten, und wenn ich dennoch hinging, um Mpanda zu bitten, mir bei der Konstruktion einer Steinschleuder oder beim Reparieren eines Plattens zu helfen, verstieß ich gegen die Regeln.

Dass die starren kolonialen Herrschaftsstrukturen zu bröckeln begannen, schwante uns erstmals, als der Sturm des Wandels durch Afrika zu fegen begann und auch zu uns gelangte. In Ghana hatten die Briten die Verfassung für Nkrumah 1951 geändert. Man hatte ihn gewählt, während er wegen Aufwiegelung noch im Gefängnis saß, worauf die Briten ihn frei ließen, zum Premierminister ernannten und der Kolonie zugleich größere Befugnisse zur Selbstverwaltung einräumten. Nkrumah war bei allen beliebt, denn er konnte wie ein Weißer denken – er hatte ein paar britische Tricks gelernt, mit deren Hilfe er an der Macht blieb und für eine gewisse Stabilität in Westafrika sorgte. Seine Amtseinsetzung war der Beginn der Selbstverwaltung in den Kolonien, und bald hieß es, wir würden die Nächsten sein, die den Schlüssel zu übergeben hätten. Das Benehmen der Afrikaner ließ zu wünschen übrig, so dass die Weißen begannen, ihre Türen abzuschließen und mehr Waffen zu kaufen. Plötzlich brachte man Mädchen bei, wie man mit Schusswaffen umgeht. Später wurden die Häuser der Weißen wie Befestigungsanlagen gesichert, mit Sicherheitszäunen und elektrischen Toren. All das begann mit dem Bürgerkrieg in Rhodesien, als Ian Smith und die Seinen einer Herrschaft der schwarzen Majorität dadurch zuvorkamen, dass sie die Kolonie einseitig und gegen den Willen der Briten für unabhängig erklärten. Das Geschäft mit der Sicherheit breitete sich bis nach Südafrika aus, wo ein regelrechter Boom einsetzte.

Draußen im Protektorat Bechuanaland wussten die Schwarzen, dass wir nervös wurden, und sie genossen es. Sie konnten Druck machen, unverschämt werden, weniger tun und mehr dafür rausholen. Und kaum war den Strukturen und Verhältnissen die Starre genommen, begann auch schon ihr allmählicher Auflösungsprozess. Der Wind trug es uns zu, und auch die Nächte, in denen ein neues Licht den Dingen andere Formen verlieh, offenbarten es; die kleinen Hügel schienen dunkler, und der Mond blitzte wie ein Reißzahn zwischen den Wolken hervor. Wir Kinder spürten es auch, wenn wir in den Maisfeldern Krieg spielten. Während wir früher immer mit dem Alarmruf »Die Deutschen kommen« davongerannt waren, setzten uns in unserem Spiel nun die Schwarzen mit Macheten und russischen Gewehren nach. Die Schwarzen wussten, was in uns vorging. Sie hatten es schon immer gewusst, und sie waren uns weit voraus und warteten nur noch auf den richtigen Augenblick.

Jenseits der ordentlichen Straßen von Francistown, in denen die Weißen sich betranken und lächerlich machten, existierte die verborgene dunkle Seite des Lebens. Natürlich war mir strengstens verboten, mich ihr zu nähern. Besonders gefährlich war es, sich nach Einbruch der Dunkelheit allzu nah an den Kral heranzuschleichen. Wenn ich im Bett lag, konnte ich den Gesang und die Trommelwirbel hören, wenn sie feierten. Mich zog es mit Macht dorthin, wenn ihre Feste im Gang waren, und ich wusste, man würde mich nicht vermissen. Also schlich ich mich in den Kral, versteckte mich hinter einer Hütte und beobachtete, wie sie um das Feuer tanzten. Sauer gegorenes Bier wurde in Kürbisflaschen oder leeren Marmeladendosen herumgereicht, das Tanzen wurde immer ekstatischer. An manchen Abenden tauchte auch der Schamane auf. Dann schaute ich fasziniert zu, wie er brummte und sang, tief über seine Knochen und sein Blut gebeugt, und wartete auf den Augenblick, wenn er seinen Anfall hatte und kopfüber in den Staub fiel, die Zunge in den Sand gesteckt. Mir war nie klar, was er heraufbeschwor – Regen, Blut, fettes Vieh oder die Haut des weißen Mannes.

Die Festtage der Schwarzen sorgten bei den Weißen für Verunsicherung. Man vermutete, dass selbst die guten Afrikaner – also die, die unsere Fußböden schrubbten und am Ende unseres Gartens hausten – aufgestachelt wurden durch das Unabhängigkeitsfieber in West- und Zentralafrika. Das tödliche Virus des Nationalismus grassierte auf dem Kontinent, und die Europäer taten ihr Möglichstes, sich darauf einzustellen. Von Bechuanaland schien die Epidemie jedoch noch weit entfernt zu sein, trieb sie doch dem Vernehmen nach in den Bergen und jenseits der dunklen Flüsse, jenseits der Grenzen und überhaupt in weiter Ferne ihr Unwesen. Die Briten vertrauten auf den seit langem bestehenden Frieden, in dessen Gefolge ein langsamer, aber stetiger Fortschritt in Bechuanaland zu verzeichnen gewesen war. Warum sollten wir unsere Besitztümer in Übersee aufgeben? Warum sollten wir abziehen, wenn ohne uns das Ganze doch nur auf den Hund käme? Wann immer einen der Zweifel beschlich, mit welchem Recht wir eigentlich hier waren, wurde er unverzüglich zum Verstummen gebracht mit der imperialen Gegenfrage, welches Recht wir denn hätten, das Land zu verlassen. Außerdem hatten wir Seretse Khama, und der hatte in Cambridge studiert und war mit Ruth, einer Weißen, verheiratet. Er hatte Kinder, die zum Glück nicht ganz so dunkel waren, und war praktisch ein Aristokrat. Er war der große Boss, der Schwarze in Amt und Würden. Ihn konnte man ruhig einmal auf einen Whisky mit Soda einladen. Uns würde schon nichts geschehen.

Um die Wahrheit zu sagen, hatten wir größere Angst vor Kinderlähmung als vor der Unabhängigkeit. Zumindest galt das für mich. Kinderlähmung und Schlangen waren der Schrecken meines Lebens. Eine unserer Nachbarinnen, die einen köstlichen Biskuitkuchen zu backen wusste, schaute eines Nachmittags auf und musste mit ansehen, wie ihr kleiner Sohn von einer grünen Mamba gebissen wurde. Sie hatte genau mitbekommen, wie es passiert war. Bei der Gartenarbeit war ihr Blick plötzlich auf einen schönen, smaragdenen Körper gefallen, ein glänzendes Seil, das ein Teil des Bougainvilleabusches und untrennbar mit dessen Blattwerk verbunden zu sein schien; sie hatte gesehen, wie er sich auf seine ganze Länge ausrollte, sich langsam vorwärts bewegte, bis er anhielt und sie mit seinen schwarzen Augen festnagelte. Dann fasste sein fürchterlicher, urtümlicher Kopf sein Ziel ins Auge und stürzte gestreckt wie ein Pfeil auf ihren Sohn zu, der soeben ein Spielzeugauto durch den hellen Staub schob und nichts von der weich-blauen Höhle eines Mauls wusste, das sich hinter ihm öffnete und direkt auf ihn zuhielt. Die beiden Giftzähne bohrten sich in sein Bein. Als die Mutter in Bruchteilen von Sekunden bei ihrem Sohn ankam, war sein Gesicht bereits aschfahl und abwesend, der Mund zu einem einzigen Todesschrei verzerrt. Im Handstreich riss sie sich den Gürtel ihres Hemdkleids herunter und band den Oberschenkel des Jungen damit ab. Dann presste sie ihre Lippen auf die beiden sauberen Bisswunden und saugte das Gift heraus, saugte und spuckte, bevor sie den Jungen zum Medikamentenschrank mit den Gegengiften trug, der allein den Jungen nicht hätte retten können. Ich erinnere mich, dass wir den Jungen später sahen, wie er herumlief: putzmunter. Und auch sie sah ich, eine Mutter, die zur Stelle gewesen war, um ihren Sohn vor dem Tod zu bewahren.

Solche lebensgefährlichen Erlebnisse mit Schlangen gab es zuhauf: das kalte, zusammengerollte Etwas in der Badewanne; die schwarze Mamba, die im Dunkeln unter dem Bett bestens getarnt war; die sechs Meter lange Python mit dem von einem Huhn geblähten Bauch, das sie sich für später aufhob. Auch das Töten von Schlangen war ein Thema, das uns bewegte: Sollte man ihr auf den Hals treten, sie mit einer gewissen Freude zerhacken, sie mit einem Jeep überrollen, vorwärts und rückwärts, und die schauderhafte Bremsschwelle spüren? War sie endlich tot? Konnte man sie überhaupt töten? Sie verfolgte einen noch wochenlang im Traum, man bekam eine Gänsehaut, wenn man hörte, dass gerade wieder einmal eine an irgendeiner Hintertür ihr Unwesen trieb oder sich in einem Hühnerstall auf unserer Straße einquartiert hatte. Da war dieser kleine Junge, der den Mangobaum hinaufkletterte und seine Hand auf eine Mamba legte, weil er glaubte, sie sei ein regennasser Ast. Und da war dieser eifersüchtige Ehemann, der eine Puffotter in einem Kochtopf einfing und ihn auf den Herd stellte, für seine Frau, wenn sie vom Feld käme. Auch ich hatte beinahe einen Zusammenstoß mit einer Schlange, als ich eine Rutsche in den Sandkasten hinunterrutschte; die Schlange streckte ihren Kopf aus dem Sand, um sich an jenem furchtbar heißen Tag einmal umzusehen. Da schnappte sich meine Schwester meine Beine, zerrte mich an meinem Oberschenkel zur Seite und damit in Sicherheit. Noch heute kann ich keinen Gartenschlauch auf dem Rasen liegen sehen, zumal nachts, ohne mich zu Tode zu ängstigen.

Kinderlähmung schien sogar noch schlimmer zu sein, noch viel schlimmer als alle Schlangen zusammen. Man konnte morgens aufwachen und feststellen, dass es einen erwischt hatte. Der Test war: Kannst du dein Kinn auf deine Brust legen? Falls nicht, hatte man Kinderlähmung. Dann war dein Leben vorbei, und man hätte ebenso seine ganze Familie töten können. Kinderlähmung war damals das, was die Pest früher war: die schlimmste Epidemie überhaupt. Wenn es in Amerika zu einem Polioausbruch kam, schloss man die Strände, und niemand ging mehr schwimmen. Afrika kam ohne einen solchen Ausbruch aus. Denn Kinderlähmung war allgegenwärtig. Verbreitet wurde sie über die Abwässer, die in jeden Teich und jeden Fluss gelangten.

Die Krankheit wird oral übertragen. Infiziert wird die Darmschleimhaut. Dann breitet sich die Krankheit über die Blutbahn aus und erreicht das Zentrale Nervensystem. Buchstäblich über Nacht wird man krumm und verkrüppelt oder kann nicht mehr richtig atmen. Man ist körperbehindert, blind, ein Kandidat für Amputationen oder ganz einfach tot. Man ertrinkt in seinen eigenen Sekreten oder wird in eine eiserne Lunge gesetzt, wobei der Körper in einer engen Druckkammer, die für einen atmet, eingesperrt wird. Nur der Kopf schaut heraus. Ein solcher Apparat ist wie ein Sarg, ein Atmungssarg, in dem man die ganze Zeit bleiben muss – bei lebendigem Leibe begraben. Kenia besaß ein paar eiserne Lungen, doch bei uns gab es keine einzige, und auch ein Krankenhaus, wo man eine solche Maschine hätte aufstellen können, gab es kaum. In den Jahren nach 1956 gelangte der Salk-Impfstoff zu uns in den Busch, so dass wir – die Weißen – geimpft werden konnten. Doch diese Maßnahme kam für viele Kinder, deren Leben zu diesem Zeitpunkt – so oder so – bereits vorbei war, zu spät.

Ich kann mich noch erinnern, dass ich eine solche Angst hatte, mich anzustecken, dass ich jegliches Wasser, jeden Teich, jeden Fluss, jeden Swimmingpool und jede Badewanne für verseucht hielt. Der unermessliche Schrecken, den dieses Wort für mich besaß, ist schwer in Worte zu fassen. Es war so leicht, sich anzustecken. Babys bekamen es, und beim nächsten Herzschlag war es aus mit ihnen. In unserer Welt lauerte der Tod zwar überall, doch mit der Kinderlähmung hatte es noch eine andere Bewandtnis: Die eiserne Lunge war grausamer als der Tod. Den Jesuiten zufolge haben Kinder mit sieben Jahren das Alter der Vernunft erreicht und sind in der Lage, über den Tod nachzudenken. Als ich sieben

Jahre alt war, hatte der Tod in all seinen Facetten Eingang in meine Vorstellungswelt gefunden, und zwar nicht nur irgendein abstrakter Tod, sondern mein eigener. Ich hatte krankhafte Angst vor der Dunkelheit. Ich hatte ein paar Unfälle überlebt, bei denen ich beinahe ertrunken wäre. Mehr als alles andere fürchtete ich zu ersticken, und Kinderlähmung verkörperte diesen Alptraum in seiner lebendigsten Form. Ich wusste, wie es sich anfühlte, zu ersticken. Meine Alpträume, dieselben, die ich schon mit sechs Jahren in Swasiland gehabt hatte, setzten wieder ein. Wenn ich daraus erwachte, saß ich kerzengerade im Bett, mein Herz raste, mein Mund war völlig ausgetrocknet, ich schnappte nach Luft. Ich träumte, jemand drücke mir ein Kissen auf mein Gesicht, und wenn ich bereits glaubte, ich müsse gleich sterben, wurde ich ohnmächtig. Dies träumte ich immer wieder, und jedes Mal wurde der Traum plastischer, und wenn der Morgen anbrach, dachte ich häufig, dass es kein Traum, sondern Wirklichkeit gewesen war, aber wie konnte das möglich sein, wenn ich noch am Leben war?

Mehr und mehr dachte ich über meine Großmutter Anne nach. Warum wusste meine Mutter nicht, woran sie gestorben war? Da meine Mutter damals erst neun gewesen war, konnte meine Großmutter nicht alt geworden sein. Dabei war Alter doch der einzig gute Grund zu sterben. Litt meine Mutter an derselben Krankheit wie meine Großmutter? Und wenn dem so war, trug auch ich sie in mir, ohne etwas davon zu wissen, so wie meine Mutter anscheinend nicht wusste, woran ihre Mutter gestorben war? Ob auch Angela daran litt? Und Susan? Waren wir alle zum Tode an dieser mysteriösen Krankheit verurteilt? Wenn es Typhus oder Tuberkulose gewesen wäre, hätte meine Mutter es sicher erwähnt. Schlangen und Kinderlähmung waren Manifestationen des Todes, die sich in meiner Vorstellungswelt bereits festgesetzt hatten, doch schleichend begann etwas anderes mich ebenso sehr zu ängstigen – der Wahnsinn. Meine Mutter schaute mich bisweilen an, als halte sie mich für geisteskrank. Ich selbst hielt mich für wahnsinnig, wenn mein Geist sich in zwei Hälften zu spalten schien und ich den einen Teil einfach nicht mehr finden konnte, oder wenn ich mich nicht erinnern konnte, wo ich stundenlang gewesen war, oder an bestimmten Tagen morgens aufwachte und mein Bett nicht so aussah wie am Abend zuvor, sondern eher den Eindruck machte, als hätte ich darin die ganze Nacht wie eine Besessene herumgewühlt.

Ich klebte wie eine Klette an einer unserer Bediensteten, Elizabeth, die besonders freundlich und mütterlich zu mir war. Außerdem zwang ich Angela, sich um mich zu kümmern. Urplötzlich entwickelte ich ein hilfloses Abhängigkeitsgefühl, das mich nicht länger das Buschkind, die Entdeckerin, die Spionin im afrikanischen Kral sein ließ. Angela nahm mich unter ihre Fittiche; sie sprang hart mit mir um, doch sie erlaubte mir, trotz meiner Ängste ihre Freundin zu sein. Sie wollte nicht auf mich aufpassen, daran ließ sie keinen Zweifel, doch sie fühlte sich irgendwie dazu verpflichtet. Wir waren Verschworene im Schweigen, und das kettete uns auf eine Weise aneinander, die sie wütend machte, ohne dass sie sich dem Bündnis hätte entziehen können. Vielleicht fürchtete sie, dass ich schon so war wie meine Mutter, ein Nervenbündel und ein Fall für die Klapsmühle.

Eine ähnliche Rolle übernahm ich bei Susan. Ich kümmerte mich um sie, obwohl ich es gar nicht wollte. Sie war ein süßes Kind, aber zugleich eine Nervensäge, die mir nicht von der Seite wich. Wie gern hätte ich diesen Schatten in den Busch geschubst. Doch ich musste auf sie aufpassen, schließlich war sie meine kleine Schwester, verwundbar wie ein rohes Ei. Und mittlerweile wusste ich, worauf es ankam, kannte die Spielregeln ebenso gut wie den Garten hinter dem Haus. An mir war es, sie zu beschützen. Doch so lange Angela in der Nähe war, brachte ich nicht viel Zeit mit dieser Aufsicht zu. Wir zwei, die wir viel älter waren als Susan und selbst nur zwei Jahre auseinander lagen, gingen möglichst unsere eigenen Wege und ließen Susan, sooft es ging, in der Obhut der Kindermädchen. Ich war viel zu sehr damit beschäftigt, mich in Angelas Nähe aufzuhalten, als dass ich Susan hätte im Blick behalten können. Bald würde Angela auf ein Internat gehen, und dann würde es um so einsamer für mich werden.

Mittlerweile hatte Angela begonnen, mir Dinge beizubringen, die ich bis heute beherzige. Sie zeigte mir, wie man auf dem hochgradig feuergefährlichen Kinderherd, den ich über alles liebte, ein phantastisches Rührei oder eine *Marmite*-Suppe zubereitet. Wir spielten stundenlang mit diesem Paraffinofen hinter dem Haus, rührten Petersilie, die üppig unter einem tropfenden Wasserhahn gedieh, in die glänzende Eimasse. Mit dem Rührei setzten wir uns unter den Zitronenbaum auf den Boden, den Teller zwischen unseren gespreizten Beinen. Angela lernte, wie man einen vorzüglichen Kuchen aus Zitronenbaiser backt. Sie zerbrach *Marie*-Kekse für den Boden und rührte geriebene Zitronenschale in den dicken, schimmernden Belag aus Zitronensahne. Dazu benutzte sie den echten Herd und zeigte mir bei der Gelegenheit, wie man es anstellt, sich nicht zu verbrennen, und was zu tun ist, wenn es doch geschieht. Sie ging bereits völlig auf in ihrer Helferrolle und würde darauf ihr Leben lang immer wieder zurückkommen.

Jene langen, heißen, verspielten Tage, die letzten Tage, an denen wir Tag und Nacht zusammen waren, scheinen nicht sehr zahlreich gewesen zu sein. Sie bilden den Abschluss einer insgesamt nur kurzen Zeit des Zusammenseins, die in Maun beginnt, sich phasenweise in Francistown fortsetzt und endet, als wir nach Gaborone kamen. Wir liefen barfuß unter den Zitronenbäumen, bauten Häuser im Wurzelwerk der roten Jasminbäume, liefen zum Fluss hinunter und verbrachten Stunden in unserem Baumhaus, von wo aus wir den Fluss beobachteten. Ich muss an ihr dickes, dunkelbraunes Haar denken, das vor mir auf und ab wippt. Sie war ein schönes Kind, fröhlich und nachdenklich zugleich. Im Rückblick sehe ich sie oft mit anderen, aber vielleicht war das bloß Barbara Riley, mit der sie in Maun oft zusammen war. Ich habe das Gefühl, in der Peripherie ihrer Freundschaften angesiedelt gewesen zu sein und sie ebenso aufmerksam beobachtet zu haben wie sie mich. Es ist mir, als drehe sie sich nach mir um, werfe mir über die Schulter einen ungeduldigen Blick zu, als wolle sie sich vergewissern, dass es mir gut geht und ich ohne sie zurechtkomme.

Unser schwesterliches Band war lose, vor allem weil meine Eltern uns stets gegeneinander ausspielten. So konnten sie uns besser unter Kontrolle halten. Zu einer tieferen Bindung kam es erst später, als wir beide Mütter von Töchtern waren, die im Abstand von nur einem Monat auf die Welt kamen. Als Ally und Amanda aufwuchsen, verreisten wir Mütter übers Wochenende oder in den Ferien gemeinsam und nahmen unsere Ehemänner und Töchter mit; oder wir aßen miteinander zu Abend oder trafen uns zum Tee in unseren winzigen Londoner Gärten. Am besten gelang es uns in unseren Küchen, einander nah zu sein wie einst. Wann immer wir vor dem Herd standen, stellte sich das starke Gefühl schwesterlicher Verbundenheit ein, und wir konnten uns wie in unseren Kindertagen in wortlosem Einverständnis in der Küche bewegen, in Töpfen rühren, ein Messer reichen oder den nächstfälligen Arbeitsschritt in Angriff nehmen. Wir blieben der Gewohnheit des gemeinsamen Kochens treu, weil sie uns daran erinnerte, wer wir waren und woher wir kamen.

Angela wurde schon in jungen Jahren selbstständig, doch ihre Selbstständigkeit verdankte sie nicht der liebevollen Erziehung einer gefestigten Mutter. Von einer natürlichen engen Bindung zwischen meiner Mutter und Angela konnte damals und auch in Zukunft nicht die Rede sein. Angela erinnert sich, an einen Punkt gelangt zu sein, an dem sie sich von unserer Mutter einfach lossagte. Das geschah in Gaborone. Angela war elf und lebte im Internat, als sie eines Tages überraschend per Anhalter nach Hause kam. Sie stand am Tor, war ganz aufgeregt, zu Hause zu sein, und ging hinein, nur um meine Mutter kurz angebunden sagen zu hören: Was willst du hier? Das Gefühl, eine Last, ein Ärgernis zu sein, überkam und erdrückte Angela, und es war in diesem Moment, dass Angela unsere Mutter aufgab und fortan ihre eigenen Wege ging.

Angela war meine Aufpasserin, solange sie zu Hause war. Später, als ich zu ihr ins Internat nach Johannesburg kam, wurde ihr die gesamte Verantwortung für mich übertragen. Es war ganz schön hart für sie. Das Betreuen hatte bereits in Swasiland begonnen, kurz bevor wir nach Goedgegun geschickt wurden, wenn sie spätabends auf meine Seite unseres Kinderzimmers herüberkam, weil ich weinte, und mir sagte, ich solle wieder einschlafen. Wie mag es gewesen sein, in einem Zimmer zu schlafen, wir beide, die Betten an gegenüberliegende Wände gerückt, und uns gegenseitig schlafen oder atmen zu hören, einen erstickten Schrei zu vernehmen, wenn ein Alptraum die glatte Oberfläche der Nacht zerriss? Was mag sie geträumt haben in jener abgründigen Stille, die sich über das Haus legte, wenn der Generator stotternd ausging und das Haus in Finsternis getaucht war? Und wenn sich das Mondlicht durch das Fenster hereinschlich, über den Fußboden ergoss, unsere blendend weißen Bettüberwürfe hinaufkletterte und unser geschwisterliches Leben beleuchtete, stellte sich Angela dann ebenso schlafend, wie es unsere Mutter und ich taten?

Sechs

Nachdem wir nur kurze Zeit in Francistown geblieben waren, wurden wir in die Hauptstadt des Protektorats Bechuanaland geschickt, und hier, in Gaborone gelang es meiner Mutter, ihr Gleichgewicht für eine gewisse Zeit wiederzufinden. Zunächst und vor allem hatte mein Vater eine bedeutendere Stellung; er war *District Commissioner* in der größten Stadt des Protektorats, und da der Wechsel nach Gaborone einer Beförderung gleichkam, fand sie, dass auch ihre Bedeutung zugenommen hätte. Zu jener Zeit war Gaborone nichts als ein verschlafenes Städtchen, wie viele andere auch. Es gab lediglich einige zusätzliche Verwaltungsgebäude – ein Gericht, ein Gefängnis, ein Krankenhaus, eine Schule und eine Polizeiwache –, außerdem ein paar Läden, Straßen, Häuser und Farmen am Stadtrand mehr. Auch gab es ältere Häuser mit gepflegten Gärten, mit großen Oleandersträuchern an den Hauswänden und herrlichen Flamboyant-Bäumen, deren flache Baumkronen Hunden und Katzen schattige Plätzchen verschafften. In Gaborone musste man daher keine Angst vor Dieben haben, die einem das Haustier stahlen. Selbst Salat gedieh hier, und tatsächlich hatten wir einen wunderbaren Nutzgarten, in dem neben den üblichen Dingen wie Mangos, Zitronen, Mais, Kürbis und süßen Kartoffeln Stachelbeeren vom Kap, kleine harte Pfirsiche, Erbsen, Bohnen, Kartoffeln und dicke Tomaten wuchsen. Meine Mutter pflanzte auch Blumen an, und es gelang ihr sogar, einen Rosenstrauch zum Blühen zu bringen. Wir hatten einen wilden Wein mit dichten Reben köstlicher Trauben, die sich zu dunklen Dreiecken inmitten des Blattgrüns formierten. Bisweilen konnte man eine Schlange darin erblicken, die aus den Blättern hervorlugte, die sich jedoch nicht vor Einbruch der Dunkelheit hervorwagte.

Ich glaube, dass der Garten, die Spuren der Normalität und die Tatsache, dass wir ein Leben, das sie als vollkommen barbarisch empfunden hatte, zurückgelassen hatten, meiner Mutter halfen, in Gaborone ein wenig heimisch zu werden. Wir blieben auf einige Jahre, was für unsere Verhältnisse recht lang war, und es wird sie getröstet haben. Wir wohnten in einem schönen Haus mit einer Fahnenstange im Garten, und wann immer sich die Gelegenheit bot, hissten wir die Nationalflagge, die dann im Wind flatterte. Meine Mutter erholte sich immerhin so weit, dass sie Mpanda zeigen konnte, wie man einen *Babootie*-Auflauf zubereitet, der bis auf das Curry dem englischen Auflauf aus Hackfleisch und Kartoffelbrei ähnelt. Auch wie eine *Mulligatawny*-Suppe gekocht wird, zeigte meine Mutter ihm. Sie bestellte Gewürze und *Pappadams* aus der südafrikanischen Republik und fing an, ihre eigenen Hammel- und Hühnchencurrys zu machen. Selbst an *Parathas* und *Nans* versuchte sie sich. Sie kochte Limonen- und Mango-Chutneys ein, und so kehrte ein wenig indisches Leben zu ihr zurück, das ihr auch das afrikanische Dasein ein wenig schmackhafter machte.

In Gaborone konnten wir sogar ins Kino gehen. Man saß draußen und blickte auf eine wacklige Leinwand unter den Bäumen oder in einem Hotelzimmer, wo jemand Licht!

brüllte, wann immer etwas schief ging. Wir sahen *Pathe News*, danach eine zusammengeschusterte Fassung von *Eine Braut für sieben Brüder* oder etwas noch Älterem. Wir bekamen die Filme erst zu sehen, Jahre nachdem sie in Amerika gelaufen waren. Meistens streikte der Projektor mehrmals während einer Vorführung, es dauerte jeweils endlos lange, ihn zu reparieren, so dass wir alle voller Ungeduld auf das merkwürdige Unterwassergeräusch warteten, das aufstieg, wenn der Projektor wieder aus der Versenkung auftauchte und die Filmrolle sich wieder zu drehen begann. Auch ein Zirkus war einmal in der Stadt, ich glaube, es war Boswell's. Sie brachten alles, was dazugehört: ein Zelt, Holzspäne, Leute, die durch die Luft fliegen, und Zuckerwatte. Es war verblüffend, Löwen und Elefanten so in Afrika zu sehen – alle bestens dressiert und mit einem läppischen Peitschenknall in Reih und Glied zu halten. Die Elefanten saßen wohlerzogen auf Stühlen und wedelten mit den Beinen in der Luft, die Löwen brüllten, um das Publikum zu beeindrucken, und nicht etwa, um Beute zu machen. Sie sprangen durch Reifen, statt einem Impala die Kehle zu zerreißen oder ein Kind vor den Augen seiner Eltern aufzufressen.

Ich ging in eine Schule, an der sämtlicher Unterricht von einer gewissen Miss Klopper bestritten wurde. Sie war eine große, schwitzende Afrikaanderin, die direkt neben der Schule in einem Haus wohnte, in das sie auch zwei kleine Jungen, die wegen der Entfernung zu ihrem Elternhaus oder wegen Familienstreitigkeiten auf sich gestellt waren, in ihre freundliche Obhut aufnahm. Ich erinnere mich an meine Schreibstunden, in denen ich lernte, rund und ordentlich zu schreiben, und dabei zum ersten Mal einen Kugelschreiber benutzen durfte. Auch ein wenig Rechnen lernte ich dort und südafrikanische Geschichte. Miss Klopper legte großen Wert auf die Einzelheiten des Großen Trecks, war eine Anhängerin des Patrioten Paul Kruger und hegte eine besondere Vorliebe für die Schlacht von Inniskop, in der die Briten von den Buren vernichtend geschlagen worden waren. Sie brachte mir ein bisschen Afrikaans bei, und dieses Mal gefiel es mir. Ich erinnere mich an ein Gedicht in dieser Sprache, es ging darin um Mord: *Bloed in die water en bloed in die laan, wie is dit dat daar so skuldgewees gaan*? Am Valentinstag malte ich eine Karte für Dawie Swart, den Jungen, der familiäre Probleme hatte. Im Gegenzug erhielt ich meinen ersten Blumenstrauß. Natürlich wussten wir alle, worin die familiären Probleme bestanden – die Mutter geisteskrank, der Vater mit einer Schwarzen liiert –, doch niemand verlor ein Wort darüber. Was Dawie betraf, so löste alles, was von seiner Familie kam, eine Art katatoner Starre bei ihm aus; dann hockte er stumm und starr, unerreichbar und unzugänglich da, und ich konnte, wie bei meiner Mutter, nichts für ihn tun.

Angela war wieder im Internat, dieses Mal in einer Klosterschule in Mafeking, aus der sie später hinausfliegen sollte. Ohne sie war ich verloren, und doch nutzte ich die Gelegenheit, mich selbst ein wenig zu sammeln und es meiner Mutter gleich zu tun. Ich hatte ein eigenes Zimmer, das auf eine rot geflieste Veranda hinausführte; auf dieser Veranda stand eine Reisetruhe, die von Indien nach England und von dort nach Afrika gereist war. Sie enthielt das Hochzeitskleid meiner Mutter, das aus Satin war. Sorgfältig in Musselin eingeschlagen, war es vergilbt wie der Teint der Weißen, die auf diesem Kontinent lebten. Inmitten des Pakets lag versteckt eine Schachtel mit Liebesbriefen. Ich hatte sämtliche Überseekoffer und Truhen durchstöbert – auf der Suche nach irgendetwas, das mir hätte weiterhelfen können, unsere merkwürdige Familie ansatzweise zu verstehen. In einer der Truhen fand ich ein Foto meiner Namengeberin, meiner Großmutter Anne Webb. Ich bewahrte es einen oder zwei Tage bei mir auf, bis ich ihr Gesicht vor mir sehen konnte. Wenn ich mit der Hand ihre Augen verdeckte, sah sie meiner Mutter verblüffend ähnlich. Auch sie schien sich zutiefst unglücklich zu fühlen und jegliche Vitalität verloren zu haben. Nachdem ich ihr Gesicht ausgiebig betrachtet hatte, gab ich mir Mühe, möglichst oft zu lächeln, als ob ich damit der Familienkrankheit, wie auch immer sie heißen mochte, hätte entkommen können.

In Gaborone nahm meine Mutter ihre Mutterrolle wieder etwas ernster, so dass ich nach einiger Zeit meine alte, überzogene Anhänglichkeit an den Tag legte. Sie veranstaltete wunderbare Geburtstagspartys für uns, und da es dort mehr Kinder gab, gab es auch zahlreichere und schönere Geschenke. Einige Geschenke, die ich bei solchen Gelegenheiten erhielt und von denen ich wusste, dass sie ihr Freude machen würden, gab ich meiner Mutter – Dinge zum Maniküren oder Badezusatz. Jedes Mal wünschte ich, sie würde mir die Geschenke wieder zurückgeben. Ich hoffte, sie würde sagen, das ist doch für dich, behalt es, Liebes, es ist deins. Sie sagte nichts dergleichen, doch immerhin konnte ich meine Gaben immer noch auf ihrer Frisierkommode anschauen. Wir trugen Partyhüte, und überall hingen Wimpel und Luftballons. Mpanda backte köstliche Biskuitkuchen und bereitete kleine englische, das heißt krustenlose Sandwiches vor. Es gab Würstchen in Blätterteigmantel, Schokokekse von Cadbury und Kartoffelchips. Da alle Kinder von Gaborone zu diesen

Partys eingeladen waren, wurden sämtliche Bediensteten angestellt, Orangen zu halbieren, dabei von der oberen Hälfte jeweils einen Streifen Schale stehen zu lassen, so dass aus der ganzen Orange eine Art Orangenkörbchen wurde. Wenn dann die Orange ausgelöffelt war, wurde sie mit rotem Pudding gefüllt. Das war der Renner.

Die Zufriedenheit meiner Mutter währte nicht lange. Es gab einfach nicht genug, um sie zu nähren, und ehe ich mich versah, war sie auch schon wieder hinter dem Netz verschwunden, brachte ihre Tage mit Schlafen zu und sorgte für regelmäßige Kopfschmerzattacken, um ihre Abwesenheit zu rechtfertigen. Ich beobachtete ihren Niedergang, und es dauerte nicht lange, da fühlte ich mich wie ein ausgesetzter Hund. In Gaborone gab es nicht allzu viel, das mich am Leben gehalten hätte, denn der Gegend fehlte es an Schönheit. Der Ort war lediglich ein hässliches, kleines *Dorp*, das sich entlang der Hauptstraße und der Eisenbahnlinie in unmittelbarer Grenznähe zur Republik Südafrika entwickelt hatte. Natürlich hätte ich mittlerweile ein paar Freunde finden sollen, doch noch waren keine in Sicht. Ich war so einsam wie zuvor – unfähig, einer Beziehung zu trauen, und nicht bereit, Zuneigung zu riskieren. Ich hielt mich fern von den Menschen, aus Angst, sie könnten etwas über mich herausfinden, wenn ich sie zu nah an mich heranließe.

Ich erinnere mich, dass ich schon in Gaborone einen Begriff von Sex hatte. Der Gedanke, dass jeder Erwachsene, den ich kannte, einschließlich der Queen, Sex hatte, entsetzte mich. Afrikanische Frauen bekamen ihre Kinder von verschiedenen Männern. Die Männer verschwanden dann wieder in den Minen, während die Mütter mit Hilfe ihrer Mütter und Schwestern die Kinder großzogen. Das schien mir eine gute Lösung – ein Haus voller Kinder, jedes von einem anderen Vater, der zu allem Überfluss nicht einmal lange blieb. Meine Mutter gab mir ein Aufklärungsbuch, in dem es allerdings um Hühner und deren Reproduktionszyklus ging, was der eigentlichen Sache wohl nahe genug kam, um den gewünschten Zweck zu erfüllen. Das Thema kam nicht wieder zur Sprache. Ich hegte damals einen tiefen Widerwillen gegen Sex und wollte nichts davon wissen. Der Gedanke daran war mir unerträglich, und wenn Kinder sich darüber unterhielten, zog ich mich augenblicklich zurück.

Eine Gruppe Jungs, von denen die meisten einer einzigen Familie entstammten, fing an, mit ihrer Sexualität zu protzen. Die Cawoods waren eine regelrechte Sippe, elf Kinder insgesamt, eine stattliche Zahl, die sie nicht einmal mit dem Hinweis rechtfertigen konnten, katholisch zu sein. Einige Kinder der Cawoods müssen bei der Zeugung ihrer Geschwister zugegen gewesen sein, denn sie wussten, was sie taten. Im Verein mit einigen anderen Jungen nahmen sie ein paar Mädchen mit hinauf zu den Felsplatten, wo die kleinen Schildkröten in den Regenpfützen schwammen, und begannen dort, sich zu vergnügen. Die Felsplatten gehörten zu meinen Lieblingsplätzen, und so kam es, dass ich sie dort in ihrer glücklichen Nacktheit sah. Angeekelt und verzweifelt schwang ich mich auf mein Rad und raste in halsbrecherischem Tempo nach Hause. Ich musste unbedingt zu meiner Mutter, musste ihr davon erzählen, ihr sagen, was dort oben vor sich ging. Kaum zu Hause angelangt, ließ ich mein Fahrrad vor dem Hintereingang einfach fallen und rannte zu ihr ins Haus. Sie saß im Wohnzimmer, über ihre Zeitschrift gebeugt, und reagierte bestürzt, als ich hereingestürmt kam. Was ist denn nun wieder los?, fragte sie und hob dabei eine

Hand, als ob sie einen Angriff abwehren wollte. Warum bist du so außer dir? Und komm mir bitte nicht so nah, du bist völlig verschwitzt und verdreckt. Sie lehnte sich wieder zurück, und als ich ihr meine Beichte entgegenschleuderte, sah ich, wie sie mit dem Kopf zurückwich. Sie wollte es nicht wissen, sie wollte keine Einzelheiten hören und brachte mich, so rasch sie konnte, zum Schweigen. Ich möchte nicht, dass du noch einmal davon anfängst, sagte sie. Hast du gehört? Kein Wort mehr. Sie widmete sich wieder ihrer Zeitschrift, doch ihre Kälte konnte mir nichts anhaben. Ich frohlockte. Ich hatte das Schweigegebot gebrochen und ein Vergehen enthüllt. Ich hatte den Mund aufgemacht. Als ich das Wohnzimmer verließ, drehte ich mich noch einmal nach ihr um und sah, dass sie mir nachschaute. Unsere Blicke trafen sich, ein wortloses Eingeständnis von Schuld und Komplizenschaft; doch sie schaute schnell wieder weg, und ich tat es ihr nach.

Sie erzählte es meinem Vater. Er wiederum kam mir gegenüber mit keinem Wort darauf zu sprechen, unternahm auch nicht den Versuch, sich den Vorfall von mir bestätigen zu lassen oder mich zu beschuldigen, ihn erfunden oder erlogen zu haben, was ich eigentlich erwartet hätte. Stattdessen drehte er völlig durch, stürmte das Haus der Cawoods, attackierte Mr. Cawood mit einem derartig heiligen Zorn, dass die ganze Stadt unter dem Angriff erbebte. Mir gegenüber verlor er kein Sterbenswort. Doch dieser Vorfall verstellte mir sämtliche Möglichkeiten, in dieser Stadt je Freundschaften schließen zu können. Ich war eine falsche Schlange, ich war Abschaum, und niemand wollte danach noch irgendetwas mit mir zu tun haben.

Doch dann tauchte Mally auf. Sie kam aus einem Dorf,

in dem es nur ein Haus gab. Ich glaube, es war Molepolole. Sie wohnte sechs Monate bei uns, damit sie die Schule von Miss Klopper besuchen konnte. Ich war sehr froh, dass sie bei uns war. Ihre Gegenwart in meinem Kinderzimmer bedeutete Sicherheit und Trost, vor allem nachts, wenn wir uns flüsternd unterhielten, nachdem der Strom um 23.00 Uhr abgeschaltet wurde. Solange Mally in meinem Zimmer schlief, hatte ich keine Alpträume. Mir fiel auf, dass mein Vater Mally anders behandelte als mich – vielleicht weil sie keine Stimmungsschwankungen und Wutausbrüche kannte; sie war ein blondes, molliges Mädchen mit festen Grübchenwangen, rundem Kinn und einem liebenswürdigen Wesen. Sie kicherte viel. Mein Vater führte ein Spiel mit Mally ein, das jeden Abend stattfand, nachdem Mally und ich gemeinsam gebadet und unsere Schlafanzüge angezogen hatten. Sie trug ein Nachthemd mit kurzen Schlitzen an den Seiten. Während ihres Aufenthalts bei uns wurden diese Schlitze immer länger, weil mein Vater ihr über den langen Flur in unserem Haus in Gaborone hinterherlief, wobei ihr Nachthemd beim Wegrennen immer weiter einriss. Dabei schrie und kicherte sie in einem fort. Das ging so lange, bis ihr Nachthemd bis zu den Oberschenkeln und schließlich beinahe ganz entzwei war. Mein Vater jagte hinter ihr her, haschte nach ihr und versuchte, sie mit einem albern anzüglichen Grinsen auf dem Gesicht zu packen. Ich starrte ihn verständnislos an: Wer war dieser Mann, der so gar nicht dem kaltblütigen Vater, den ich kannte, glich? Wer war er, wenn er diese Dinge tat? Ich versuchte, mir einzureden, dass ich nichts mit ihm zu schaffen hatte – dass wir im Grunde nicht verwandt waren.

Als Mally fort war, kehrte wieder die alte Routine bei uns

ein. Ich war nachts allein in meinem Kinderzimmer, und meine Angst vor der Dunkelheit wurde so chronisch, dass man mir meine Nachtbeleuchtung ließ. Ich litt an Schlaflosigkeit, und wenn es mir gelang einzuschlafen, hatte ich Alpträume – dieselben Träume wie früher, in denen eine Hand, die zu keinem Körper zu gehören schien, ein Kissen auf mein Gesicht presst oder mich mit einem Messer zu töten trachtet, in denen Gesichter zum Fenster hereinschauen und Hände über die Fensterscheiben auf- und abgleiten. Ich fing an schlafzuwandeln, und manchmal wachte ich zusammengerollt auf dem Fußboden des Gästezimmers oder hinter einem Sessel im Wohnzimmer in der Nähe der Vorhänge auf. Schon bald war ich wieder ein Wrack, brabbelte jeden Abend mein Gutenachtgebet vor mich hin und war fest davon überzeugt, den nächsten Tag nicht zu erleben.

Ich war elfeinhalb, als mir zum ersten Mal klar wurde, wie sehr ich meinen Vater hasste. Die Intensität dieses Hasses linderte ein wenig die Angst, die ich in seiner Gegenwart spürte. Doch das Wissen um das Ausmaß meines Hasses bewirkte auch, dass ich nervös wurde, hochgradig schreckhaft und seltsam in meinem Verhalten. Immer wieder blitzten Bilder vor meinem inneren Auge auf, in denen ich meinen Vater mit einem Messer durchbohrte oder mit einem Gewehr erschoss. Diese Visionen gaben mir das Gefühl, aus dem Gleis und außer Kontrolle geraten, ja sogar dem Wahnsinn nahe zu sein. Der Grund für all diese Gefühle war mir ein Rätsel. Ich wusste nur, dass ich sie in keiner Weise kontrollieren konnte, und fürchtete, dass sie schon bald die Kontrolle über mich übernehmen könnten.

Mein Vater hatte die Angewohnheit, sich von hinten anzuschleichen, wenn ich meine Hausarbeiten machte oder gedankenverloren herumsaß, und mir plötzlich so fest ins Ohr zu zwicken oder es mit Daumen und Zeigefinger anzuschnippen, dass es höllisch wehtat. Wenn ich dann herumfuhr und ihm am liebsten ins Gesicht gesprungen wäre, lachte er nur und verließ den Raum. Mit meinem Hund Jasper, einem kleinen, feisten, schwarz-weißen, schottischen Terrier, der es liebte, den Mond anzubellen, erlaubte er sich einen ähnlichen Spaß. Zuweilen, meist am Nachmittag, entdeckte mein Vater diesen Hund irgendwo auf dem Grundstück. Dann ging er zu ihm, zog ihn an den Vorderpfoten hoch, redete in einer unsinnigen Hundesprache auf ihn ein, um ihn schließlich mit aller Macht rücklings zu Boden zu schleudern. Ihm gefiel es, wenn Jasper jaulend und nach Luft japsend zu seinen Füßen lag, hilflos und gedemütigt wie ein Käfer, bevor er mit einem völlig leeren Gesichtsausdruck davontrottete.

Ich begann, des Nachts, wenn ich schlaflos in meinem Bett lag, Mordpläne zu schmieden. Zwei Waffen kamen in Frage, mit denen ich meinen Vater töten konnte: das doppelläufige Elefantengewehr, das eine echte Schweinerei anrichten würde, oder das Küchenmesser. Die Mordphantasien nahmen immer mehr Besitz von mir, bis sie sich sogar tagsüber einstellten. Ich ertappte mich dabei, wie ich ihnen nachhing, während wir alle um den Esstisch versammelt waren, um in der glühenden Mittagshitze schwere Mahlzeiten zu uns zu nehmen. Mein Vater fraß mehr, als er aß: Hastig schaufelte er das Essen nur so in sich hinein, ohne es zu schmecken. Seine Art zu essen war barbarisch und brutal. Wenn er fertig war, schmiss er seine gestärkte und gebügelte, blendend weiße Stoffserviette direkt auf den abgegessenen Teller und verließ den Tisch. In diesem Moment hätte ich ihn erwischen wollen, doch sagte mir eine innere Stimme, dass ich noch nicht bereit war, es zu tun. Noch war ich nicht mutig genug, ihn zu töten, und so verschanzte ich mich fürs Erste hinter Glaswänden, und schon bald hatte ich mich derartig abgeschottet, dass ich ihn gar nicht mehr wahrnahm, ihn weder sah noch hörte. Ihn auszublenden gelang mir so gut, dass ich ihn eines Abends, als wir im Esszimmer saßen und auf das Abendessen warteten, wirklich nicht hörte.

Meine Eltern legten Wert darauf, sich zum Abendessen umzuziehen. Es war ein Ritual, zu dem sie stets frisch und duftend erschienen, um an entgegengesetzten Enden des Tisches in Stellung zu gehen, getrennt durch ein Arsenal von Besteck, poliertem Silber und Kristall. Ich saß schweigend in der Mitte, doch in Wirklichkeit war ich gar nicht anwesend. Daher schreckte ich regelrecht hoch, als die laute und wütende Stimme meines Vaters schließlich zu mir durchdrang. Ich sah ihn ausdruckslos an, da ich nicht mitbekommen hatte, was er gesagt hatte. Ich wachte jedoch rasch auf, als er mich anherrschte: Geh auf dein Zimmer und such dir was zum Anziehen, damit du hier nicht ganz so schäbig am Tisch sitzt. Die Luft war zum Schneiden dick. Dann sagte meine Mutter: Mach schon, Liebes, beeil dich. Halte nicht das ganze Abendessen auf. Damals saßen wir nur zu dritt am Abendbrottisch. Angela war im Internat, und Susan wurde bereits eher in der Küche gefüttert. Er schrie: Sieh mich an, wenn ich mit dir rede, du dämliche Kuh. Ich rührte mich nicht vom Fleck; ich wagte kaum zu atmen. Seine Faust krachte auf den Tisch, der unter dem Schlag erbebte. Auch meine Mutter erbebte. Sie tupfte sich mit ihrer Stoffserviette die Lippen, so dass das Dunkelrot ihres Lippenstifts das weiße Leinen aufleuchten ließ. Ich hielt meinen Blick auf die Serviette geheftet, als sie auf den Tisch flatterte: Meine Mutter kapitulierte.

Inzwischen war er aufgesprungen, schrie mich an, und ehe ich mich versah, hatte er mit Daumen und Zeigefinger meinen Unterkiefer gepackt und zwang meinen Kopf in seine Richtung. Ich sagte, du sollst mich ansehen, wenn ich mit dir rede. Meine Mutter ging auf ihrem Stuhl in Deckung, sie flüsterte etwas von ... den Bediensteten ... muss das sein? ... Können wir nicht einfach friedlich zu Abend essen? Aus meiner festgenagelten Position hielt ich seinem Blick stand, starrte ihm so lange entgegen, bis er mich schlug und ich zu Boden stürzte.

Meine Angst war noch zu groß, als dass ich ihn gleich hätte attackieren können. Ich befürchtete, er könne mich womöglich zuerst töten, so dass zunächst Susan mein Opfer wurde. Ich war beinahe zwölf, Susan also annähernd sechs – genauso alt, wie ich in Swasiland gewesen war –, und vielleicht hingen meine Anwandlungen damit zusammen, dass sie nun in dasselbe Alter kam, in dem mein Leben damals zerstört worden war. Jedenfalls bemächtigte sich meiner eine gewisse Form des Wahnsinns, und ich begann, sie zu quälen. Bis dahin hatte ich ziemlich normal mit ihr gespielt, sie auf der Schaukel angeschubst, ihr beigebracht, wie man mit den Beinen Schwung holt, ihr gezeigt, wie man Häuser unter den Bäumen baut, wie ich es mit Angela gemacht hatte. Ich hatte mich sogar dazu herabgelassen, mit ihr Backebacke-Kuchen zu spielen. Langsam veränderten sich die Spiele. Zuerst ärgerte ich sie nur, doch wurden die Spiele allmählich so schlimm, dass ich sie zum Weinen brachte, und schon bald quengelte sie, ich solle sie ins Haus und zu Elizabeth lassen. Ich tat es nicht. Ich zerrte sie stattdessen in einen kleinen Orangenhain und hieß sie ihre Kleider ausziehen. Als sie weinte oder sich weigerte, schlug ich sie. Sie nahm eine Hand voll Erde und warf sie mir ins Gesicht. Ich bekam den Dreck in die Augen und hätte mich beinahe vergessen: Ich sah mich schon, wie ich ihr Erde in den Mund stopfe, bis sie daran erstickt, aber die Vorstellung erschreckte mich dermaßen, dass ich aufhörte. Da war noch etwas, das über mich kam. Es tauchte als klare, detaillierte Phantasie vor meinem geistigen Auge auf und ließ sich einfach nicht mehr verscheuchen. Ich sah mich einen Stock aufheben. Schau her, sagte ich mit einem schottischen Akzent, ich werde das so tief zwischen deine Schenkel rammen, dass es dir aus dem Mund wieder rauskommt. Sie sah zu mir auf, mit geschwollenem Gesicht, ihr Mund halb geöffnet, und das Entsetzen in ihren Augen traf mich wie Eiswasser. Ich kam wieder zu mir. Ich war völlig verwirrt. Ich wusste nicht, wer ich war – diese Person mit dem schottischen Akzent, war ich das? Oder gab es ein anderes Ich? Oder war es ganz einfach eine Verrückte, die meine Kleider trug? Ich half Susan, sich wieder anzuziehen und wischte ihr das Gesicht ab. Ich musste ihr nicht eigens einschärfen, mich nicht zu verpfeifen. Sie war damals schon im Bilde. Was mich betraf, so wusste ich nun, dass ich in ernsten Schwierigkeiten steckte, dass ich jemanden umbrächte, wenn mich nicht irgendetwas oder irgendjemand zuvor rettete.

Sieben

Wenn man Gaborone auf der Hauptstraße in südliche Richtung verlässt, gelangt man nach einiger Zeit an zwei weiße runde Mauern, die eine Viehsperre, ein über einer Grube im Boden eingelassenes Gitter, flankieren. Auf einem Hinweisschild steht ›Bonnington‹. Von dort führt ein langer Feldweg zu einem L-förmigen Haus.

Rechter Hand erheben sich große Silos wie Kirchturmspitzen und blicken auf ausgetrocknete und öde Landschaft herab. Aus diesen Silos wehen merkwürdige und scharfe Gerüche. Es riecht nach saurem Bier, gemischt mit Hefe und einem Schuss modrig-gärender Blumenabfälle. In den daneben liegenden Verschlägen hört man Schweine grunzen und sich suhlen. Vor dem Haus liegt ein Oval aus kräftigem Gras, das an der einen Seite von einer niedrigen, mit Bougainvilleen überrankten Mauer eingefasst wird, an der anderen Seite von einer schmalen Veranda, die sich über die ganze Länge des Hauses erstreckt. Die Rasensprenger sind angeschaltet, die tiefen Dellen im Gras verraten, dass und wohin sie von einem Barfüßigen versetzt worden sind. Braune und goldene Schildkröten durchstreifen gemächlich die Blumenbeete, die vor Kapuzinerkresse, Margeriten, roten Geranien und blauen Schmucklilien nur so aus den Nähten platzen. In der Ferne sieht man einige Maulbeerbäume und einen Tennisplatz, dahinter beginnen die eigentlichen

Felder, die durch lange Schlängelpfade miteinander verbunden sind.

Wenn man ein wenig in diese Richtung läuft, stößt man auf einen mit braunem Wasser gefüllten Stausee, in dessen Mitte eine Bauminsel hervorragt, auf der wilde Vögel nisten. Kleine Jungen springen mit angezogenen Knien von den Felsen ins Wasser oder ziehen Stöcke durch den Sand unter den afrikanischen Weiden, die den Stausee säumen. In der Nähe befindet sich ein großer Kral, der mit einem Zaun aus Dornenbüschen umgeben ist, damit das Vieh drinnen und die Hyänen draußen bleiben. Innerhalb dieses Zauns, der bei Sandstürmen davongefegt wird, bilden zerstreut liegende Häuser mit grasgedeckten Dächern eine kleine menschliche Siedlung. Die Frauen zerstampfen unter Dornenbäumen den Mais und trinken heißen, süßen Tee, während ihre Babys auf ihren Rücken schlafen. Ein Junge spielt auf einer Kinderflöte und scharrt mit den Füßen im Sand. Mistkäfer schieben riesige Lasten vor sich her und bewegen sich sorglos zwischen den Hufen der Ziegen. Hühner kratzen in der aufgeplatzten Erde, als gäbe es dort etwas zu finden, und die Hähne krähen den ganzen Tag.

Dies ist die Farm der le Cordeur, zumindest so, wie sie damals, als ich dort war, aussah. Sie lag nicht weit von Gaborone entfernt, doch kaum war man dort, hatte man plötzlich das Gefühl größerer Weite und Trockenheit. Wenn man erst einmal die kleine britische Enklave mit ihren Straßen und zurechtgestutzten Gärten hinter sich ließ, war man sofort wieder im Busch, und die Farm le Cordeur erschien wie eine Oase, die mittendrin lag. Es war ein zweites Maun, nur ohne den Fluss. Jeden Morgen schoss die Sonne am Himmel empor und blieb dann bedrohlich dort oben hängen, der Sand erstreckte sich in alle Ewigkeit, die Insekten gaben unbeirrbar ihre Klagelaute von sich, und die Luft nahm einem den Atem. Oft gab es Dürrezeiten, weshalb das Wasser in Reservoirs und Tanks gesammelt und nur sparsam verbraucht wurde. Wenn der Regen kam, war die Erde von einem Tag auf den anderen übersät mit Wildblumen. Dann gerieten wir alle, Schwarz wie Weiß, völlig aus dem Häuschen, schrien vor Freude, reckten die Arme dem Wasser entgegen, fingen die Regentropfen mit unserer Zunge auf. Wenn es gewitterte, hechteten die Afrikaner unter ihre Betten und versteckten sich dort, bis es vorüber war, und wenn man drinnen war, hörte man den Lärm des Regens, der so stark auf das Dach aus Eisenwellblech prasselte, dass man hätte glauben können, ein Betrunkener torkle über unseren Köpfen umher.

Nicht auszudenken, dass wir die Farm nie kennen gelernt hätten, wenn Angela nicht solche Schwierigkeiten in der Klosterschule von Mafeking gehabt hätte. Die Nonnen setzten ihr schwer zu. Sie konnten nicht begreifen, wieso ein irisches, katholisches Mädchen nichts mit der katholischen Kirche zu tun haben wollte. Angela widerstand jeder Aufforderung, in die Messe, zur Beichte oder zur Firmung zu gehen, während die Nonnen wild entschlossen waren, Angelas Willen zu brechen und sie wieder in den Schoß der Kirche zurückzuholen. Sie tyrannisierten sie, schüchterten sie ein, drohten ihr mit den Flammen der Hölle und dem Fegefeuer und legten ihr nachts, wenn sie schlief, Rosenkränze aufs Bett. Doch Angela ließ sich durch nichts einschüchtern. Sie stemmte sich mit ihrer ganzen Willenskraft gegen die Zumutungen der Nonnen und gab keinen Deut nach. Meine Mutter war wütend, während mein Vater Verständnis signalisierte. Dennoch sah es nicht gut für sie aus. Es schien mehr als wahrscheinlich, dass sie von der Klosterschule fliegen würde.

Ich glaube, dass es dieses schulische Problem war, das unsere Eltern und die le Cordeurs hatte Freunde werden lassen. Denn die le Cordeurs kannten ein gutes Internat in Johannesburg. Einen anderen Grund für die Freundschaft kann es nicht gegeben haben. Die Familie le Cordeur war aus Sicht meiner Eltern kein standesgemäßer Umgang – nicht unseresgleichen, wie meine Mutter mit Nachdruck sagte. Sie waren Landwirte, Hugenottenabkömmlinge, die im 17. Jahrhundert vom Kap landeinwärts gezogen waren, um den Briten zu entkommen. Diese frühen Hugenotten hatten sich mit den holländischen Siedlern vermischt und waren ins Zentrum des südlichen Afrikas gezogen, wo sie in einem Land, das sie leidenschaftlich liebten, Gehöfte und Kirchen errichteten. Dass man sich in Afrika so heimisch fühlen konnte, war ein Gedanke, der die Engländer, die England, wohin sie auch zogen, immer mitschleppten, in Erstaunen versetzte. So waren die le Cordeurs für meine Mutter und meinen Vater ein Rätsel, und zwar eines, dem man tunlichst nicht auf den Grund ging.

Gleich bei unserem ersten Besuch auf der Farm rümpfte meine Mutter, die einen kurzen Blick in das Zimmer, das sie Salon nannte, geworfen hatte, die Nase und warf den Kopf in den Nacken. Typisch holländisch, sagte sie, aber sie war dennoch mehr als erleichtert, dass sie uns für ein paar Monate hier lassen konnte, während sie mit meinem Vater und Susan auf einem Schiff von Union-Castle nach Hause fuhr. Wir verbrachten mehr als einmal die Sommerferien auf der Farm, aber es war der erste Aufenthalt, der mein Leben veränderte. In dem Moment, in dem ich meinen Koffer aus dem

Auto geholt hatte und meine Eltern abgefahren waren, begleitet von einer Horde räudiger, knurrender Hunde, wusste ich, dass ich einen Zufluchtsort erreicht hatte. Rena le Cordeur umarmte und küsste uns. Angela verschwand sofort mit Myfanwy, die etwa fünfzehn war, und ich blieb bei Rena. Sie führte mich an der Hand ins Haus. Mehr brauchte ich nicht. Wenn ich gekonnt hätte, hätte ich mich sofort auf ihrem Schoß eingerollt und mich die ganze Zeit über nicht mehr gerührt.

Sie führte mich in einen dunklen, kühlen Raum mit schweren Stühlen und Vorhängen und einem Klavier. Alles in dem Raum strahlte eine gewisse Ernsthaftigkeit aus. Die Luft war ein wenig abgestanden, die Vorhänge blockten die Sonne und das Licht nahezu vollständig ab. Auf dem Boden lagen Wollteppiche. Es roch nach Bienenwachs. Die Möbel waren ungewohnt. Es gab keine chintzüberzogenen Stühle und Queen-Anne-Tische; an den Wänden hingen keine ausgestopften Tiere, und Felle lagen auch nicht auf dem Boden. Der Raum schien mehr wie ein Salon, ein selten benutztes Zimmer. Rena brachte mich zu ihren Kindern, die sich gerahmt auf dem Klavierdeckel präsentierten. Sie erzählte mir ein wenig von den beiden älteren Mädchen, die nicht mehr im Elternhaus wohnten, und dann sprach sie von all den Jahren, in denen sie auf einen Sohn gewartet hatte. Nach meinen vier Mädchen, sagte sie, wurde mir ein Sohn geschenkt, und wir nannten ihn Danny-Boy. Er war genau der Sohn, den ich mir gewünscht hatte, mit rotem Haar und Sommersprossen. Rena war groß, mit schlanken Armen und Beinen, aber ihre Figur war sehr weiblich, mit schönen Rundungen um die Hüfte und am Busen. Sie hatte denselben sanften, mütterlich rollenden Gang wie die afrikanischen Frauen. Ihr Haar war lockig und braun, und ihre Augen hoben sich dunkel gegen ihre olivfarbene Haut ab. Während sie mir von ihren Kindern erzählte, fühlte ich, dass auch ich ihr Kind sein könnte. Ihr Herz war groß genug, um mich mit einzuschließen, und sie verstand es, eine Mutter zu sein. Sie hatte die Figur einer Mutter und das Lächeln einer Mutter. Schon allein der Gedanke, dass ich eine richtige Mutter gefunden haben könnte – keinen Fluss, kein Buschveld –, sondern eine Mutter nach Menschenart, gab mir das Gefühl, weniger aus der Bahn geworfen, fast normal zu sein.

Durch die zum Hof hin halb offene Tür drang afrikanisches Gelächter. Im Ofen briet langsam Wildbret, und in dem Duft nach Fleisch schwang auch eine zarte, wohlriechende Erinnerung an die Landschaft mit. Bratet ihr das Fleisch mit Rosmarin?, fragte ich sie. Ach, erwiderte sie freudig, du verstehst schon etwas vom Kochen. Ich gebe immer Rosmarin und ein kleines Lorbeerblatt dazu. Meine Mutter hat eine kleine Rosmarinpflanze im Garten, erklärte ich. Ah, sagte sie, dann hat dir deine Mutter das Kochen beigebracht? Nein, sagte ich und schaute weg, meine Schwester. Im Radio spielte afrikanische Musik, was bei uns zu Hause nicht erlaubt gewesen wäre. Ich warf einen Blick in die Küche, worauf die Frauen aufschauten und mich anlächelten, bevor sie sich wieder an die Arbeit machten. Im Haus gab es keine männlichen Bediensteten, sondern lediglich *Damara*-Frauen, die in der Küche arbeiteten. In ihren Baumwollkleidern im Queen-Victoria-Stil, mit den eng anliegenden Miedern und weiten, gestuften, roten, blauen und gelben Röcken, waren sie auffällig wie Pfaue. Sie waren etwa hundert Jahre zuvor aus Namibia, das damals zu Deutschland gehörte, eingewandert und hatten die Kleidung ihrer Unterdrücker einfach weiter getragen. Und nun waren sie da, arbeiteten in der hellen Küche und sahen aus, als wären sie einer anderen Zeit entsprungen. Unter ihren *doeks*, kunstvollen, gefalteten Häubchen, an denen große, glitzernde Broschen steckten, sah ich heitere, schöne Gesichter.

Komm, sagte Rena, du wirst sie noch kennen lernen, und sie werden einen Namen für dich finden. Gemeinsam gingen wir einen langen Flur entlang, von dem ein Zimmer nach dem anderen abging, vorbei an dem Schlafzimmer, das Rena mit Dan le Cordeur teilte, an einem kleinen Badezimmer bis zu einem langen Schlafsaal, in dem vier Betten standen. Zwischen den Betten waren jeweils Kommoden aufgestellt, deren blass-hölzerne Abstellflächen ein gehäkeltes Deckchen zierte. Durch kleine, hochgelegene Fenster fielen der Himmel und das Sonnenlicht herein und malten kleine blaue Quadrate auf die ansonsten weißen Wände. Das Haus war eine einzige Zimmerflucht, die durch einen Korridor verbunden war. Es wirkte wie ein Lagerhaus, was es ursprünglich auch gewesen war. Die Basis des »L« war angebaut worden – um das Haus nach seinen Bewohnern benennen zu können und es unter einen glücklichen Stern zu stellen.

Vom ersten Tag an hatte ich das Gefühl, dass Rena Balsam für meine Wunden war. Ihre Freundlichkeit und selbst die Sanftheit ihrer Stimme waren anfänglich schwer zu ertragen, und wie um sie zu warnen, brach es aus mir hervor, dass ich ein böses Kind sei, oder deutete ich an, dass ich die kleinen Geschenke, mit denen sie mich überhäufte, nicht verdient hätte: weder die kleine aus Muscheln gefertigte Schachtel, noch den schmalen Armreif aus Elfenbein noch die kleine goldene Kuh mit dem grünen Auge. Darauf wandte sie sich mir jedes Mal mit einem Ausdruck der Verwirrung zu und sagte: Aber wo gibt es denn ein Kind, das böse ist?

Es war Mittagszeit, und sie hatte den Laden für eine Stunde geschlossen und war nach Hause gekommen, um zu sehen, wie ich mich im Haus zurechtfand. Wir standen in der Küche, sie bestrich mir gerade ein Scheibe schweres, selbstgemachtes Brot dick mit Butter und Chutney. Während sie ein paar Scheiben kalten Wildbraten, kleine Zwiebelringe und Gurken auf das Brot legte, beobachtete sie mich. Ich stand ein wenig unbeholfen neben ihr. Sie ließ die Bediensteten immer zum Mittagessen in ihren Kral gehen, und ohne sie schien die Küche sehr still. Dem schweren, altmodischen Herd entströmten Hitzeschwaden, als sei er eine Dampflock. Wir beide waren allein im Haus. Die anderen drei Mädchen, Myfanwy, Angela und Vyvyan, die in meinem Alter war, waren mit Dan le Cordeur aufs Feld gefahren. Ich hatte beschlossen, zu Hause zu bleiben. Ich hatte sogar ausgeschlagen, mit Rena zum Laden zu gehen, als sie es vorgeschlagen hatte. Setz dich, sagte sie. Du warst den ganzen Morgen alleine hier. Warum bist du nicht mit den anderen gegangen? Ich brauche Zeit für mich, sagte ich. Sie nickte, sagte aber nichts. Ich bin es nicht gewohnt, mit Leuten zusammen zu sein, sagte ich, bevor ich mein Gesicht tief in das Sandwich versenkte. Ja, sagte sie sanft, aber du wirst dich an uns gewöhnen, mach dir da keine Sorgen.

Ich konnte mich nicht daran gewöhnen, mit so vielen Menschen zusammenzuleben. Ich wusste nicht genau, wie ich mich Vyvyan gegenüber, die durchaus still und freundlich war, verhalten sollte, und noch weniger konnte ich mit

Myfanwy, ihrer älteren Schwester, umgehen, die so ganz anders war als alle Menschen, die mir bis dahin über den Weg gelaufen waren. Sie war dunkel und schön und sehr einschüchternd. Morgens hakte sie ihren BH vor dem Bauch zu, fuhr mit den Armen durch die Träger, lehnte sich nach vorne und ließ ihre ausladenden Brüste in die Körbchen fallen. Die Selbstverständlichkeit, mit der sie mit ihrem Körper umging, beunruhigte mich. Ihre kräftige, klare Stimme, ihr Lachen und ihr unerschütterliches Selbstvertrauen waren niederschmetternd. Ich beobachtete sie mit offenem Mund. Sie konnte schießen, Traktor und Lastwagen fahren, mit den Hunden im Gras raufen, die Rinder brandmarken und besprayen und ihrem Vater in jeder verdammten Hinsicht das Wasser reichen. Sie war wie ein Sohn für ihn, ohne dabei im Geringsten wie ein Mannweib zu wirken.

Neben Myfanwy verblasste der eigentliche Sohn der Familie. Der von seiner Mutter lang ersehnte und viel geliebte Sohn Danny-Boy war schmächtig für sein Alter und sehr still. Er schien in einer Traumwelt zu leben und hielt sich fern von uns. Im Strom meiner Erinnerungen ist er schwer auszumachen, als habe er sich am Rande unseres Lebens, außer Sichtweite aufgehalten. Er sah dem Rest der Familie nicht einmal äußerlich ähnlich, und auch emotional passte er nicht zu ihm: in sich gekehrt und auf der Hut, abgeschottet in seiner eigenen Welt, schien er vor seinem Vater Angst zu haben. Dans Art, mit ihm umzugehen, gefiel mir nicht sonderlich. Man hatte den Eindruck, als wolle er den armen Jungen in Grund und Boden stampfen. Als Rena und ich in der Küche waren, wusste sie nicht, wo Danny-Boy war, und das erstaunte mich. Ach, ist schon in Ordnung, sagte sie. Er verschwindet gelegentlich in den Busch. Er geht nicht gerne mit aufs Feld, hat für das Kastrieren und Brandmarken nicht viel übrig – und das haben sie heute vor. Er macht sich dann einfach davon, kurz bevor sein Vater im Truck auftaucht, um die anderen abzuholen. Wir haben uns mittlerweile daran gewöhnt.

Ihr Blick ruhte für einen Moment auf meinem kurzen und abgehackten Haar. Gefällt es dir so, so kurz? fragte sie. Ihre Töchter trugen ihr Haar allesamt hüftlang. Vyvyan hatte langes, goldenes Haar, das sie jeden Morgen nach vorne warf und ruckzuck, in zwei Minuten, zu Zöpfen flocht. Meine Mutter will, dass ich mein Haar kurz trage, sagte ich nervös, sie erlaubt uns nicht, unser Haar lang wachsen zu lassen. Schneidet sie euch denn selbst die Haare?, fragte sie und berührte meine Haarspitzen, bevor sie mir mit der Hand durchs Haar zum Nacken fuhr. Muss ich, fragte sie zögernd, dafür sorgen, dass dein Haar so kurz bleibt, solange du bei uns bist? Ich bin nämlich nicht gut im Haarschneiden. Sie schaute mich an, und ich sprang sofort darauf an: O nein, jetzt, wo ich hier bin, muss ich es eben einfach wachsen lassen. Sie nickte. Gut, wenn es das ist, was du beschlossen hast, sollten wir es aber bürsten, jeden Tag, morgens und abends, damit es keine Knötchen bilden kann. Schau mal, wie fein und hübsch dein Haar ist. Es hat nur noch nie die Gelegenheit gehabt, sich so zu sehen. Und übrigens, fuhr sie fort, da sie zweifellos bemerkt hatte, dass ich wie eine räudige Katze stank, ich habe auch ein wenig Pinienöl. Warum nimmst du nicht jetzt, wo es so ruhig im Haus ist, ein Bad mit schön viel Öl?

Ich wollte nur noch bei Rena sein. Wenn ich in ihrer Nähe war, schien sie mich an sich zu ziehen und mich zu beschützen. Ich begleitete sie jeden Morgen über den verwahrlosten

Pfad, der von Dornenbüschen und niedrig gewachsenen Akazienbäumen gesäumt war, zum Laden, den wir gemeinsam öffneten. Der Laden hatte zur Hauptstraße hin eine niedrige Veranda, auf der die Afrikaner mit ihren Bündeln und Kindern saßen und auf sie warteten. Wenn die Afrikaner erst einmal im Laden waren, verbrachten sie Stunden darin, im Schatten und umgeben von all den Dingen, die sie am allerliebsten besessen hätten. Sie begutachteten und verglichen die Stoffballen, indem sie das Material zwischen Daumen und Zeigefinger wie Tabak rieben, und nahmen die schweren Decken, Töpfe und Pfannen aus dem Regal, um sie genau zu inspizieren. Sie wollten schauen, berühren und bewundern. Der Platz auf dem Boden wurde fast vollständig von Säcken mit Mais, Erdnüssen, Zucker und Milchpulver eingenommen. Von der Decke hingen Fahrradschläuche, Eimer und Waschbretter. Kinder rannten rein und raus und beäugten die Gläser mit Süßigkeiten, die hinter der Glastheke standen. Die Tage waren lang, und gegen Ende sah Rena müde aus und hatte dunkle Ringe unter den Augen. Warum musst du jeden Tag hier arbeiten?, fragte ich sie. Weil der Laden sonst in kürzester Zeit leer geräumt wäre, deshalb. Menschen, die nichts haben, stehlen nun einmal. Ja, das würde ich auch tun.

Ich saß an ihrer Seite in einer Ecke, während sie strickte. Sie hatte ein Knäuel weißer Wolle, das sie in einem kleinen Musselinbeutel aufbewahrte, und während ihre Finger über die klackernden Nadeln rasten, hielt sie von Zeit zu Zeit inne, um sich Johnson's Babypuder über die Finger zu stäuben. Dieses Strickritual half dabei, die Fliegen, den Staub, der sich überall ausbreitete, den Lärm, den Geruch und die Eintönigkeit der Tage auszuhalten. Ich hatte an jenem Tag lange so bei ihr gesessen, auf meinem kleinen Hocker in der Ecke, und keiner von uns beiden hatte viel gesprochen – so schwer lastete der Tag, und so einschläfernd war die trockene Hitze und Muffigkeit des Ladens –, als es plötzlich, wie ich ihre weiche Haut und ihr entspanntes Gesicht beobachtete, aus mir herausbrach: Ich wünschte, du wärst meine Mutter, brachte ich keuchend hervor. Sie schaute nicht von ihren Nadeln auf, aber sie lächelte ein wenig und sagte mit ihrer ruhigen, sanften Stimme, wieso nur, wo du doch eine so elegante Mutter hast? Die Art, wie sie es sagte, und das Lächeln, das sie mir zuwarf, ohne jede Zensur und voller Verzeihen, reduzierte das Ausmaß meines Verrats.

Eines Tages fuhr ein weißer Mann vor und betrat den Laden. Das wird wohl Willie Swart sein, sagte sie, ohne aufzuschauen. Ich schaute ihn neugierig an. Weiße kamen nur in den Laden, wenn sie fremd waren und nach dem Weg fragen wollten. Wie geht's Missus?, wandte er sich auf Afrikaans an Rena. An seiner Kopfform erkannte man sofort, dass er Bure war: oben flach, das Kinn schmal und vorstehend. Die Form deutete, so mein Vater damals, auf ein sehr kleines Gehirn hin. Er hatte schmale, unglückliche Augen, tiefe Falten im Gesicht, und seine Haut war sehr dunkel und trocken. Er fing an, sich zu beklagen – über die Schwarzen, über die Briten, über den Mangel an Regen, über das Ausgehen seiner Futtermittel –, und nachdem er erst einmal angefangen hatte, schien er kein Ende finden zu können.

Rena erkundigte sich nach seiner Frau. Wie geht's Bunny?, fragte sie. Ich wollte sie schon die ganze Zeit besuchen. Ich fahre heute hin, wenn sie zu Hause ist. Sie ist da, erwiderte er brüsk, sie ist immer da. Rena fragte ihn, ob er etwas aus dem Laden brauche, und er ratterte seine Bestellung herunter und bat sie am Ende, es anzuschreiben. Sie schüttelte den Kopf. Du hast schon eine ganze Menge anschreiben lassen, Willie. Er reagierte erregt. Hey, Mann, ich bezahl die Zeche am Ende der Woche, so wahr ich hier stehe. Ich bin dabei, ein paar meiner Kühe loszuwerden. Das Geld kann jeden Tag reinkommen. Rena sah ihn mit einer Mischung aus Beschämung und Mitleid an und schaute dann weg. Scharf wandte sie sich an den Schwarzen, der zugehört hatte: Geh und bring die Bestellung des *Baas* zu seinem Jeep. Der Schwarze lächelte süffisant und machte sich ganz langsam daran, die Bestellung auszuführen.

Als es am späteren Nachmittag kühler war, gingen wir Willie Swarts Frau besuchen. Ich wollte mitfahren, weil ich ihren Sohn, Dawie Swart, kannte. Er war mit mir in Gaborone zu Miss Klopper in den Schulunterricht gegangen und wohnte bei ihr, da die Verhältnisse bei ihm zu Hause so zerrüttet waren. Ich hatte von der Geschichte gehört, aber keine Einzelheiten erfahren. Er war der erste Junge, der mir einen Blumenstrauß schenkte, doch gesprochen hat er nie, obwohl ich wusste, dass er es konnte. Rena nahm den Truck, und wir fuhren ein wenig Richtung Busch hinaus und dann eine mit Schlaglöchern durchsetzte Straße entlang, bis zu einem rostigen Gatter. Nachdem ich es geöffnet hatte, folgten wir einem ausgefahrenen Pfad, der mit Unkraut und Kletten überwuchert war. Am Ende des Feldwegs lag eine einsame Farm mit Maisfeldern und einer kleinen Viehherde. Sie war auf ein paar dürre Kühe zusammengeschrumpft. Auf der einen Seite des Hauses konnte man sehen, wie das Unkraut auf dem Vormarsch war und die Maispflanzen zurückdrängte; die Pflanzen waren klein und schmächtig und sahen nicht so aus, als könnte aus ihnen noch etwas werden. Ein paar Hühner, die noch nicht gestohlen waren, gackerten und stoben in alle Richtungen davon. Eine tote Kletterpflanze ließ ihre braunen Blätter über die Fenster eines heruntergekommenen Hauses hängen, dessen Veranda von einem Moskitonetz umspannt wurde. Einige wilde Hunde knurrten uns an, rannten jedoch davon, als ich einen Stein nach ihnen warf. Aus einem der offenen Fenster klang Klaviermusik zu uns herüber; wehmütig und traurig. Sie spielt den ganzen Tag Klavier, sagte Rena. Wir gehen gleich zu ihr hinein, aber erst möchte ich dir noch sagen, dass du keine Angst zu haben brauchst. Sie ist Davies Mom, und ihr geht es gar nicht gut. Ich weiß, sagte ich, man sagt, sie sei verrückt. Ja, nun, die Leute erzählen viel, meinte Rena leise, aber was wissen wir schon über die Geistesverfassung eines anderen oder was das Leid aus ihnen gemacht hat?

Obwohl Rena ein paar Mal laut rief, erschien niemand an der Tür. So nahm sie mich einfach an der Hand und ging mit mir durch etwas, das einmal eine Fliegengittertür gewesen war, und folgte der Musik. Mrs. Swart oder Bunny – ein englischer Name, wie ich schon damals wusste – saß auf einem Hocker vor dem Flügel. Der Instrumentendeckel wurde durch einen Mopani-Ast offen gehalten. Sie saß dort in einem schmuddeligen, dunklen Kleid, über die Klaviatur gebeugt, und wiegte sich mit zur Seite geneigtem Kopf leicht hin und her. Wir standen in der Tür und sahen ihr eine Weile zu. Ich schaute mich in dem Raum um, dessen Wände einzustürzen drohten und in dem überall Kothäufchen herumlagen. Auch Sand hatte sich hierher verirrt und lag als weiche Verwehung in den Ecken; zerrupfte Bündel von Dornbuschzweigen lagen hier und da wie kratzige Kränze herum. Rena lehnte sich zu mir herüber und flüsterte: Sie hat früher immer in der Kirche gespielt und auch auf Kinderfesten, aber nachdem es zum ersten Mal passiert war, brachte sie es nicht mehr über sich, und als es dann immer wieder geschah, wollte sie keinen Menschen mehr sehen, und nachdem dann das passiert war, haben sie auch die anderen gemieden. Nachdem was passiert war?, zischte ich. Rena schien mich nicht gehört zu haben. Ich glaube, sie spielt, um sich hier draußen am Leben zu halten, während der Busch immer näher rückt, die Maispflanzen im Dreck verenden und die Dornbüsche auf der Straße immer höher wachsen. Willie kommt nicht mehr hierher; niemand besucht sie noch. Rena sprach über die Frau, als sei sie taub, als sei sie gar nicht da, und das störte mich.

Schließlich drehte sich die Frau am Flügel um. Rena hielt meinen Arm fest, beinahe, als wolle sie mich ein wenig im Hintergrund halten, während sie auf die Frau zuging und beruhigend auf sie einredete. Es ist alles in Ordnung, Bunny, wir sind nur vorbeigekommen, um dich kurz zu besuchen, keine Sorge. Bunny schien sie nicht zu hören. Ihr Haar musste einmal so golden wie das meiner Mutter gewesen sein, aber mittlerweile war es mit weißen Strähnen durchzogen und ganz verfilzt. Ihr englischer Teint war verpanscht, und ihre blassen blauen Augen erinnerten mich an die ausgeblichenen, blinden Augen, die ich einmal bei einem sehr alten, schwarzen Mann gesehen hatte. In ihren Augen spiegelte sich eine Niederlage, wie sie fürchterlicher und vereinsamender nicht sein könnte, aber als sie zu sprechen begann, überraschte mich ihre kultivierte englische Stimmführung, die hell und melodisch war. Wie nett, dass Sie vorbeischauen, sagte sie. Möchten Sie sich nicht setzen? Als wir uns umschauten, weil es nichts gab, worauf man sich hätte setzen können, stand sie auf und bot uns ihren Klavierhocker an. Wie ein Blitz schoss ich nach draußen, das Herz schlug mir bis zum Hals, in meinem Kopf drehte sich alles. Die gespenstische Leere in ihren Augen, dieser Blick aus einer anderen Welt – es war mehr, als ich ertragen konnte.

Als Rena in die Sonne zurückkam, saß ich im Wagen und stierte aus dem Fenster, ohne etwas zu sehen. Sie blieb eine Weile still neben mir, bevor sie den Motor anließ. Sie hat dir wohl ziemlich viel Angst eingejagt, was?, fragte sie mich und strich mir über den Arm. Ich nickte. Es tut mir Leid, sagte sie. Ich wusste nicht, dass sich ihr Zustand so verschlechtert hat. Renas Stimme hatte weder Klang noch Hoffnung. Ich zögerte meine Frage eine ganze Minute hinaus, bevor ich sie stellte: Sieht so eine Verrückte, die aus England stammt, aus? Ich starrte sie unverwandt an, während sie nachdachte. Was bedeutet verrückt für dich? Glaubst du, dass man es an einem bestimmten Aussehen erkennen kann? Ich konnte nicht antworten; ich wusste es nicht; ich verspürte nur grenzenloses Entsetzen.

Als wir durch das Gatter fuhren und die zerfetzten Reben und die zerfallende Veranda hinter uns ließen, kamen wir an dem Kral vorbei, in dem Willie Swarts Arbeiter mit ihren Familien lebten. Hunde verfolgten bellend unseren Truck, einige Afrikaner schauten auf und beobachteten mit ausdruckslosem Gesicht, wie wir vorbeifuhren. Eine kleine Bande von Gören rannte uns rufend und winkend hinterher. Entsetzt entdeckte ich, dass eines der Kinder weiß war, und dann sah ich noch ein weißes, ein winziges Mädchen, das zusammen mit den schwarzen Kindern durch den Staub lief. Hey, sagte ich zu Rena und drehte mich, so weit ich konnte, um, um sie im Blick zu behalten, da sind auch Weiße dabei.

Nein, sagte sie, die sind nicht weiß. Ich schaute wieder hin. Sie sahen nicht aus wie die Albinos, die sich in den Hügeln versteckten und gesteinigt wurden, wenn sie ins Dorf kamen. Ich wusste, wie die aussahen. Dies hier waren eindeutig weiße Kinder. Aber die sind so weiß wie ich, wandte ich ein. Nein, sagte sie, die sind nicht weiß. Sie sind gar nichts. Ich wandte mich ihr zu und starrte sie an. Aber wo gibt es denn ein Kind, das gar nichts ist?, fragte ich sie. Sie schlug die Augen nieder und schaute errötend weg.

Da die Straße tiefe Schlaglöcher hatte, musste sie das Tempo drosseln. Die hinter uns herlaufenden Kinder holten auf, und eines von ihnen, ein kleiner Junge von ungefähr acht Jahren, kam dem Truck sehr nahe und blieb dann stehen. Sein Gesicht war hasserfüllt, als er einen Stein aufhob und ihn mit aller Gewalt dem Truck nachschleuderte. Er traf den Wagen auf meiner Seite mit einem hohlen Knall. Rena reagierte nicht, ihr Mund und ihr Kiefer verrieten jedoch ihre Anspannung. Wir schwiegen und fuhren weiter, kamen an einem anderen Kral vorbei, der es sich in seinem friedlichen Abendritual gemütlich machte. Die Kinder trieben das Vieh und die Ziegen herein, und Feuer brannten, als die Sonne am Horizont hinunterglitt. Willie Swart ist ein Säufer, sagte Rena, als würde das alles erklären. Als ich sie weiterhin anschaute, fuhr sie fort: Die Kinder, die du vorhin gesehen hast, sind seine. Er schläft mit *Kaffer*frauen.

Acht

Dan le Cordeur schloss mich in sein Herz, aus welchem Grund auch immer. Mit Angela verdarb er es sich sofort, aber mir gefiel seine Energie, und außerdem war er nett zu mir. Und so kam es, dass er mich, wann immer ich mich von Rena losreißen konnte, ermunterte, mit ihm auf die Felder zu fahren und die Farm zu inspizieren. Er nannte mich *Groen Oogies*. Mit deinen grünen Augen, sagte er, wirst du die jungen Männer eines Tages noch in den Wahnsinn treiben, das sag ich dir, Mädchen. Wenn ich neben ihm im Truck saß, erzählte er mir, wie er die Farm dem dürren Boden abgerungen hatte – wie sie zusammen gepflügt, gesät und Vieh gekauft, es gezüchtet, verkauft und so allmählich eine gute Herde aufgebaut hatten. Was du hier siehst, nur dieser schmale Streifen, sagte er, ist auf dieser Seite das einzige Stück Land, das etwas taugt. Sonst wächst hier nirgends etwas. Ich habe es nur mit knapper Not geschafft, ich sag's dir, und ich musste Gott weiß was tun, um überhaupt so weit zu kommen, Dinge, die man deinem Vater und seinen *Rooineks* am besten erst gar nicht erzählt. Nein, wirklich nicht, sonst bekäme ich Schwierigkeiten. Er zwinkerte mir zu. Da hat Geld den Besitzer gewechselt, meinte er vorsichtig, und auch anderes ist passiert. Er mochte meinen Vater nicht, so viel war klar, und er mochte auch seinesgleichen nicht. Er wollte hier draußen leben und genau das tun, was ihm passte, und er hatte nicht vor, sich dabei von irgendwelchen Briten Vorschriften machen oder Beschränkungen auferlegen zu lassen.

Anfänglich dachte ich, hier wächst nie etwas, sagte er, und das Vieh, das ich bekommen konnte, war wertlos. Diese ersten Jahre, ich sag's dir, Armut kann man das schon gar nicht mehr nennen. Wir waren im selben Boot wie die *Kaffer*. In dem Haus war nichts, also schliefen wir auf dem Boden, ja, ehrlich, ungelogen, wir hatten nichts. Ich nannte ein einziges Hemd mein Eigen und hatte eine Frau, die immerzu versuchte, es mir vom Rücken zu reißen, um es jemandem zu geben, der noch weniger hatte. Nee, die Zeit möchte ich nicht noch mal erleben. Die *Kaffer* waren frech und faul. Wir mussten mit so einem uralten Teil pflügen, das von Ochsen gezogen wurde – ja, wie anno dazumal. Er lachte. Heute glaubt mir keiner, wenn ich erzähle, wie's damals war. Ich hätte nie gedacht, dass wir es schaffen, so wahr mir Gott helfe, und das hätten wir auch nicht, wenn ich nicht meinen Engel gehabt hätte; ohne Rena hätten wir das nicht durchgestanden. Wir arbeiteten zusammen, Seite an Seite, sie kniete mit im Dreck, um den ersten Mais zu pflanzen, und wir beteten zu Gott, dass die Dürre nicht anhalten würde, dabei war sie damals hochschwanger, ja, die Babys kamen eins nach dem anderen, und sie hat einfach an meiner Seite weitergearbeitet, so wie jetzt auch, nur dass sie jetzt den Laden macht. Einmal, als der Arzt kam, um sie zu entbinden, dachten wir, sie würde sterben, ja, so knapp war's wirklich, und der Arzt nahm mich beiseite und meinte: Dan, wen soll ich retten, deine Frau oder dein Kind? Ich sah ihn an und sagte: Rette sie beide und spute dich gefälligst. Da lag sie, mein Engel, meine Liebste, und hatte furchtbare Schmerzen, ihr Gesicht ganz schweißig und blau, und da stellt er mir eine derart beschissene Frage. Rette sie beide, hab ich ihm gesagt. Und er wusste, dass er gut daran tat.

Er raste über die unebenen Pisten und hielt die Unterhaltung mühelos in Gang. Noch immer betrachtete er sein Land mit Erstaunen, als könnte er es kaum glauben, dass es tatsächlich ihm gehörte. Bei solchen Fahrten war sein Fenster stets heruntergekurbelt, sein Ellbogen ruhte im Fensterrahmen, den Unterarm winkelte er nach oben ab und trommelte mit den Fingern auf das Wagendach. Er hatte blondes, lockiges Haar, intensive, bernsteinfarbene Augen und ein breites, verführerisches Lächeln mit Grübchen in den Wangen. Er war klein gewachsen, schmal gebaut und gedrungen, dabei so stark und muskulös, dass seine Statur dennoch massig wirkte. Sooft wir ein Gatter erreichten, hielt er an, ließ mich aus dem Wagen springen, die Drahtschlinge heben, das Gatter aufdrücken und mich wie ein Trittbrettfahrer auf ihm zur anderen Seite schwingen, bevor ich es wieder schloss und in den Wagen zurückkletterte. Hast du's auch *goed* zugemacht?, lautete seine stereotype Frage. Ich nickte jedes Mal. Das will ich dir auch geraten haben, sonst kommst du in Teufels Küche. Während wir über die welligen Wege fuhren, trafen wir gelegentlich auf afrikanische Kinder, die ein oder zwei Ziegen hüteten. Dan hielt für gewöhnlich an, sprach sie auf Setswana an und erkundigte sich, wohin sie gingen. Er wusste immer, aus welchem Dorf sie stammten, und kannte ihre Namen. Ich kenne alle meine *Kaffer*, sagte er. Wir leben im Grunde miteinander wie eine Familie. Sie lieben mich wie einen Vater und ich sie wie meine Kinder.

Ab und an kletterte auch schon mal ein Kind hinten auf den Truck, oder es hielt uns eine Frau mit schwerem Gepäck auf dem Kopf an und ließ sich mitnehmen. Wenn er an einem Tier vorbeikam, das den Kontakt zur Herde verloren hatte, hielt er an, um zu sehen, ob es zu seinem Viehbestand gehörte, und wenn es krank oder klein war, hievte er es auf die Ladefläche. Einmal entdeckte er eine Kuh mit einem gebrochenen Bein; er stieg aus dem Truck und erschoss sie. Ein anderes Mal lief ihm eine Mamba über den Weg, als wir uns gerade auf der Suche nach einer Ziege, die Junge geworfen hatte, in einer tiefen Wasserrinne befanden. Dan jagte ihr ohne großes Federlesen eine Kugel in den Kopf.

Die Nilpferdpeitsche im Dreck zu meinen Füßen schlitterte durch das Schaukeln des Wagens hin und her. Sie bestand aus einem festen Griff und einem dünnen Seil aus Rhinozeroshaut, an dessen Ende ein Knoten war, mit dem man Mensch und Tier ein kleines, erbsengroßes, rundes Stück Fleisch hätte wegpeitschen können. Wenn wir losfuhren, war das Seil immer fest um den Griff gewickelt, doch binnen kurzem machte es sich los, lag entfesselt zu meinen Füßen und schlingerte mit dem Wagen hin und her. Ich hielt meine Füße davon fern, was Dan, aufmerksam, wie er war, bemerkte. Er lachte. Du hast Angst vor dem Ding, nicht wahr? Ich bring dir bei, wie man damit umgeht, und dann brauchst du keine Angst mehr davor zu haben. Ich muss dir auch das Schießen beibringen, und wenn wir dann nachts rausfahren, kannst du auch mal selbst töten. Ja, gefällt dir die Idee? Ganz allein zu töten.

Auf einer dieser Fahrten erklärte mir Dan, was Sache war, wie er die Dinge sah. Weißt du, Mädchen, in einem Land wie diesem, bei einem Volk wie diesem muss einfach einer der Boss sein. Jawohl. Es ist genau wie mit den *Kaffer*hunden, die zu uns kommen: Erst sind sie im Busch, und dann plötzlich steht er auf der Schwelle zu meinem Hof und schaut herüber, hungrig, bis auf die Knochen abgemagert. Er hat seit Tagen nichts gefressen oder gesoffen, und es ist die reine Not, die ihn aus dem Busch zu uns treibt, weil er sonst sterben würde. Was fange ich also mit so einem wilden Hund an? Er hat seine eigene Evolution noch nicht abgeschlossen, und ein schönes Stück Weg liegt noch vor ihm. Da steht er also, in meinem Hof, schaut mich mit wilden Augen an, halb verrückt vor Hunger, mit eingezogenem Hinterteil und gesenktem Kopf. Ich sehe ihn und hasse ihn für das, was er ist. Ich hasse die Art, wie er mich ansieht. Und er hasst mich auch. Wenn er könnte, würde er mich umbringen, aber er weiß, dass ich das überlegenere Tier bin. Und wenn er es nicht weiß, muss ich es ihm zeigen.

Was also muss ich tun? Er ist ein Teil der Wildnis, das herein will. Was muss ich tun? Er drehte sich zu mir um, sah mich an, und als ich nicht antwortete, gab er selbst die Antwort. Ich muss ihn zähmen, ja, das muss ich, und ich kann ihn nicht zähmen, ohne ihn bekämpft und gebrochen zu haben, damit er weiß, wer der Herr ist. Ja, ich muss ihn mit bloßen Händen bekämpfen, ihn dazu bringen, sich zu unterwerfen, nur so kann es Frieden zwischen uns geben. Und ich tue es, Mädchen, nicht aus Grausamkeit, sondern weil er eine Gefahr darstellt, solange er ungebrochen meiner Tür so nahe kommt. Weil er sonst meine Hühner reißen und die Kleinen beißen, meine Hunde anfallen und die Ställe zerstören wird, um an die Schweine zu kommen. Nein, wenn er mein Terrain betritt, muss ich dafür sorgen, dass er sich meiner Herrschaft unterwirft, und um das zu erreichen, muss ich ihn mit bloßen Händen bekämpfen. Ich schaute ihn an. Wie willst du ihn mit bloßen Händen bekämpfen, ohne dass er dich beißt? Ach, was, sagte er, erst muss ich ihm das Maul stopfen, dann muss ich ihm die Beine festbinden oder ihn mit der Nilpferdpeitsche bearbeiten, doch vor allem muss ich ihm Gottesfurcht eintrichtern, so dass er schon teilweise gebrochen ist, bevor ich ihn überhaupt berühre. Und dann, fragte ich, was ist, wenn er erst einmal gebrochen ist? Ach, grinste er breit, dann habe ich ein Tier, das ich in meinem Hof halten kann.

Manchmal, sagte er leise, ja, manchmal wird er so tun, als liebe er mich, aber bei Gott, er liebt mich nicht. Wenn er meine Hand leckt, dann nur, um an das Salz zu kommen und nichts weiter. Zwischen uns gibt es keine Liebe, nur Gehorsam. Und dann kommt eines Tages der Moment, da das Gatter offen steht und sein Bauch *propvol* ist, und dann kehrt er dorthin zurück, wo er hergekommen ist. Er flieht weit ins Veld, wo er wirklich frei ist, genau wie es die alten Buren getan haben, als sie vor den *Englishers* flohen. Der Hund jedenfalls muss dorthin zurück, denn da gehört er hin, und das ist der Ort, an den er immer wieder wird zurückkehren müssen.

Wir waren bei den Feldern angekommen. Endlose Reihen von Maispflanzen zitterten wie in den Boden gerammte Speere in der klaren Luft. Es war stinkend heiß, kurz vor Mittag. Schwarze Männer saßen unter einigen spärlich belaubten Bäumen in der Hocke, mit hängenden Köpfen. Staub aufwirbelnd kamen wir in ihrer Mitte zu stehen. Die Reifen knirschten im Sand, und für einen Moment hoben sie die Köpfe. Dan war wie ein Blitz aus dem Wagen und schaute auf die Männer, die im Sand hockten. Einige standen auf und klopften sich den Sand ab, andere nahmen ihre Hacken in die Hand. Dan dampfte in seiner bulligen Art auf sie los, wie ein Boxer, dessen Arme die Deckung aufrechterhalten. Wo ist mein Boss-Boy?, brüllte er. Wo verdammt noch mal versteckt er sich? Er wirbelte herum zu denen, die noch saßen. Und warum sitzt ihr *Kaffer* immer noch im Schatten? Glaubt ihr etwa, ich komme und bringe Mittagessen und Bier? Er klang gutmütig, versuchte, sie aufzumuntern. Dabei stand er keine Sekunde still. Oder habt ihr vergessen, dass die LKWs um ein Uhr kommen? Aber vielleicht habt ihr *Kaffer* auch gedacht, es sei Sonntag, hey? Sie waren stumpf und teilnahmslos, völlig erschöpft – in einem Trancezustand, aus dem keines seiner Worte sie herauszureißen vermochte.

Der Boss-Boy erschien am Rande des Feldes, wo das Grün auf die graue Erde stieß. Er ging langsam. Er war groß, wirkte gelenkig und kam mit bloßem Oberkörper, die Haut nass vor Schweiß und das Gesicht grau vor Hitze, auf uns zu. Auf seinem Kopf trug er als Sonnenschutz ein ehemals weißes Taschentuch, das mittlerweile schmuddelig, weich vor Talgfett und an den Ecken geknotet war, damit es eng an seinem Kopf anlag. Er stellte sich vor Dan. *Baas?*, war alles, was er sagte. Dan wandte ihm seine ganze Aufmerksamkeit zu. Johannes, was ist hier los, Mann? Er deutete auf den grünen See, der in der Hitze zu vibrieren schien. Das Feld ist nicht abgeerntet, und dabei will ich, dass ihr *Kaffer* später noch beim Brandmarken helft. Der Mann sagte: Wir schaffen das schon, *Baas*. Seine Hände hielt er locker gefaltet vor sich. Wie wollt ihr das denn schaffen, wenn ihr auf euren Ärschen herumsitzt? Kannst du mir das sagen, Mann? Wir schaffen das schon, *Baas,* wiederholte der Mann, aber er wirkte mürrisch, mit verhangenem Blick und leicht abgewandtem Gesicht, jedoch ohne sich beleidigend aufzuführen. Dan schlug eine Fliege in seinem Nacken tot. Zwischen seinen Schultern hatte sich ein Dreieck aus Schweiß gebildet, das größer wurde und den Stoff dunkel färbte. Er trug keine Kopfbedeckung, und die kurzen Locken in seinem Nacken waren bereits feucht. Er war kleiner als der andere Mann, gebärdete sich jedoch auf eine großtuerische Art, während er vom Feld zu Johannes schaute. Plötzlich marschierte er zum Feld hin, ging zwischen die Pflanzen, so dass er grün umrahmt war. Er hockte sich hin und zerrte an irgendetwas, wobei sein breiter Rücken die Maispflanzen erzittern ließ. Er richtete sich wieder auf, kam mit einer Hand voll trockenen Unkrauts zurück und hielt sie dem anderen Mann unter die Nase, während er ihm auf den Leib rückte. Soll ich das etwa mitwässern? Hey? Willst du, dass ich mein gutes Wasser, das ich aus meinen Wasserlöchern pumpe, an das ganze verdammte Veld und an jedes nichtsnutzige Unkraut vergeude? Der schwarze Mann schwieg. Dann wiederholte Johannes: Wir schaffen das schon, *Baas*.

Da explodierte Dan. Ja, jetzt, jetzt schwörst du mir, zu arbeiten, wo schon der halbe Tag vorüber ist und die Sonne gerade am höchsten steht. Er zeigte auf die anderen. Willst du mir etwa erzählen, dass du die da zum Arbeiten bringen kannst? Glaubst du, ich bin ein *Domkop*? Sie haben die ganze Nacht *Kaffer*bier gesoffen, sie werden bis morgen nicht aufwachen. Für dieses Feld ist es ohnehin schon zu spät. Und am Freitag, wenn Zahltag ist, kommst du an, auf die Ach-bitte-*Bassie*-Tour und hältst die Hand auf, oder etwa nicht? Er stand dicht vor dem schwarzen Mann, der immer noch zu schlafen schien, und versetzte ihm einen Stoß, wobei er auf der glänzenden, nassen Schulter einen trockenen, matten Händeabdruck hinterließ. Ein kleiner Schauder durchfuhr Johannes. Dan trat einen Schritt zurück, ging aber gleichzeitig in Stellung, hob die Fäuste ein wenig, tänzelte leichtfüßig bei mäßig gebeugten Knien – ein abwartender, kampfbereiter Boxer. In dem Gebaren des schwarzen Mannes erstarb das Feuer, sein Körper sackte zusammen, er schlug die Augen zu Boden.

Wer ist hier der Boss? Willst du meinen Job? Hey? Ist es das? Dann komm schon, nimm ihn dir. Wollen doch mal sehen, ob du ein Mann bist. Dan entfernte sich, signalisierte aber weiterhin Kampfbereitschaft. Komm schon, lass es uns auskämpfen, von Mann zu Mann, und es hinter uns bringen. Dan machte ein paar tänzelnde Schritte. Der andere stand da und sah hinaus auf das Land, das nicht das seine war, die Viehherde, die nicht die seine war, und Maispflanzen, die seinen Magen nie erreichen würden, weil sie für den Export bestimmt waren. Er zuckte kaum wahrnehmbar mit den Achseln. Die Männer unter den Bäumen hatten sich mittlerweile alle erhoben, standen dicht beieinander und schauten zu. Furcht und eine Art Erregung lag in der Luft – wie wenn es einem kalt den Rücken hinunterläuft, wenn man einen Löwen beobachtet, der kurz davor steht, einem Impala an die Gurgel zu springen. Die Fliegen summten, die Minuten zerrannen, während die beiden Männer unter der allmächtigen Sonne standen. Und dann landete Dan einen ersten Schlag, leicht, beinahe zärtlich, als wolle er es nur einmal ausprobieren, als sei alles nur ein Spiel, landete ihn auf der Brust des anderen. Komm schon, mach, kämpfe wie ein Mann, säuselte er, aber nicht so, wie ihr *Kaffer* kämpft – mit dem Ziel, einen Mann zu töten und ihm den Schädel einzuschlagen. Kämpfe wie ein weißer Mann, und ich werde es dir nicht nachtragen. Johannes hob den Kopf. Sein Blick war klar und direkt. *Baas*, ich kann nur auf eine Art kämpfen, nämlich mit dem Ziel, einen Mann zu töten und ihm den Schädel einzuschlagen.

Als ich das nächste Mal hinzuschauen wagte, waren die beiden fest ineinander verkeilt. Der schwarze Mann überragte den weißen, ein angespannter schwarzer Arm hielt mit eiserner Gewalt einen weißen Stiernacken nieder. Dan tauchte darunter weg, trat einen Schritt zurück und erwischte Johannes mit einem Schlag ins Gesicht. Dann begann er, mit aller Gewalt auf dessen Magen und Brust einzuprügeln. Johannes wehrte sich nicht. Beinahe schien es, als wolle er Dan nur auf Distanz halten, quasi ohne ihn zu berühren, als sei die Intimität ihrer körperlichen Nähe unerträglicher als die Prügel. Dan schlug immer wieder und immer fester zu. Fasziniert beobachtete ich ihn und konnte es nicht glauben, dass der schwarze Mann nicht zurückschlug. Ich war wütend auf ihn, nahm es ihm übel, weil ich wusste, dass er sich hätte wehren und Dan besiegen können. Als Dan spürte, dass der Widerstand weiter nachließ, schien er zu einer anderen Art des Kämpfens überzugehen. Da begriff ich, dass er nun wie ein *Kaffer* kämpfte, mit dem Ziel, einen Mann zu töten und ihm den Schädel einzuschlagen.

Danach konnte ich nicht mehr hinsehen, und als ich das nächste Mal einen Blick durch meine gespreizten Finger riskierte, lag Johannes blutüberströmt im Dreck. Das Rot gegen seine schwarze Haut war von wundersamer Schönheit, und ich konnte mich nicht lösen von diesem Anblick. Einen Augenblick lang sah es so aus, als wolle Johannes sich erheben. Er drehte seinen Körper und stemmte sich mit einem Arm in die Höhe, während er sich Blut von den Augen rieb. Das Blut hatte sich mit seinem Schweiß derartig vermischt, dass ein homogener Farbfilm seinen Oberkörper zu bedecken schien. Ich sah in sein Gesicht und erkannte diesen gewissen Blick, der den Willen zum Töten signalisiert, er war da, er war deutlich zu sehen, und mein Herz begann zu rasen, ihn anzustacheln, ihm zuzuflüstern, tu es, tu's jetzt. Doch plötzlich rührte sich Dan. Er ließ die Arme sinken und half Johannes aus dem Staub. Die beiden standen einen Augenblick Aug in Aug, und dann bückte sich der schwarze Mann, um sein Taschentuch aufzuheben und es wieder aufzusetzen. Wegen des Blutes, das ihm aus einer Platzwunde über dem Auge quoll, schien sein Gesicht wie geschmolzen, und er schaute auf die Erde, wo kleine rote Spritzer vor seinen Füßen auf dem Boden landeten.

Dan schlenderte zum Truck und zu mir zurück. Er schaltete den Motor an, lehnte sich aus dem Fenster und rief: Du sorgst dafür, dass das Feld abgeerntet ist, bevor der Lieferwagen kommt, hast du mich verstanden? Ich habe Sie verstanden, Baas, sagte Johannes. Die Männer unter den Bäumen rührten sich, setzten sich langsam in Bewegung und steuerten, die Rücken gegen die Hitze gebeugt, auf das Feld zu. Ich saß vorn im Wagen und vermied es, Dan anzusehen, so wie er es vermied, mich anzusehen. Er sah furchtbar aus. Er musste auch am Boden gelegen haben, denn seine Kleider waren vollkommen verdreckt. An seinem Ärmel war Blut, obwohl ich nicht wusste, wessen Blut es war, da es zumindest in diesem Punkt keinen Unterschied gibt. Ich war so wütend, dass ich ihn am liebsten geschlagen hätte. Was hast du auf dem Herzen?, fragte er leise. Er kam mir irgendwie verändert vor. Er wirkte kleiner, und das gefiel mir nicht. Doch er erholte sich schnell, fand rasch wieder zu seiner guten Laune zurück, fuhr sich mit der Hand durchs Haar und lachte kurz auf, laut und triumphierend. Dieses Feld wird, bis der LKW kommt, abgeerntet sein, darauf kannst du wetten. Dem hab ich's vielleicht gegeben, die Abreibung wird er so schnell nicht vergessen. Dan holte ein ordentlich gebügeltes Taschentuch hervor und wischte sich damit übers Gesicht. Er hat dich gewinnen lassen, sagte ich, in die Landschaft schauend. Dan war lange still, dann sagte er: Mädchen, sag mir nicht, dass du als eine dieser *Kaffirboeties* enden willst? Er warf mir einen warnenden Blick zu. Wenn du anfängst, den *Kaffer* zu lieben, dann geh los, zieh zu ihm, aber vergiss nicht, dass es dann kein Zurück mehr gibt. Ich schüttelte den Kopf: Ich war nicht anders als die anderen, nicht anders als er, aber das hielt mich nicht davon ab, ihn zu hassen.

Ich wollte ihn unbedingt hassen, aber ich brachte es nicht über mich. Schon bald hatte er sich wieder in mein Herz geschlichen, war ich seiner schieren Überschwänglichkeit wieder erlegen. Er war so lebendig, so sehr eins mit seiner Umgebung, dass er untrennbar mit ihr verschmolzen schien. Wie konnte ich ihn da hassen, ohne alles andere auch zu hassen? Lass uns zum Stausee fahren, wir können eine Abkühlung gebrauchen, sagte er. Ich kann nicht in diesem Aufzug zu meinem Engel nach Hause gehen. Ich erstarrte sofort, und er wurde mir schlagartig unangenehm. Ich wusste, worum es bei dieser ›Abkühlung‹ ging. Eines Tages hatten wir auf dem Weg nach Hause an einem der Wasserreservoirs angehalten. Dan schwamm gerne nackt, und er schwamm auch mit seinen Töchtern gerne nackt. Er hatte es getan, seit sie klein waren, und vielleicht war es ja auch in Ordnung, als sie noch klein waren. An jenem Tag, als sie sich auszogen und ihre Kleider in die Bäume hingen, zog ich mich zurück. Ich blieb auf dem Boden, als sie die Leiter hinauf in den runden Zementtank kletterten, der ungefähr drei Meter hoch war. Ich konnte die drei – Myfanwy, Vyvyan und ihn – beim Schwimmen und Abkühlen lachen und plantschen hören. Angela weigerte sich ebenfalls, ins Wasser zu gehen. Sie ging davon und setzte sich unter einen Baum. Wir ignorierten einander. Sie riefen hinter uns her, forderten uns auf, zu ihnen ins Wasser zu kommen, aber wir blieben, wo wir waren. Als er es jetzt wieder vorschlug, packte mich die Panik. Ich habe keinen Badeanzug dabei, sagte ich. Er schnaubte wie ein Pferd. Himmel, was ist nur los mit dir, hey? Was habt ihr nur, deine Schwester und du, dass ihr nicht wie wir anderen nackt ins Wasser geht? Komm schon, er schlug mir leicht auf den Arm. Wir springen nur kurz rein, damit ich das *Kafferblut* ein bisschen abwaschen kann. Er lachte. Du kannst ja deine *Broeks* anbehalten, wenn du willst. Ich drückte mich in die Ecke, gegen die Tür und tastete nach dem Griff. Ihr *Englishers*, lachte er, ihr seid wirklich merkwürdig. Er fuhr an den Rand und parkte unter einer afrikanischen Weide in der Nähe des Stausees, und dann war er draußen und im Nu auch schon ausgezogen. Er tauchte gleich in das braune Wasser, seine Arme durchpflügten es, als er zu der Insel inmitten des Sees schwamm. Die schwarzen Jungen ließen weiterhin ihre Steine über die Wasseroberfläche springen, eine Wildente folgte unbeirrt ihrer Flugbahn am wolkenlosen Himmel. Nur ich saß auf der Erde, mit dem Rücken zum Wasser, und fühlte mich miserabel, und während ich mit einem Stein auf der harten Erde herumhackte, juckte und brannte meine Haut vor Hitze, und ich empfand nichts als Wut auf ihn und auf die ganze verfluchte, beschissene Welt.

Neun

Auf der Farm wurde jeden Abend draußen auf dem Gras unweit der Veranda ein langer Tisch gedeckt, an dem sich die ganze Familie zum Essen versammelte. Wir sprachen das Tischgebet, vielmehr Dan sprach es, und dann stand er vor einem stattlichen Stück Wild oder Rind, um es zu zerlegen. Das Fleisch wurde mit Reis oder gerösteten, manchmal auch süßen Kartoffeln, mit Bohnen, verschiedenen Kürbisarten, Mais, dicken Scheiben Weißbrot und brauner Sauce serviert. Und während die Sterne nacheinander am Firmament auftauchten, besprach man alles, was in der Familie und auf der Farm geschehen war. So wurde es allmählich dunkel, die Insekten flatterten um die Glühbirnen auf der Veranda, und es kühlte so stark ab, dass man sich ab und an sogar einen Pullover oder eine Strickjacke holen oder auch Socken anziehen musste. An solchen Abenden war Danny-Boy immer bei uns. Er war ein stiller Junge, der häufig Spannungen zwischen sich und seinem Vater aushalten musste. Manchmal setzte Dan ihm zu. Warum bist du heute nicht mit uns auf die Weide gekommen? Er fuchtelte mit dem Tranchiermesser herum. Ich hätte es gerne gehabt, wenn du uns beim Sprayen zugesehen hättest. Wir haben fünfhundert Stück geschafft. Danny aß unbeeindruckt weiter, bedächtig und lustlos. Hörst du mich, Junge? Ich spreche mit dir. Ja, Pa, ich habe dich gehört. Gut, dann weißt du ja, dass ich dich nicht zwingen werde, zum Brandmarken und Kastrieren mitzukommen, zumindest jetzt noch nicht, solange du noch so klein bist, aber später werden solche Dinge dein täglich Brot sein. Oder kannst du mir verraten, wer diese Farm sonst bewirtschaften soll, wenn ich einmal nicht mehr bin, hey? Sagst du's mir?

Obwohl der Junge nach wie vor einen ungewöhnlich sanften und verträumten Eindruck machte, hatten ihn diese Worte wütend gemacht. Ich erkannte es an der Art, wie er seine Hände in seinem Schoß ineinander verschlungen hielt und seine Knie zusammenpresste. Er wollte in Ruhe gelassen werden. Die Anwesenheit seines Vaters allein genügte, um ihn nervös zu machen. Tatsache war, dass er kein Interesse daran hatte, *Kaffer*hunde zu verfolgen oder zu lernen, wie man schießt, reitet, das Vieh brandmarkt oder kastriert. Wenn Dan seinen Sohn zu lange ins Gebet nahm, warf Rena ihm vom anderen Ende des Tisches stirnrunzelnd einen Blick zu, was ihn aber nicht davon abhielt, seine üblichen Bemerkungen über Weicheier und Mamasöhnchen zu machen, bevor er endgültig von Danny-Boy abließ. Wann immer er so etwas sagte, sprang Vyvyan ein und versuchte, das Gespräch in andere Bahnen zu lenken, doch Dan ließ sich nicht vom Thema abbringen. Schau dir deine Schwestern an, hob er wieder an, nimm dir ein Beispiel an ihnen. Mein Gott, nie hätte ich gedacht, dass ich so etwas zu meinem eigenen Sohn sagen würde. Doch schließlich, nach einem köstlichen Zitronenschaumkuchen, einer *Melk-Tårte* oder herrlichen *Koeksisters*, machte es sich Dan auf der langen, grüngepolsterten Schaukel gemütlich und bat Danny-Boy, ihm seine Ukulele zu holen. Während die *Damara*-Frauen den Tisch abräumten, begann er zu spielen, und die Spannungen waren im Nu verflogen. Mit kräftiger Stimme sang Dan Lieder wie *My Old Man Says Follow the Band* oder *Sally* oder *Sarie Marais*, und das Quietschen der Schaukel und die Klänge der Ukulele drangen in die nächtliche Dunkelheit und übertönten das Zirpen der Zikaden und das Heulen der Hyänen von jenseits des Krals. Rena und er saßen dort, nebeneinander, sein Schenkel fest an den ihren geschmiegt, und wenn man sie so betrachtete, er golden und sie dunkel und still, schien es, als hätten sie ihr Universum halbiert, damit sie, sein Engel, sein Liebstes, ihm in ihrer Güte und Schlichtheit die Gunst gewähren konnte, ihn einfach nur das tun zu lassen, wonach ihm der Sinn stand.

An anderen Abenden brachten wir das Abendessen sehr schnell hinter uns und fuhren dann zur Jagd aufs Land. Wir zogen uns warm an und kletterten, ausgerüstet mit Gewehren, Decken und einer Ration Branntwein, auf die Ladefläche des blauen Lastwagens. Rena fuhr nie mit. Sie wartete zu Hause, bis alle wieder da waren, um uns dann mit Kaffee und geröstetem Brot zu verwöhnen. Der Wagen rumpelte hinaus Richtung Felder, Myfanwy saß meistens vorne bei ihrem Vater, die Übrigen von uns hockten hinten auf der Ladefläche, wo wir uns, so gut es ging, festklammerten. Dennoch stießen wir immerzu aneinander, während der Truck über die unebenen Wege schaukelte. Denn Dan fuhr wie ein Verrückter. Wir vier, Angela, Vyvyan, Danny-Boy und ich, blickten über das Führerhäuschen auf den weißen, mondbeschienenen Weg und wechselten uns beim Abspringen, Öffnen und Schließen der Gatter ab. Ihnen stellte er dieselbe stereotype Frage wie mir: Hast du es auch *goed* zugemacht? Das will ich dir auch geraten haben, sonst kommst du in Teufels Küche. Wenn wir uns den Feldern näherten, wurde der Wagen langsamer, und Danny-Boy zog eine große Taschenlampe hervor, die er auf die Felder richtete, damit wir nach den Augen von Jagdwild Ausschau halten konnten. Man musste nicht lange warten. Die Augen der Schwarzfersenantilopen sehen ganz anders aus als die verrückten, verschlagenen, roten Augen der Nachtkrokodile von Maun, die monströs wie glühende Kohlen in einem aus Eisen gegossenen Gesicht wirken. Die Augen des Wilds dagegen waren klein und funkelten wie Rubine oder einzelne Granatapfelsamen. Das winzige Aufleuchten ihrer Augen war alles, was man im Schein der todbringenden Lampe von ihren dreieckigen Gesichtern mit den weichen Ohren sehen konnte.

Ab und an fuhr Dan langsamer und riss dann Witze darüber, dass wir uns in Löwengebiet befanden. Oder er hielt auch schon einmal an, nur um uns zu erzählen, dass jemand ganz in der Nähe, bei der Schlucht, einen Elefanten oder Geparden gesehen hatte. Das brachte uns zum Schweigen. Wir schauten zum Himmel auf, der dunkel und mondlos über uns lag. Haltet das Licht hoch, Herrgott noch mal, rief Dan uns zu, sie haben ihre Augen nicht in Kniehöhe. Danny-Boy hob dann die Taschenlampe, wahrscheinlicher ist jedoch, dass Vyv sie ihm abnahm. Doch kaum hatten wir uns von der Dunkelheit und den Sternen einlullen lassen, entdeckten wir weit draußen im Busch zwei silberne Funken, die vom Lichtstrahl zum Leuchten gebracht und gebannt wurden. Einer von uns klopfte auf das Dach des Führerhäuschens, und der Motor verstummte. Das starke Licht hatte die Antilope hypnotisiert, sie zur Bewegungslosigkeit verdammt, und wir konnten ihre Umrisse erkennen, selbst das weiche Weiß ihres Bauches, während sie wartete, als wisse sie Bescheid. Myfanwy hob ihr Gewehr hoch, legte an, zielte und feuerte. Die Nacht zerriss, Funken stoben, und dann hörte man den dumpfen Aufprall. Ich hab ihn, sagte Myfanwy mit lässiger Befriedigung. Eine Elenantilope, meinst du nicht auch, Dad? Ja. Ein Bock, sagte er. Myfanwy stieg aus und marschierte mit wiegenden Hüften in den Busch, das Licht der Taschenlampe ergoss sich vor ihr wie ein goldenes Band auf das dunkle Feld. Angela folgte ihr und holte sie bald ein. Geh mit ihnen, sagte Dan zu Danny-Boy, hilf ihnen, das Tier hierher zu bringen. Vyvyan sprang vom Wagen. Ich geh schon, sagte sie. Nein, beharrte Dan, Danny soll gehen. Der Junge trottete los, gab sich jedoch keinerlei Mühe, die beiden anderen einzuholen. Ich werd verrückt, sagte Dan erregt, bei dem Theater, das er macht, wird mir der Junge noch zum Vegetarier.

Während sie den Bock zum Wagen zerrten, zeigte mir Dan, wie man mit einem Gewehr umgeht. Er richtete das Licht auf das gegenüberliegende Feld und wartete, bis sich ein Augenpaar zeigte. Es war sehr trocken, weshalb sich das Wild weit vorgewagt hatte. Daher dauerte es nicht lange, bis ich eine kleine Antilope ganz in unserer Nähe im Schein der Lampe erblickte. Dan reichte mir das Gewehr. Behalte die Stelle im Auge. Rühr dich nicht vom Fleck, befahl er. Er zog mich nah an sich heran und drehte sich ein wenig, so dass er leicht hinter mir stand und meinen Arm halten, das Gewehr auf meine Schulter legen und mir Halt geben konnte. Okay, und jetzt, schau durch das Visier und halte es ein wenig höher, wie ich's dir gezeigt habe. Mach ein Auge zu – nein, das andere, *Domkop*. Halt still, hör auf, mir auszuweichen, ich beiß dich schon nicht. Mein Gott, was bist du nur für ein schreckhaftes kleines Ding. Halt still, sonst triffst du nicht. Okay, so's gut. Jetzt. Schieß. SCHIESS, Himmelherrgott noch mal. Oder soll ich ihn vielleicht bitten, dir zuliebe ein wenig näher zu treten? Ich schoss daneben. Er lachte. Oh, Gott! Hab ich dir etwa gesagt, du sollst beide Augen schließen? Wenn ich eine Blinde für die Jagd gebraucht hätte, hätte ich eine alte *Oubaas* mitgenommen.

Wenn er mir so auf die Pelle rückte, konnte ich unmöglich schießen, doch begann ich nach diesem Ausflug, allein oder mit Vyvyan, die ein recht guter Schütze war, zu üben, indem ich auf die Schießscheibe auf unserem Gras schoss. Ich fand Gefallen daran, ich mochte das Gewicht des Gewehrs, und nach einiger Zeit konnte ich auch den Rückstoß besser abfangen. Wenn ich auf die runde Scheibe blickte, stellte ich mir vor, sie sei ein Gesicht, und das half, im Laufe der Zeit recht treffsicher zu werden. Schon bald stellte sich beim Schießen eine Art heiterer Gelassenheit ein. Es gab mir das Gefühl, einer langen Ahnenreihe von Jägern und Kriegern, ausnahmslos tapferen Männern, anzugehören. Ich dachte, dass ich vielleicht, wenn ich ein wirklich guter Schütze werden würde, meinem Vater den Schädel wegpusten und es als Unfall deklarieren könnte, so, wie es unter den Weißen im Protektorat Bechuanaland üblich war. Zuerst war es nur ein Witz, zumindest redete ich mir ein, es sei ein Witz, doch allmählich, je mehr ich übte und je treffsicherer ich schoss, umso ernster wurde es mir damit.

Wir befanden uns mitten in einer Dürrezeit. Die Farm war staubig und ausgelaugt – seit über einem Jahr war kein Tropfen Regen gefallen. Die Afrikaner schauten immer wieder prüfend zum Himmel, und zuweilen gerieten wir alle in helle Aufregung, weil sich die Luft mit Elektrizität auflud und stärkerer Wind aufkam. Wolken ballten sich zusammen, lösten sich wieder auf und winzige, züngelnde Blitze zuckten unter Donnergrollen über den vibrierenden Himmel. Die Hühner ließen sich ebenfalls von der Stimmung anstecken und kletterten mitten am Tag auf ihre Stangen und verstummten. Im Kral tanzten die Frauen weiter ihren Regentanz, derweil der Schamane singend und betend Überstunden machte. Sand wurde aufgewirbelt, einzelne Dornenbüsche wehten umher, bis sie unter den Bäumen zur Ruhe kamen. Doch der Regen blieb aus. Die Anzeichen verschwanden, und das Leben schleppte sich wieder mühsam weiter. Die scharfen Risse in der Erde vertieften sich, bis man das Gefühl hatte, man laufe auf Steinen. Der Wasserstand in den Stauseen und Reservoirs war bedrohlich niedrig, das Futter in den Silos zur Hälfte verbraucht und die Dornenbäume wirkten zerbrechlich, dürr wie abgefackelte Zweige. Dan war so nervös wie eine Hornisse.

Ich hatte meine eigenen Sorgen. Meine Zeit auf der Farm war nämlich beinahe abgelaufen. Meine Mutter und mein Vater befanden sich bereits auf dem Rückzug. Während ihrer Abwesenheit hatte ich gelebt, als wären sie für immer fort. Ich hatte sie vollkommen vergessen, hatte jenes andere Leben gänzlich aus meinem Kopf verbannt. Es war verschwunden, als habe es nie existiert. Und dann, scheinbar aus heiterem Himmel, zeigte mir Rena eines Tages einen Brief von meiner Mutter. Sie werden bald hier sein, sagte sie. Nur noch drei oder vier Tage. Sie wollten den *Blue Train* von Kapstadt nach Johannesburg nehmen, dann nach Gaborone fahren und uns abholen. Möchtest du den Brief lesen?, fragte Rena. Eure Mutter muss euch vermissen. Als ich die Handschrift meiner Mutter auf dem Umschlag sah, wurde ich auf den Boden einer Realität geschleudert, die ich beiseite geschoben hatte. Ich wollte den Brief nicht lesen. Ich konnte mir kaum das Gesicht meiner Mutter in Erinnerung rufen, und als ich an meinen Vater dachte, sah ich nur die Zielscheibe auf dem Gras mit den durchschossenen grünen und gelben Ringen und der schwarzen Zwölf in der Mitte. In der kurzen Zeit – es waren ja nur zwei lächerliche Monate gewesen – war ein anderes Leben erblüht, eine andere Welt, die wie Maun schon bald der Vergangenheit angehören würde.

Ich dachte, ich könnte mein anderes Leben vergessen, bis ich wieder mit ihm zusammenprallen würde. Doch dieses Mal ließ es sich nicht so einfach ausblenden. Immer wieder tauchten vor meinem geistigen Auge Bilder vom angespannten, abgekehrten Gesicht meiner Mutter auf, von den Händen meines Vaters, den Haaren auf seinen Armen, seiner Stirn. Wenn ich diese Bilder sah, drehte sich mir der Magen um, mir wurde schwindelig, und ich dachte, ich müsse ohnmächtig werden oder leide unter Schwächeanfällen und Nervenschmerzen. Ich verspürte das dringende Bedürfnis, mich davonzumachen und allein zu sein. Es galt, das Leck in meinem Kopf abzudichten. Ohne Schuhe und ohne Hut machte ich mich auf in Richtung Busch, an den Ställen und Lagerhäusern, am verlassenen Stausee, an den Zäunen vorbei und immer weiter und weiter, bis dorthin, wo es nichts mehr gab. Die Bäume in der Ferne waberten, Wasser kräuselte sich trügerisch in einiger Entfernung, verschwand, tauchte wieder auf, stellte sich letztlich aber immer als Illusion heraus. Immer weiter, nur weiter lief ich, und spürte weder das Glühen der Sonne noch die spitzen Knochen im Sand, die von kleinen, toten Tieren stammten. Die Hitze wallte von der Erde auf und knallte vom Himmel herab, und ich lief, bis ich nicht mehr laufen konnte. Schließlich hockte ich mich unter einen Baum und ließ den Kopf zwischen den Knien hängen, wie es die Afrikaner taten. Ich fühlte mich schwindelig und schwach und wollte einfach nur liegen bleiben, vertrocknen, mich in Staub verwandeln und davongeweht werden.

Doch dann, als das gleißende Licht sich in die Erde bohrte und die Sonne ihren Zenit erreichte, schaute ich auf, und plötzlich schien es mir, als sei der Himmel wirklich aufgerissen und der Regen wirklich gekommen, denn auf einmal traf mich aus heiterem Himmel die Erkenntnis, dass ich nach Hause gehen konnte. Etwas hatte sich verändert: Ich war nicht mehr die, die ich gewesen war. Ich war jetzt stark und frei. Ich konnte schießen und mein Ziel treffen. Ich konnte mit der Nilpferdpeitsche umgehen und sie zu meiner Verteidigung einsetzen. Sollte mir mein Vater zu nahe kommen, war ich womöglich sogar in der Lage, ihn zu töten. Zum ersten Mal erfüllte mich der Gedanke an seinen Tod mit Mitleid – darüber, dass ich so einen Vater hatte und dass ich so eine Tochter war. Aber ich wusste jetzt, dass ich auch eine andere Tochter sein konnte, die Tochter, die ich für Rena auf der Farm gewesen war, die, die ihr im staubigen Laden immer zur Seite stand, ihr anreichte, was sie brauchte, zum Haus zurückrannte, wenn ihr die Wolle oder der Tee ausgegangen waren. Und ich erinnerte mich daran, wie ihr Gesicht kein einziges Mal der Wand zugekehrt gewesen war und sie mich kein einziges Mal angesehen hatte mit jenem um Lichtjahre entrückten Blick einer Frau, die sich schlafend stellt.

Das Empfinden solch zärtlicher Zuneigung machte mich stark. Und es schien mir, als fließe jetzt gutes, starkes, afrikanisches Blut in mir, als verwandele ich mich dort im Busch in etwas Ursprüngliches, das mich wild und lebendig und echt werden ließ. Schwarze Krieger hatten hier gestanden, an genau diesem Ort, Millionen von ihnen, waren in leichtem Trab unter demselben Himmel gelaufen, hatten ihre nackten Füße gehoben, ihre gefiederten Speere balanciert, waren lautlos über den geschliffenen Sand mit seiner Juwelenkruste gezogen. Ich erblickte sie wieder, als sie vorbeigelaufen kamen, schwarz wie Blut, furchterregend wie Schlangen. Ich wollte eine von ihnen sein – eine Kriegerin mit glänzender, geschmeidiger Haut und einem Speer in jeder Hand. Ich wollte laufen wie der Wind, wie der Buschmann, meilenweit, ohne anhalten zu müssen, mit grenzenlosem Vorsprung, und die ganze Welt weit hinter mir lassen.

Ich riss mir die Kleider vom Leib und schleuderte sie von mir, selbst meine weißen *Broeks*, und dann stand ich da in voller Blöße – nackt – in einer Welt, die ich geschaffen hatte. Ich begann, mich um mich selbst zu drehen, langsam und anmutig, setzte meinen Körper der brennenden Sonne aus, verlangte, dass er Feuer fing. Ich ging über Diamanten, ließ mich von ihrer schneidenden Schönheit durchbohren und ein für alle Mal von allem Bösen erlösen. Die endlose Leere der Wüste berauschte mich so sehr, dass ich zu tanzen und herumzuwirbeln begann, mit den Füßen aufstampfte und meine Arme dem Himmel entgegenreckte. Ich war in Brand geraten. Ich war Zuhause. Nichts und niemand könnte mir je wieder etwas anhaben.

Als ich die Farm erreichte, genügte Rena ein kurzer Blick, um zu sehen, was mit mir los war, und mich umgehend ins Bad zu bringen, mich an das kühle Emaille zu lehnen und in Windeseile kaltes Wasser in die Wanne laufen zu lassen. Sie warf Eis hinein und kippte eine ganze Packung Aspirin hinterher, die sie so lange umrührte, bis sich die Tabletten aufgelöst hatten. Sie war außer sich vor Sorge und überaus liebevoll, als sie mich zum Bett brachte, wo ein Ventilator über meinem nackten Körper rotierte. Sie bestrich meine Haut mit Calaminarislösung, und ich versuchte, nicht zu schreien. Als sie den Balsam auf mich träufelte und über meine rote Haut verteilte, war er zunächst wunderschön, rosafarben und kühl wie Eiscreme, doch eine Minute später, nicht mal eine Minute später, war die Wirkung der Lösung verpufft – ich war in Brand geraten, und jetzt war mein Fleisch geröstet. Der Schmerz war so durchdringend, dass ich ohnmächtig wurde. Ich driftete hin und her zwischen Schlaf und Fieber. Ich hatte Halluzinationen. Ich wachte auf und schrie. Die ganze Zeit über stellte Rena keinerlei Fragen, und ich hätte sie ohnehin nicht beantworten können, nicht einmal flüsternd, so geschwollen und aufgesprungen waren meine Lippen. Unermüdlich kühlte sie meinen Kopf, bis das Fieber sank, und einmal, als Vyv im Raum war, hörte ich sie flüstern: Sie phantasiert. Wird sie wieder gesund? Sie wachte die ganze Nacht bei mir, aber ich kann mich an wenig mehr erinnern, als dass ich eine schützende Gegenwart an meiner Seite spürte oder eine weiche Hand auf meiner Stirn und dass eine liebende Seele da war, die die Geister von meinem Bett fern hielt.

Wenn tagsüber jemand hereinkam und Licht durch die Tür einließ, sagte sie: Schnell, mach den Vorhang zu, beeil dich, sonst wird sie noch blind. Zwei Tage lag ich in der Dunkelheit, und wann immer ich die Augen öffnete, sah ich sie neben mir sitzen und stricken oder ein Musselintuch aus einer weißen Schüssel herausholen, auswringen und mir auf die Stirn legen. Der Schamane hatte ihr einen Heiltrunk aus Kräutern und einigen ekelerregenden Zutaten gegeben, und sie zwang mich, ihn zu trinken. Wenn ich ein wenig weinte, sagte sie: Die Tränen werden dein Gesicht heilen. Es wird alles gut, es wird alles gut, mach dir keine Sorgen. Ich verlass dich nicht. Sie beugte sich zu mir und flüsterte mit ihrer weichen, klaren Stimme: Dir geht es schon besser, schlaf einfach. Ich bleib bei dir bis zum Morgengrauen. Kein einziges Mal sagte sie: Wie konntest du so etwas tun? Ausgerechnet jetzt, wo doch deine Mutter kommt? Nicht ein einziges Mal.

Als es mir ein wenig besser ging, kam mich Angela besuchen. Sie warf einen Blick auf meine Haut, die sich in Fetzen ablöste, und zuckte zusammen. Sie stand am Fußende meines Bettes. Ich war nicht in dem Schlafsaal untergebracht, sondern in einem kleinen Raum in der Nähe der Lagerräume und Ställe, wohin ich noch einmal zurückkehren sollte, kurz bevor wir Afrika verließen. Hier stand sie also vor mir, mit einem ängstlichen und leicht verlorenen Ausdruck in den Augen, und fragte mich griesgrämig: Musste das sein? Glaub ja nicht, sie würden dich hier lassen, nur weil du krank bist. Als ich nicht antwortete, fügte sie streng hinzu: Nun, du machst besser, dass du schnell gesund wirst. Mummy wird keine Lust haben, sich um dich zu kümmern, kaum dass sie aus England zurückkommt. Sie werden in ein oder zwei Tagen hier sein, und sie wird garantiert richtig schlechte Laune bekommen, wenn sie dich so sieht.

Es ging alles zu schnell. Ich wollte die Tage anhalten. Ich versuchte, in meinen gewohnten, traumverlorenen Trancezustand zurückzufallen, um so die Zukunft zu vergessen, so, wie ich die Vergangenheit vergessen hatte. Aber es wollte mir nicht gelingen. Anscheinend hatte meine Zeit im Busch alles verändert. Ich war in Brand geraten, und ich konnte offensichtlich nicht mehr in mein Traumreich zurückkehren. Sie würden bald da sein, uns mitnehmen, und alles würde wieder sein wie zuvor. Angela und ich bereiteten uns schon vor. Sie war wieder in ihre undankbare Rolle geschlüpft, voller Angst und Sorge, und versuchte, die Dinge geradezubiegen, noch ehe wir wieder zu Hause waren. Tatsächlich hatte ich auf der Farm nicht nur meine Eltern, sondern auch Angela beinahe vergessen. Doch jetzt hatte sie mich wieder am Hals. Sie war wieder im Dienst. Sie hatte Rena in demselben Augenblick abgelöst, in dem sie erfahren hatte, dass meine Eltern auf dem Weg seien.

Zehn

Tatsächlich war meine Mutter in geradezu euphorischer Stimmung, als sie ankam. Ihr Haar war zu einem Pagenkopf geschnitten, ihr Lippenstift ein auffälliges Rosa statt des gewohnten Dunkelrots, und ihre Sommerkleider – von der Stange und nicht mehr maßgeschneidert – waren aus zarter Seide oder adrettem Leinen gearbeitet. In einem solchen Kleid, mein Liebes, *kann* man sich einfach nicht setzen. Ich höre sie das noch heute sagen. Sie hatte gerade geschnittene Kleider mit elegantem Knopfbesatz, und solche mit angeschnittener Taille. Die Röcke waren kürzer geworden. Wer hat, der hat, pflegte sie zu sagen, während sie sich seitwärts zum Spiegel wandte, um einen bewundernd-prüfenden Blick auf ihre Beine zu werfen. Sie besaß neuerdings ein cremefarbenes Kostüm mit gestutztem Jäckchen und runden Goldknöpfen für offizielle Anlässe, sollten sie sich denn je ergeben. Die drei neuen Paar Pumps trug sie am liebsten am Nachmittag, wenn sie Gäste zum Tee empfing. Zu solchen Gelegenheiten saß sie dann in ihrem Sessel mit dem Chintzbezug, die Beine elegant übereinander geschlagen, und plauderte unter gelegentlichem Nippen an ihrer Teetasse mit ihrem Besuch. Sie war wie verwandelt. Ihr Tagesbett stand unberührt, das Moskitonetz lag zu einem losen Dutt zusammengerafft, und der Ventilator schien auf alle Ewigkeiten verstummt. Und wenn ihr mein zerschundenes

Gesicht denn überhaupt aufgefallen war, so verlor sie jedenfalls kein einziges Wort darüber.

Ich hörte sie im Garten vor sich hin summen, sah, wie sie meinen Vater anlächelte oder im Wohnzimmer mit ihm plauderte, während sie ein Bild geraderückte oder auf der Suche nach Staubspuren einen Finger sanft über die Tischplatte gleiten ließ. Sie hatte ständig zu tun. Stunde um Stunde konnte sie damit verbringen, in ihrem Kleiderschrank zu wühlen, abgetragene Kleider und Schuhe ans Licht zu zerren und sie unter strengen Ermahnungen an die Dienstboten zu verschenken. Elizabeth, ich bitte Sie, gehen Sie einmal in Ihrem Leben sorgsam mit etwas um, dieses Stück kommt schließlich von Harrods und sollte ewig halten, wenn Sie es denn nur schaffen würden, nicht immer alles gleich zu ruinieren. Und mit solchen oder ähnlichen Worten tauchte sie sogleich wieder in die Tiefen ihres Schrankes ab, aus dem sie als Nächstes ein zerzaustes totes Tier hervorzerrte. Ach je, so was werde ich wohl nie wieder tragen, seufzte sie, indem sie den Fuchs samt ausgestopftem Schädel am Ende ihres ausgestreckten Arms betrachtete. Vornehme Zeiten waren das damals, und heute dagegen, nun, was hilft es, das ist wohl ein für alle Mal vorbei. Sei ein gutes Kind und pack das wieder zu den Mottenkugeln.

Ich lümmelte mich im Sessel und ließ die Beine seitwärts über die Armlehne baumeln. Setz dich doch bitte ordentlich hin, irgendwann bricht die Lehne noch mal ab. Und überhaupt frage ich mich, was man dir auf dieser Farm zu essen gegeben hat, jedenfalls hast du an den Hüften eindeutig zugelegt. Ich setzte mich aufrecht hin und begann, meine Mutter mit Fragen zu bombardieren: Was ist los? Ziehen wir wieder um? Warum versuchte ich so verzweifelt, Antworten auf Fragen von ihr zu bekommen, die allein zu hören sie schon viel zu beschäftigt war? Warum wirfst du andauernd Dinge weg? Was ist los? Wir ziehen bestimmt wieder um, oder? Meine Mutter antwortete nicht, denn für sie existierte ich damals nur an der äußersten Peripherie ihres Bewusstseins. Manchmal schien sie mich urplötzlich zu bemerken, aber kaum hatte sie meine Gegenwart zur Kenntnis genommen, setzte sie auch schon zum Angriff an. Wo hast du die Schokolade her? Du weißt sehr wohl, dass du vor dem Mittagessen keine Süßigkeiten essen sollst. Verdammt noch mal, nun leg sie nicht ausgerechnet da hin, du schmierst ja noch den ganzen Sessel voll. Und guck dir bitte mal dein Haar an. Viel zu lang, hol mir auf der Stelle die Schere, so kann ich dich ja keine Minute länger rumlaufen lassen. Und warum sieht deine Haut eigentlich so komisch aus? Ach ja, vermutlich noch von dem Sonnenbrand, also was du dir dabei gedacht hast, möchte ich ja auch mal wissen. Hab ich dir von dem Kostümball auf dem Schiff erzählt, Liebes? Ein wundervoller Abend, bis zwei Uhr morgens ging das, und die Kapelle hörte gar nicht mehr auf zu spielen.

Gerüchte machten die Runde, Spekulationen, alle möglichen Szenarien wurden hin und her diskutiert. Ganz Gaborone war in heller Aufregung. Konnte es sein, dass unsere Zeit im Protektorat ihrem Ende zuging? Dass wir vielleicht sogar zurück nach England, »nach Hause«, gehen würden? Niemand wollte sich festlegen, es nicht auch noch heraufbeschwören, aber im fernen Whitehall wurde dem Vernehmen nach in aller Stille verhandelt, und aus den höchsten Kreisen hörte man es munkeln. Womöglich sollte man sich wirklich besser vornehm zurückziehen, bevor wir hier noch in hohem Bogen hinausgeworfen würden. Meine Mutter war außer sich vor Freude: Konnte es tatsächlich sein, dass ihr Schmoren in dieser Hölle schon bald ein Ende haben sollte? Afrika war in Bewegung geraten, und das bedeutete, dass wir nach getaner Pflicht unsere Zelte hier abbrechen konnten, ja, sie sogar würden abbrechen müssen. Meine Mutter bereitete sich auf die Heimkehr in ein Land vor, das sie kaum kannte, und sie konnte es kaum erwarten. Sie war in Hochstimmung und voller Tatendrang, und das war das Einzige, was zählte: endlich nach Hause. Lieber Gott, lass es nur endlich vorbei sein, und das bitte möglichst bald.

Mein Vater konnte ihren Enthusiasmus nicht teilen. Was um Himmels willen sollte er denn in England? Diese Erfahrung brauchte er kein zweites Mal. Und was gedachten diese tumben Kaffer eigentlich ohne uns anzufangen? Binnen einer Woche würde hier ein heilloses Durcheinander herrschen, in spätestens einem Monat würde gar nichts mehr funktionieren, und ehe man sich versah, würde der ganze Laden wieder im Busch versinken. Im gegenüberliegenden Lager bewegte jedoch eine völlig andere Vorstellung der bevorstehenden Ereignisse die Gemüter. Am Horizont zeichnete sich immer deutlicher die Unabhängigkeit ab. Freiheit lag in der Luft. Die Kunde verbreitete sich wie ein Lauffeuer durch den Dschungel und über die Ebenen, überquerte Flüsse und erreichte schließlich die Dörfer; es trommelte sich buchstäblich herum. Mit den Weißen ging es bergab. Ihre Tage waren gezählt. Das war 1958, kaum zwei Jahre, bevor es im Kongo so richtig losgehen sollte.

Während dieser letzten Monate in Gaborone, als meinem Vater seine Zukunft mehr und mehr aus den Händen zu gleiten drohte, geriet sein cholerisches Temperament zunehmend außer Kontrolle. Der nichtigste Anlass genügte, um einen Wutausbruch zu provozieren. Wahrscheinlich wusste er wirklich nicht, wie es nach seinem Dienst in Gaborone weitergehen würde, und er wird sich damals bereits mehr als einmal gefragt haben, was wohl diese seine immerhin zweite Karriere im Kolonialdienst Ihrer Majestät noch für ihn bereithielt. Würde man ihn gänzlich aus Afrika abziehen und einfach nach Hause schicken – sollte er einmal mehr in jenes Nichts entlassen werden, dem er doch entkommen zu sein glaubte, als er nach Afrika kam? Anfänglich hatte er sich durchaus noch Hoffnungen auf Beförderung zum Resident Commissioner gemacht. Davon gab es nur einen, während es von District Commissioners geradezu wimmelte. Auch hatte er sein Leben lang davon geträumt, nach langer und erfolgreicher Karriere im Dienste der britischen Regierung mit einem Adelstitel belohnt und in den ehrenvollen Ruhestand entlassen zu werden. Beides erwies sich als Traumgespinst. Er hatte Schwierigkeiten mit seinen Vorgesetzten. Für die meisten Leute war er eine viel zu unberechenbare Figur, um wohl gelitten zu sein.

Es muss eine schwere Zeit für ihn gewesen sein; er ließ es an mir aus, so, wie er es immer getan hatte. Nach jener kurzen Zeit der Klarheit, meiner Zeit auf der Farm, in der ich einfach da war, eins mit mir und lebendig im Hier und Jetzt, begann nun abermals eine Zeit der Spaltung. Ein Teil von mir schaltete des Nachts einfach ab, während der andere am Morgen aufstand, um den Tag in einem apathischen Zustand zu verbringen. Sobald ich wieder im Haus meines Vaters wohnte, verwischten und verblichen die Konturen der Erinnerung, und ich glitt zurück in meine Schattenwelt. Ich kehrte in ein Leben zurück, das ich während meiner Zeit auf der Farm aus meinem Kopf hatte verbannen können. Ich ging wieder zu Miss Klopper in die Schule, wo ich auch Davie Swart wiedersah. Doch nun ignorierte ich Davie, wusste ich doch zu viel über ihn, über seine Mutter und seinen Vater, und über jene weißen Kinder, die gar keine weißen Kinder waren und doch seine Geschwister. Ich wollte nichts mit ihm zu tun haben. Ich wollte nicht, dass er wusste, dass ich es wusste und alles gesehen hatte. Ich kapselte mich ab. Susan würdigte ich keines Blickes, berührte sie nicht einmal. Angela war weit weg im Internat, und so strich ich sie vorerst einfach aus meinem Bewusstsein. Ich war wieder das hässliche und verbitterte Mädchen mit dem verschnittenen Schopf und dem verschleierten Gesicht. In den neuerlichen Stimmungswandel meiner Mutter setzte ich diesmal kein Vertrauen. Ich wandte mich von ihr ab und klammerte mich stattdessen voller giftiger Wut an meine Enttäuschung.

Und da ich die Schwäche meines Vaters in dieser Zeit förmlich riechen konnte und mein eigener Hass mittlerweile wieder dicht unter der Oberfläche brodelte, wusste ich, dass die Stunde der Vergeltung gekommen war. Mein Vater hatte den ein oder anderen Erfolg in Gaborone zu verbuchen gehabt; er war für die erfolgreiche Organisation des Baus eines Clubhauses verantwortlich gewesen und hatte darüber hinaus einen Bericht über Rinderzucht und Fleischwirtschaft in der Kolonie verfasst. Auf diesen Bericht war er besonders stolz. Eines Tages ließ ich mit jener beiläufigen Brutalität, die ich von ihm gelernt hatte, eine Bemerkung fallen, die andeutete, dass sein Bericht bekanntermaßen ein Reinfall gewesen sei. Er explodierte auf der Stelle. Ich hatte ins Schwarze getroffen und meinen Finger in eine tiefe, schwelende Wunde gelegt, die ihn wohl erst zu dem gemacht hatte, der er war. Er sollte sich nie wieder von diesem Schlag erholen.

Mein Vater konnte einfach nicht glauben, dass ich mir eine solche Infamie selbst ausgedacht haben sollte. Ich musste es irgendwo aufgeschnappt haben. Das also dachten die Leute in Wahrheit über sein Werk. Sie verhöhnten seine Arbeit und dadurch ihn selbst, statt ihm Respekt zu zollen. Er fühlte sich geächtet und verfolgt und konnte sich aus diesem Wahn weder befreien noch die Sache auf sich beruhen lassen. Er befand sich in einem Zustand permanenter Raserei und war überzeugt, man mache sich hinter seinem Rücken über ihn lustig. Es war wie damals in England, als er mit dem Rasenmäher wahre Feldzüge gegen unseren armen Garten unternahm oder einen Baum in derart blinder Wut zu Boden streckte, als handele es sich um seinen persönlichen Todfeind.

Mit der Bemerkung über den Bericht war mir ein so überraschender Coup gelungen, dass mir mein Vater fast schon wieder Leid tat. Ich hätte ihm gerne gesagt, dass ich mir das alles nur ausgedacht hatte, konnte es aber natürlich nicht. Zum ersten Mal begriff ich, dass ich eine Bedrohung für ihn darstellte; wenn er uns nicht unter sein brutales Joch zwingen konnte, war er wie eine erschlaffte Kobra, die man an einen Baum genagelt hatte. Unser Leben in Gaborone wurde von Tag zu Tag unerträglicher. Irgendetwas nagte an meinem Vater, und die Spannung, die über unserem Haus lag, war kaum noch zu ertragen. Ich selbst befand mich in einem Zustand äußerster Verzweiflung. Die innere Spaltung, die mir zur Überlebensstrategie geworden war, funktionierte mittlerweile so perfekt, dass ich Mordgedanken gegen meinen Vater hegen und mir die Tat dank eines unbändigen Zorns und primitivster Regungen in allen Einzelheiten ausmalen konnte, ohne genau zu wissen, woher solche Phantasien eigentlich kamen. Gleichzeitig war mir das Ausmaß meiner Wut geradezu unheimlich. Es erschien selbst mir ein wenig übertrieben. Natürlich war da die unendliche große Angst, die ich ständig vor ihm hatte, dennoch wollte mir nicht einleuchten, warum ich einen so grenzenlosen Hass auf ihn verspürte. Immerhin war ich seine Tochter, sein eigen Fleisch und Blut, und doch sträubte sich alles in mir, sowie er in meine Nähe kam. Ich konnte es nicht ertragen, ihn anzusehen. Seine Hände ekelten mich. Beim Anblick seiner dunkel behaarten Arme wurde mir speiübel. Sein Gesicht, der Klang seiner Stimme, die Art und Weise, wie er aß, all das rief in mir ein unbändiges Verlangen hervor, ihm auf der Stelle ein Messer in den Leib zu rammen. Und doch war er mein Vater. Eigentlich sollte ich ihn lieben. Und liebte ich ihn nicht? Das Wort Liebe wäre mir in Verbindung mit ihm niemals in den Sinn gekommen, aber ich liebte ihn doch. Oder etwa nicht? Solange ich denken konnte, löste er solche Wechselbäder der Gefühle bei mir aus, und je älter ich wurde, umso schlimmer wurden sie.

Ich verstand nicht, wie sich die Verhältnisse derartig dramatisch hatten verschlechtern können. Ich konnte es mir nicht anders erklären, als dass ich die Quelle allen Übels war. Das ergab wenigstens Sinn. Manchmal versuchte ich, meinem Vater zur Hand zu gehen oder ihm die eine oder andere kleine Freude zu machen, aber das Problem, das zwischen uns stand, war zu groß. Und weil er nach außen hin, anderen Leuten gegenüber, einen völlig normalen Eindruck machte, gab es für mich nur diese eine Erklärung: Ich war das Problem. Es lag auf der Hand. Meine Mutter hatte sich endgültig von mir abgewandt und wollte mit den Wutausbrüchen, zu denen es zwischen mir und meinem Vater immer wieder kam, nichts mehr zu tun haben. Ihre ganze Aufmerksamkeit galt nun Susan. Susan war ein gutes Kind, freundlich, blond und brav. Die einzige Möglichkeit, bei meiner Mutter noch Punkte zu sammeln, bestand für mich darin, nett zu Susan zu sein oder auf sie aufzupassen, wenn sie nicht in der Obhut der Bediensteten bleiben wollte, wobei ich solche Situationen eher mied, weil ich Angst vor mir selber beziehungsweise vor dem hatte, was ich Susan antun würde, wenn man mich mit ihr alleine ließ.

Meine Mutter ließ jedenfalls keinen Zweifel daran, dass all dies selbstredend meine Schuld war. Hatte sie mir nicht schon seit Jahren gepredigt, dass ich nicht ständig so missmutig und finster dreinschauen sollte? Warum machst du so gar nichts aus dir, Kind? Was ist los mit dir? Warum kannst du nicht so sein wie andere Mädchen auch? So saß sie in ihrem knöchellangen Nylonunterrock an ihrem Frisiertisch, blinzelte in den Spiegel, um sich eine aus der Reihe getanzte Augenbraue auszuzupfen oder ihre dunklen Schatten unter den Augen mit einem Tupfer Creme zu kaschieren, und hielt mir Vorträge. Englische Mädchen wissen sich zu benehmen, fing sie jedes Mal an, sie laufen nicht ständig mit dieser Schmollmiene durch die Gegend und spielen die beleidigte Leberwurst. Und dann diese unmöglichen Ausflüge in den Busch! Wie ein wildes Tier siehst du immer aus, wenn du nach Hause kommst. In England würde man dir das nicht durchgehen lassen, das kann ich dir sagen. Guck doch mal in den Spiegel. Ein schöner Anblick ist das! Nie trägst du Schuhe, du hast Füße wie eine Eingeborene. Deine Haare sehen aus wie ein Rattennest, und waschen tust du dich auch nicht. Du stinkst, und es ist kein Wunder, dass man einen Bogen um dich macht. Was sollen nur die Leute denken, wenn wir erst wieder zu Hause sind?

Mit diesen Worten gab sie sich wieder dem traurigen Studium ihrer ungeschminkten Lippen hin und verweilte für einen selbstvergessenen Augenblick bei ihrem Spiegelbild, um dann von einer Sekunde zur nächsten in die andere ihrer beiden Lieblingsrollen zu schlüpfen. O GOTT, fuhr sie auf, ich hasse dieses stinkende, gottverdammte Land, diese Hitze, den Staub, den Dreck überall. Keine Minute länger halte ich das mehr aus. Indien war da doch was ganz anderes. Simla war einfach herrlich, die Hügel, die stillen Nächte. Auch Kaschmir war wunderschön – man konnte dort Ski fahren oder mit dem Boot auf den See hinausrudern. Indien war einfach anders. Indien hatte etwas Vornehmes, und die Menschen waren intelligent, sogar nach den Massakern, als sie sich gegenseitig so abgeschlachtet haben, dieses ganze Blutvergießen, sicher, das war furchtbar, und uns blieb ja gar nichts anderes übrig, als zu gehen, aber trotzdem, Indien war was ganz anderes.

Sie beäugte sich wieder im Spiegel und schob dabei ihr Gesicht immer näher an dessen widerscheinende Oberfläche heran. Und dann befiel sie regelmäßig die Panik: Sieh dir nur meine Haut an, mein Haar, was ist nur aus mir geworden? So kann ich doch unmöglich zurück gehen. Was werden die Leute in England von mir halten, nach allem, was ich hier mitgemacht habe? Ich beruhigte sie, sagte ihr, wie gut sie immer noch aussehe, und dass niemand ein schlechtes Wort über sie verlieren würde. Du weißt doch, wie jung du wirkst, du bekommst doch ständig gesagt, dass du Dads Tochter sein könntest. Ich überredete sie zu einem kleinen Mittagsschlaf und ging in die Küche, um ihr Eischnee für ihre Gesichtsmaske zu schlagen. Dann half ich ihr, ihre Locken unter dem Haarnetz zu verstauen, und hielt die Schale mit dem Eischnee, während meine Mutter ihn auf ihrem Gesicht verteilte, um dann mit geschlossenen Augen auf dem Bett liegen zu bleiben. Ich schüttelte das zarte, weiße Moskitonetz auf, drapierte es um ihr Bett und versprach, mit Susan zum Spielen in den Garten zu gehen, damit sie in Ruhe schlafen könne. Gehen wir auch wirklich zurück?, fragte meine Mutter beinahe flehentlich und fügte hinzu: Wir kommen doch hier noch mal raus, oder? Ganz bestimmt, beruhigte ich sie, du wirst sehen, bald packen wir unsere Koffer, und dann sind wir weg.

Die Vorstellung wegzugehen war für mich ein Alptraum: fort von hier, nach Hause, das war undenkbar. Und was mich betraf, so hatte meine Mutter natürlich Recht. In diesem Punkt kannte sie mich wie keine Zweite. Ich weiß genau, was du denkst, hatte sie oft gesagt. Ich konnte weder nach England noch sonst wo hingehen. Natürlich nicht. Kein anderer Ort auf der Welt würde mich nehmen. Nirgendwo anders würde man mich auch nur eines Blickes würdigen. Die Beschreibung meiner Mutter war durchaus zutreffend gewesen. Nur hier war ich überlebensfähig. Vielleicht ging es meinem Vater ja ähnlich, vielleicht konnte er den Gedanken an England ebenso wenig ertragen wie ich. Unter anderen Umständen hätten wir einander vielleicht eine Stütze sein können. Vielleicht. Manchmal behandelte er mich mit vollkommener Gleichgültigkeit – ich war nichts als der Dreck unter seinen Schuhen, mit denen er in alter Gewohnheit durch unser Leben trampelte, mein Körper sein Stiefelknecht. Indien und Afrika hatten es ihm heimgezahlt. Ihre Indifferenz hätte größer nicht sein können.

Auch meine Mutter hatte gelernt, seine Gleichgültigkeit mit gleicher Münze heimzuzahlen. Mir hingegen blieb nur meine stumme Wut und ein immer stärker werdendes Verlangen, zum alles entscheidenden Gegenschlag auszuholen. Die Gewalt, die das Verhältnis zwischen meinem Vater und mir bestimmte und doch nie zur Sprache kam, vergiftete inzwischen jeden unserer Atemzüge.

Meine Mutter kam mir niemals zu Hilfe, wenn mein Vater gewalttätig wurde. Vor langer Zeit schon hatte sie mir mehr als deutlich gemacht, dass ich ihr gegenüber darüber kein Wort zu verlieren hatte. Nur ein einziges Mal – wir wohnten damals in Pretoria, und das zivilisierte Umfeld mag sie kurzfristig zur Besinnung gebracht haben, vielleicht war sie aber auch nur vom schieren Ausmaß seiner Gewalttätigkeit erschüttert –, dieses eine Mal konnte selbst sie nicht die Augen vor dem verschließen, was doch so offensichtlich war. Mein Vater benahm sich wie ein wildes Tier, brüllte mich an und schlug mit dem runden Silberknauf seines Spazierstocks auf mich ein. Er schien überhaupt nicht mehr aufhören zu können. Ich glaube, dieser Vorfall hat selbst ihn im Nachhinein erschreckt, denn am nächsten Morgen kam er in mein Zimmer, schlug meine Bettdecke zurück und besah sich wortlos den Schaden, den er am Vorabend angerichtet hatte.

Als meine Mutter längst wieder im sicheren England lebte, habe ich sie einmal gefragt, warum sie nie etwas gegen die Exzesse meines Vaters unternommen hat. Sie entschuldigte sich. Es tat ihr Leid, so wie ihr das, was wir in Goedgegun erdulden mussten, Leid tat. Sie hätte keine andere Wahl gehabt, sagte sie, und wollte, dass ich sie verstehe. Ich verstand sie. Sie erzählte mir, dass sie nach jenem letzten Mal in Pretoria damit gedroht hatte, meinen Vater zu verlassen, so schlimm sei es gewesen. Ich sollte Mitleid mit ihr haben, und natürlich hatte ich es.

Damals in Gaborone, als wir dachten, wir würden vielleicht nach England zurückgehen, fing ich an, viel Zeit bei unserem Koch Mpanda in der Küche zu verbringen. Die Messer, mit denen er dort hantierte, übten eine ungemeine Faszination auf mich aus, eines ganz besonders – ein Fleischermesser mit einer wunderschön geformten Spitze. Es war nicht besonders lang, zwanzig Zentimeter vielleicht, aber unglaublich schwer und sehr scharf, perfekt geschliffen und einfach schön, durch langen Gebrauch geschmeidig und gefügig gemacht. Mpanda wetzte dieses Messer mit Vorliebe an der Kante der Zementstufe, die vom Hintereingang der Küche auf das kleine Fleckchen Erde hinausführte, auf dem sich die Bediensteten in ihren Pausen zu einem Glas Tee und der ein oder anderen Witzelei versammelten. Der Grund war hier so festgetreten, dass er wie blanker Beton wirkte. Nachdem Mpanda die Klinge zunächst gründlich an der Treppe gewetzt hatte, zog er die Schneide, die er dabei von Zeit zu Zeit mit seinem Speichel befeuchtete, zur Vollendung seines Werks immer noch ein paar Mal über die harte, blanke Erde, um ihr den nötigen Feinschliff zu geben. Das Geräusch von Stahl auf betonharter Erde kratzte jedes Mal auf fast unerträgliche Weise an meinen Nerven. Hör auf, schrie ich auf. Was hast du jetzt schon wieder?, wollte er wissen. Immerzu stört dich etwas, man könnte meinen, die bösen Geister seien hinter dir her. Nichtsdestotrotz setzte er sein Wetzen und Schleifen jetzt in einer etwas sanfteren Gangart fort. Zum Abschluss ließ er einen schwieligen Finger prüfend über die Klinge gleiten, und als er auch damit fertig war, nahm ich ihm das Messer aus der Hand und führte es vorsichtig an meinen eigenen blütenweißen Fingern entlang. Alles in allem verbrachte ich offenbar zu viel Zeit in Gesellschaft dieses Messers, jedenfalls begann Mpanda, misstrauisch zu werden. Eines Morgens traf mich sein durchdringender Blick, und er verkündete: Genug jetzt, *Missy*, Messer sind kein Spielzeug, die brauchen auch ihre Ruhe, also lass es jetzt. Mir schienen seine Worte wie eine Warnung, als wollte er mir sagen, tu's nicht, und ich wurde fortan das schreckliche Gefühl nicht mehr los, er hätte mir womöglich in die Seele geschaut.

Nach diesem Vorfall hielt ich mich von der Küche und von Mpanda fern. Ich war mir sicher, dass er etwas ahnte. Nachvollziehen konnte er meine mörderischen Absichten wohl allemal, denn er selbst hatte kürzlich wegen irgendeiner Kleinigkeit einen unschönen Zusammenstoß mit meinem Vater gehabt, der sich natürlich wieder einmal zu einer überaus hässlichen Szene ausgeweitet hatte. Ich saß unter dem Zitronenbaum unweit des ausgedienten Toilettenhäuschens, das als mein privates Clubhaus fungierte, und beobachtete das Geschehen aus sicherem Abstand. Mpanda kam aus dem Haus und hielt zügig auf seine eigene Unterkunft zu, die am Ende des Gartens lag. Er machte einen aufgebrachten Eindruck. Wie aus dem Nichts, so wie nur er es konnte, tauchte plötzlich mein Vater auf und schlug mit voller Wucht die Fliegentür hinter sich zu. Mpanda blieb stehen und wandte sich um. In diesem Augenblick versetzte mein Vater Mpanda einen gewaltigen Tritt, der diesen am Oberschenkel nahe der Leistengegend traf und ihn förmlich durch die Luft schleuderte. Für eine Sekunde sah es so aus, als wolle der Schwarze sich noch an das ihn umgebende Nichts klammern, doch im nächsten Moment schlug er schon auf dem betonharten Erdboden auf, seine eben noch geballte Faust zur flachen Hand gespreizt, die im Abfangen des Aufpralls über den Boden schürfte. Ich wäre ihm gerne zu Hilfe geeilt, fühlte mich jedoch wie gelähmt, und natürlich stand mein Vater auch noch dort, brüllte Beleidigungen und drohte, den einzigen Koch, der es je länger als ein paar Monate in unserem armseligen Haushalt ausgehalten hatte, auf der Stelle zu entlassen. Den Ausdruck auf Mpandas Gesicht werde ich mein Lebtag nicht vergessen. Sein Kiefer bewegte sich unmerklich, sein Blick verriet kaum verhohlenen Hass, so viel angestaute und nun kaum noch zu bändigende Wut, dass mir ein eisiger Schauer den Rücken hinunterlief. Er schien nur noch auf die passende Gelegenheit zu warten, um sich an diesem Despoten, diesem gottverdammten Hund zu rächen. Und seine Stunde würde kommen, davon schien er überzeugt. In diesem Augenblick muss irgendetwas in mir aufgebrochen sein, etwas, das mein Blut fast zum Überkochen brachte. Mir stockte der Atem, und jede Faser meines Körpers war bis aufs Äußerste gespannt. Noch eine Bewegung meines Vaters hätte genügt – ich lauerte förmlich darauf –, und ich hätte mich über die knisternde Distanz hinweg mit einem Satz auf ihn gestürzt und ihn zu Boden geworfen.

Mein Vater starrte auf den Körper zu seinen Füßen. Er hätte Mpandas Wuschelkopf ohne weiteres einen weiteren Stiefeltritt versetzen können, und für einen Augenblick sah es so aus, als würde er genau dies auch jeden Moment tun. Dann aber schien er plötzlich das Interesse an der ganzen Angelegenheit verloren zu haben. Er stand noch eine Weile herum, ein Mann, der sich nur mal eben im Garten umschaut, bis sich der nächste Grund fände, um seine zerstörerischen Energien von neuem zu entfachen. Ich zitterte am ganzen Körper, aber ich wusste, dass der Moment, der mich zur Gegenwehr beflügelt hatte, verpasst war. Mein Vater war in seine eigene Welt abgetaucht, hatte sich ausgeklinkt, war abwesend und entrückt. Als ich ihn mir in diesem Zustand so anschaute, wurde mir plötzlich klar, dass es durchaus leicht sein könnte, ihm ein Messer in die Brust zu rammen. Vielleicht würde er es gar nicht merken, oder erst, wenn schon alles zu spät war. Vielleicht würde er mich bis zur vollbrachten Tat nicht einmal zur Kenntnis nehmen.

Mpanda war in der Hitze nur noch als vage, aus meinem Blickfeld flirrende Figur zu erkennen. Mein Vater schien gänzlich verschwunden. Nur ich war noch übrig. Ich sah mich nach dem Messer um, als ob ich erwartet hätte, es hier auf dem harten Boden, wo Mpanda es so oft gewetzt hatte, zu finden. Es war nirgends zu sehen. Ich entdeckte es schließlich in der Küchenschublade, wo es friedlich bei all den anderen Messern lag. Ich nahm es in die Hand und prüfte sein Gewicht. Ich ließ es kurz über die Innenseite meines Handgelenks gleiten und schaute zu, wie das Blut langsam an die Oberfläche quoll. Ich empfand keinerlei Schmerz. Ich legte das Messer zurück in die Schublade und wartete auf die einsetzende Dunkelheit. Am Abend würde ein fehlendes Messer niemandem mehr auffallen.

Den späten Nachmittag verbrachte ich in der Küche, wo Mpanda gerade das Abendessen zubereitete. Geh und mach deine Schularbeiten, sagte er, während er mit meinem Messer ein Stück Rindfleisch zerteilte. Das ist kein Spielplatz hier. Er kochte Eintopf, und die Zwiebeln waren bereits geschnitten. Ich hab keine Hausaufgaben auf, erwiderte ich.

Mpanda war mürrisch, auf düstere Weise in sich gekehrt, und wollte ganz offensichtlich lieber allein sein. Ein unangenehmer Geruch ging von ihm aus. Seine Haut, normalerweise samten und dunkel wie schwerer Rotwein, sah heute stumpf aus. Seine braunen Augen blickten ausdruckslos ins Leere. Ich hatte versucht, ihn mit zwei Zigaretten aufzuheitern, die ich ihm aus der runden Büchse von *Capstan* stibitzt hatte, aber er hatte noch nicht einmal einen Blick dafür übrig. Ach komm schon, sagte ich, ich weiß doch ganz genau, dass du die magst. Er tat, als hätte er mich gar nicht gehört, fuhr sich mit dem Finger über die Oberlippe und drehte sich um.

Beim Abendessen sprach kaum jemand ein Wort. Mein Vater versuchte wieder einmal, mich im Kopfrechnen vorzuführen, indem er mir nicht enden wollende Zahlenkolonnen entgegenschleuderte, die ich dann in zwei Sekunden, wie er es konnte, zusammenrechnen sollte. Ich kann mir noch nicht mal die Zahlen merken, sagte ich. Na, dann werde ich sie wohl wiederholen müssen, entgegnete er unwirsch, und das ganze Theater begann von vorn. Er sah mich erwartungsvoll an. Kannst es wohl nicht, was? Bisschen zurückgeblieben, wie? Ich ignorierte ihn. Meine Mutter machte einen zunehmend nervösen und unglücklichen Eindruck. Susan saß am Tisch, und ich konnte sehen, wie sie das Ganze verinnerlichte. Sie wollte sicherstellen, dass sie die Antworten wußte, wenn sie irgendwann dieses Spiel würde spielen müssen. Wenn Angela da gewesen wäre, hätte sie sich hinter ihrem dunklen Pony versteckt und kaum zu atmen gewagt. Nun?, bellte mein Vater mich an. Bekomme ich eine Antwort? Ich saß da, die Hände unter die kribbelnden Oberschenkel geklemmt, und konnte kaum an mich halten.

Meinem Vater bereitete all dies sichtliches Vergnügen. Er würde noch lange nicht locker lassen. Elizabeth huschte herein, trocknete sich rasch die Hände an ihrer kleinen weißen Schürze und räumte eilig den Tisch ab. In Windeseile erschien sie erneut, diesmal mit einer Glasschüssel mit Schokoladenpudding, die sie mit einem kleinen Knicks vor meinem Vater auf den Tisch stellte. Na, wollen wir doch mal sehen, ob du wenigstens im Subtrahieren was auf dem Kasten hast, meinte mein Vater, der sich gerade den ersten Löffel feucht glänzenden Puddings in den offenen Mund geschoben hatte. Also, fangen wir an, 5689 minus 987 ... So weit, so gut. Und jetzt das Ganze minus 478 ...

Ich war aufgesprungen, und so schnell mich meine Beine trugen, rannte ich in den Busch hinaus, die lautstarken Verfluchungen meines Vaters wie Peitschenhiebe im Rücken: Du kommst sofort wieder zurück, du verfluchte Schlampe, oder ich schlag dich so windelweich, dass dir Hören und Sehen vergeht! Ich stellte mir meine Mutter vor, wie sie ihn mit einem ihrer Seufzer fragte, ob das denn wirklich sein müsse. Susan würde derweil mit gesenktem Kopf am Tisch sitzen, den Schokoladenpudding fixieren und so tun, als sei das alles ganz normal. Ich aber war vorerst entkommen, und mir war in diesem Moment, als seien mir Flügel gewachsen. Ich hob ab, kreiste hoch über dem langsam in Dunkelheit versinkenden Busch, den Sternen entgegen, die nach mir griffen, um mich zu sich hoch zu ziehen, höher und höher in die immer kälter werdende Stille hinein. Ich hatte jedes Schuldgefühl hinter mir gelassen, meine schreckliche Angst hatte sich in Willenskraft verwandelt, und ich war wie berauscht von einem schier ununterdrückbaren Hochgefühl. Ich würde nicht länger meines Vaters Tochter sein. Ich würde aufhören, seine Tochter zu sein, indem ich ihn einfach umbrachte. Dann gäbe es keinen Vater mehr. Blutrache: sein Blut für meins. Ich wanderte immer tiefer in den Busch hinein und führte unterwegs rituell anmutende, wilde Tänze auf. Ich beschmierte mich über und über mit Schlamm, drehte mich rhythmisch stampfend im Kreis und streckte meine Arme einem primitiven Gott entgegen, dem meine Unschuld heilig war und der meinem Stammesopfer seinen Segen nicht verweigern würde. Ganz plötzlich schaltete ich um und schlüpfte wieder in mein europäisches Ich hinein: Es bedurfte einer gewissen typisch weißen eiskalten Berechnung, um meinen Vorsatz in die Tat umzusetzen.

Ich wartete, bis es Nacht geworden war und ich sichergehen konnte, dass mein Vater an seinem Schreibtisch eingenickt war, fürs Erste zumindest. Dann schlich ich mich zu unserem Haus zurück und kletterte durch das Küchenfenster hinein. Der Duft der unter meinen Füßen zertretenen Kapuzinerkresse und Zinnien lag mir scharf in der Nase. In der blitzsauberen Küche herrschte Totenstille. Ich ging zum Kühlschrank und aß den Rest des Schokoladenpuddings. Dann öffnete ich die Schublade und nahm mein Messer heraus. Für einen Moment glaubte ich, das Messer würde in meiner Hand vibrieren, aber es waren doch nur meine Hände. Ich hörte das leise Murmeln des Kühlschranks, der mir Mut zuzuflüstern schien. Ruhig bleiben. Ganz ruhig bleiben und nicht die Nerven verlieren.

Zunächst schlief das Messer unter dem Laken verborgen und friedlich an meinen Oberschenkel geschmiegt mit in meinem Bett. Ich konnte mich anfangs nicht dazu durchringen, es zu berühren. Fern seines angestammten Platzes schien sein kühler Stahl plötzlich schlangenhaft und abstoßend, aber langsam vermochte mein Körper die Klinge zu erwärmen, bis sie schließlich Teil meiner selbst geworden war. Messer und Mädchen waren zu einem untrennbaren Ganzen verschmolzen. Ich war das Messer, und das Messer war ich. Um die Flammen meiner eigenen Mordlust zu schüren, stellte ich es mir glühend heiß vor, und durch diese Hitze sollte auch der Zweck des Messers geläutert und geheiligt werden. Ich dachte an die rot glühenden Eisen, mit denen man Rindern die Brandzeichen in die Haut sengt, und an den scharlachroten Stahl der Zangen, mit denen Bullen kastriert werden. Damit Angst und Schrecken mich nicht überwältigten, durfte ich nicht aufhören zu denken. Würde es mir denn gelingen, ein Herz wie das seine überhaupt zu treffen, es gar mit einem einzigen Stich zu durchbohren? Während ich so in der Dunkelheit lag und wartete, stellte ich mir meinen Vater als einen von der Herde verstoßenen Elefanten vor, der in blinder Zerstörungswut durch den Busch trampelt und die im Weg stehenden Bäume ausreißt. Nacht um Nacht lauschte ich, das Messer in der Hand. Nacht um Nacht, im sanften Schein meines Nachtlichts, wartete ich darauf, dass sich unser Haus endlich zur hoffentlich ewigen Ruhe begeben würde.

Als er schließlich kam, konnte ich mich nicht wie sonst einfach aufspalten. Um klar denken und handeln zu können, musste ich voll und ganz bei mir sein. Wenn ich jetzt in zwei Hälften zerfiel, würde nur noch eine Hälfte funktionieren, und das reichte nicht. Spaltung hätte bedeutet, wie unser Generator sang- und klanglos den Geist aufzugeben und keinen Mucks mehr von sich zu geben. Aber ich schaffte es, nicht auseinander zu fallen, und schon aus diesem Grund ist mir diese Nacht im Gegensatz zu den anderen, in denen es galt, sich zu spalten und zu vergessen, bis heute in Erinnerung geblieben. Mein Zimmer war in dieser Nacht nur vom Mond erleuchtet; er schien durch das Fenster, von dem aus man in den Garten mit der Fahnenstange und dem gehissten Union Jack blickte. Das Mondlicht breitete sich über das Bett aus und salbte mich, während ich dort lag und den Königsmord plante. Ich hörte ihn den Gang entlang kommen, Schritt für Schritt. Ich zählte mit, von eins bis fünfzehn, jeder gezählte Schritt ein Anker, der mich vor dem Versinken in den gewohnten Trancezustand bewahrte. Als die Tür aufging und mein Vater im Zimmer stand, konzentrierte ich mich nicht auf seinen dunklen Schatten, sondern auf das Mondlicht, das die kleine Veranda vor meiner Tür in einen goldenen Schein hüllte. Für einen Augenblick sah ich bis auf dieses Gold nichts und niemanden. Es hätte mich fast mit sich fortgetragen. Ich spürte, wie es mich durchflutete, wie ich in seinen Glanz eintauchte, und das Einzige, was mich davon abhielt, mich in ihm zu verlieren, war das Messer in meiner Hand, mein Messer, mein Ich, das ganz Messer geworden war. Als er vor meinem Bett stand, wusste ich sofort, dass er im nächsten Moment mein Kissen greifen würde, um es mir aufs Gesicht zu drücken. Blitzschnell stand ich im Bett, wie eine Gurkha-Kriegerin, in meiner erhobenen Hand das Messer, das ich ihm hier und jetzt ins Herz stoßen würde. Es war ein Augenblick von vollendeter Schönheit. Ich sah meinen stählern auslaufenden Arm auf ihn zustürzen. Er stand einfach da, seine Augen, grün wie die meinen, starr vor Entsetzen. Das Messer raste auf ihn zu, doch die Schönheit dieses Augenblicks war flüchtig, denn im nächsten Moment wurde das Messer, und ich mit ihm, seitwärts aufs Bett geschleudert. Ich versuchte, es im Wirrwarr der Laken wiederzufinden, fand es endlich und war gerade im Begriff, mich wieder aufzurappeln, als mich ein gewaltiger Schlag abermals zur Seite warf. Eine Faust traf mein Gesicht, zerschmetterte meine Nase, die sich in Ströme von Blut verwandelte. Mein Blut, nicht seins.

In dem Moment, als ich begriff, dass er nicht tot war, und ich ebenfalls nicht, überkam mich eine abgrundtiefe Verzweiflung. Ich hätte es wissen müssen, dass man ihn nicht töten konnte. Ich hätte es wissen müssen. Nur jetzt war alles noch schlimmer, jetzt war ich der Täter. Ich war er geworden. Den Mord allein versucht zu haben genügte, um mich zu verdammen. Ich wusste das, der Gedanke war ebenso schlimm wie die Tat, der Versuch ebenso schlimm wie das Scheitern. Ich war verloren. Ich war unendlich weit entfernt von Gottes Gnade, verloren im Dschungel der Schlangen. Nichts konnte mich jetzt noch retten.

Elf

Wir gingen nicht nach England zurück, sondern wurden nach Mafeking versetzt. Die allgemeine Aufregung legte sich. All die Gerüchte über den Abzug der Briten aus den Kolonien hatten sich als blinder Alarm erwiesen. Fürs Erste blieben wir, um das Empire für Königin und Vaterland noch eine Weile am Laufen zu halten. Während unserer letzten Tage und Wochen in Gaborone, nach meinem missglückten Attentat auf meinen Vater, konnten wir uns nicht mehr in die Augen schauen. Ansonsten verlief unser Leben in den gewohnten Bahnen, wir machten weiter wie zuvor, als wäre nie etwas vorgefallen. Beinahe jedenfalls. Wir saßen zu den Mahlzeiten um den Tisch herum, jeder an seinem angestammten Platz: Würdest du mir das Salz rüberreichen, könnte ich bitte die Butter haben, darf ich jetzt aufstehen? Die alte, eingespielte Routine. Nur die Kopfrechenaufgaben hatte mein Vater aufgegeben, und manchmal kam er erst sehr spät nach Hause. An solchen Abenden blieben dann die Bediensteten auf, um ihm zu später Stunde noch ein einsames Abendessen zu servieren. Die Stimmung im Haus hatte sich verändert. Meine Mutter verbrachte ihre Tage unter ihrem Moskitonetz, und diesmal schien ihr Rückzug endgültig. Sie schaute mich kaum noch an. Zwischen meinem Vater und ihr herrschte beklemmende Stille, sie sprachen kaum ein Wort miteinander. Es war, als würden wir alle es jetzt wissen und als bestünde nicht ein Hauch von einem Zweifel daran. Das alte Spiel, in dem wir alle so getan hatten, als sei nie etwas gewesen, war nur noch schwerlich aufrechtzuerhalten, und so gingen wir uns lieber gänzlich aus dem Weg.

Das Messer war verschwunden, und Mpanda verlangte eine Erklärung von mir. Tatsächlich hatte ich nicht die geringste Ahnung, wo es abgeblieben war. Ich konnte mich wohl an jene Nacht erinnern, aber die Einzelheiten begannen, in meinem Gedächtnis durcheinander zu geraten. Sie wollten sich zu keinem kohärenten Bild zusammenfügen und lagen so über mein gesamtes Innenleben verstreut, dass ich bei jedem Schritt Angst hatte, über ein unliebsames Versatzstück zu stolpern. Das Einzige, was mir gestochen scharf im Gedächtnis geblieben war, war das Messer selbst und mein zum Töten erhobener Arm. Mit der Zeit verwandelte sich mein Racheakt von einem Versuch, meine Unschuld wiederzugewinnen, in etwas Hässliches und Schmutziges, das ebenso in der Versenkung verschwand wie das Messer selbst – fast vergessen, aber eben doch nicht ganz vergessen. Wirklich und unwirklich zugleich, wie eigentlich alles in meinem Leben. Und dann begann mich das Messer plötzlich zu verfolgen. Aus irgendeiner dunklen Ecke meiner Erinnerung tauchte sein Bild nun ständig und überall wieder auf, in jedem aufblitzenden Sonnenstrahl, im glutroten Abendhimmel, und sogar der blasse Schein des Mondes war wie zu einem einzigen messerscharfen Strahl gebündelt, dessen kaltblütige Spitze anklagend auf mich deutete. Es war nur noch eine Frage der Zeit, bis das Messer und ich wieder aufeinander treffen würden, um uns aufs Neue zu vereinen.

Ich verkam zu einer Art Gespenst. Ich war zunehmend verwirrt, meine Erinnerung war in tausend Einzelteile zerfallen, und wenn ich mich im Spiegel betrachtete, schien ich kaum zu wissen, wessen Bild mir da entgegenblickte oder was genau ich getan hatte. Manchmal wachte ich schreiend auf, und in meinem Kopf wimmelte es dann jedes Mal von grauenhaften Bildern: ein Gesicht, aller kenntlichen Züge beraubt, starrte mich aus der Dunkelheit an; ein ertrinkendes Kind in einem Meer von Daunen; Tausende von Skorpionen und schleimige Substanzen, die aus meinem Mund quollen. Meine Laken waren jeden Morgen so verdreht und verknotet, dass man meinen konnte, ich hätte mich damit des Nachts erdrosseln wollen.

Meinem Vater erging es nicht besser. Spätestens bei unserer Ankunft in Mafeking muss auch ihm klar gewesen sein, dass ihm höchstens noch ein paar Jahre in Afrika blieben. Den Engländern gingen die Kolonien aus. Ein Überseegebiet nach dem anderen war im Begriff, aus dem Besitz der Krone in die Hände seiner angestammten Besitzer überzugehen, und das machte Leute wie meinen Vater zunehmend überflüssig und in letzter Konsequenz dann vermutlich auch arbeitslos. Er hatte nie einen Fuß in eine der englischen Eliteschulen gesetzt und hätte wohl ohnehin nicht viel mit ihren Idealen von Anstand, Ehre und *fair play* anfangen können. Ihm, der sich ein Leben lang am Vorbild der Guerillataktiken des irischen Befreiungskampfes orientiert hatte, war solch hehrer Firlefanz von Grund auf fremd. Ohne jegliches Privatvermögen und ohne berufliche Qualifikationen, die über seine Erfahrungen in der nunmehr dem sicheren Untergang geweihten Kolonialverwaltung hinausgingen, würde ihm nichts anderes übrig bleiben, als nach England zurückzukehren, in das Land, das seinerzeit das Irland seiner Jugend auf so brutale Art und Weise geprägt hatte.

Er wirkte wie ein tödlich verletzter Wal, der sich ein letztes Mal verzweifelt aufzubäumen versuchte, bevor die Zukunft ihn erbarmungslos schluckt. Der Kreislauf der Gewalt, der uns einst so unverbrüchlich miteinander verbunden hatte, war gebrochen. Mein Vater schien ebenso tief in seine eigene Schattenwelt versunken wie ich in die meine. Ich habe aus dieser Zeit kaum Erinnerungen an ihn, und er für sein Teil hatte mich damals wohl schon völlig vergessen. Er trug den Kampf nun mit sich selbst aus und schien zu wissen, dass die Schlacht bereits verloren war. Englands Zeit als Kolonialmacht war abgelaufen und damit auch die seine. Ich war mir seines Elends durchaus bewusst, doch Mitleid konnte ich nicht mit ihm haben. Ich wünschte nur noch, er hätte mich nie auf die Welt gespritzt.

Mafeking war meine gerechte Strafe. Schon allein die Schule erwies sich als täglicher Gang durch die Hölle. Angela war wegen ihrer Weigerung, sich den gottesfürchtigen Damen der örtlichen Klosterschule zu unterwerfen, der Schule verwiesen worden. Seither besuchte sie das Internat von St. Mary in Johannesburg, zusammen mit Myfanwy und Vyvyan le Cordeur. Ich hingegen war nach wie vor zu Hause, und zu Hause hieß neuerdings Mafeking. Englische Mädchen gingen normalerweise bei den Nonnen zur Schule, aber nach Angelas unrühmlichem Abgang kam die Klosterschule für mich natürlich nicht mehr in Frage. Stattdessen schickten mich meine Eltern auf das städtische Gymnasium, das fast ausschließlich von Afrikaandern besucht wurde. Seit den Tagen des Burenkrieges lebte man in Mafeking, ähnlich wie heutzutage in Belfast, fein säuberlich nach ethnischer Zugehörigkeit getrennt. Als Mafeking 1902 an die Engländer gefallen war, hatte man die Buren zusammengetrieben und in die ersten Konzentrationslager der Weltgeschichte gesteckt, wo viele von ihnen umgekommen waren oder zumindest entsetzliches Leid erduldet hatten. Die Erinnerungen an diese Zeit waren keineswegs verblichen, und meine neuen Schulkameraden schienen nur auf die Gelegenheit gewartet zu haben, sich an der nächstbesten Engländerschlampe, die sich in ihr *Laager* wagte, zu rächen. Ich war leichte Beute für sie.

Die Schuluniform des Gymnasiums in Mafeking bestand für die Mädchen aus einem dunkelgrünen Kittel, dessen breite Falten von der Passe bis zu den Knien reichten und zu dem man Hemdbluse mit Krawatte zu tragen hatte. Wie üblich trug ich Angelas alte Sachen auf, nur war der Kittel der Klosterschule, der einst ihr und nun mir gehörte, hellgrün und nicht dunkelgrün. Hartnäckig hatte er allen Färbeversuchen widerstanden, und so kündete sein blasses Pastell gleich am ersten Schultag – bevor ich noch den Mund aufgemacht hatte – unmissverständlich von meiner unliebsamen Herkunft. Ich war ein feindlicher Eindringling, und keine große Pause verging, ohne dass ich mich, von meinen Mitschülern umzingelt, mit dem einen oder anderen der großen Jungen und schulbekannten Schlägertypen zu prügeln hatte. Mit der Zeit lernte ich durchaus zurückzuschlagen, aber die unzähligen Grausamkeiten des Schulalltags waren auf die Dauer doch zu viel für mich. Meine Kaltblütigkeit war verpufft, und die wütende kleine Kriegerin gehörte längst vergangenen Zeiten an. Ich schaffte es ja kaum, mich auch nur halbwegs über Wasser zu halten, und so fügte ich mich fürs Erste in mein Schicksal. Zweimal hätte mich meine schlafwandlerische Dumpfheit fast das Leben gekostet. Das eine Mal fuhr ich mit dem Fahrrad geradewegs in den Hinterreifen eines Autos hinein, und das andere Mal radelte ich völlig ungeachtet des heraneilenden Schnellzuges quer über einen Bahnübergang. Die Leute brüllten mir aus den heruntergekurbelten Fenstern ihrer wartenden Autos hinterher und tippten mit dem Finger an die Stirn, wohl um mir zu bedeuten, dass ich den Verstand verloren haben müsse. Von keinem dieser beiden Vorfälle habe ich je jemandem erzählt. Mir dämmerte wohl schon damals, dass ich mich durchaus mit einer gewissen Absicht in Todesgefahr begab, ohne freilich irgendetwas daran ändern zu können.

In Mafeking wohnten wir in einer Siedlung namens *The Imperial Reserve*. Damals lebten die Kolonialbriten noch in solch abgeschotteten Anlagen, deren wohlklingende Namen allesamt von den ruhmreichen Segnungen des Empires kündeten. *The Imperial Reserve* war kaum mehr als eine schäbige und von Trampelpfaden durchzogene Ansammlung von Fertighäusern und einigen älteren Gebäuden, manche von gepflegten Gärten umgeben, andere auf einem kargen Flecken Erde errichtet, den eine Weide oder ein Akazienbaum und ein paar in Autoreifen gepflanzte Geranien zierten. Unser Haus war mit Abstand das schönste in der Siedlung, aber es war auch das Haus, in dem sich ein schrecklicher Unfall zugetragen hatte. Großzügig angelegt und angenehm schattig besaß es etwas von der Eleganz der älteren Bauten. Eine lang gezogene und überdachte Veranda erstreckte sich über seine gesamte Vorderfront; ihr roter Kachelfußboden wurde jeden Morgen von einem der Bediensteten auf Hochglanz poliert. Das Haus lag im Schatten großer, alter Bäume. Mein Zimmer befand sich im hinteren Teil des Hauses, nahe der Küche, mit Blick in den Hof. Genau dieser Hof war seinerzeit auch Schauplatz jenes grauenhaften Unfalls gewesen.

Die Geschichte war allgemein bekannt, und wenige Tage nach unserer Ankunft in der Siedlung hatte man sie uns schon in allen Einzelheiten erzählt.

Zu unserem Haus gehörte auch ein Rosengarten und ein mit winzigen Schwertlilien umpflanzter Teich, in dem rote und orangefarbene Goldfische schwammen. Eine unserer Nachbarinnen erteilte uns Zeichenunterricht, und ich war immer wieder aufs Neue fasziniert davon, wie getreu sich die feinen Umrisse der Fackellilie auf ein Blatt Papier übertragen ließen. Unser Haus war ein Zufluchtsort vor dem gnadenlosen Mafeking, aber selbst er vermochte den Erdrutsch, der sich unaufhaltsam in meinem Kopf vollzog, nicht mehr aufzuhalten. Auch ich hatte von dem Jungen gehört, der eines Tages beim Spielen im Hof mit der Schaufel auf eine nicht detonierte Bombe aus dem Burenkrieg gestoßen war. Sie war auf der Stelle explodiert, hatte seinen Arm in tausend Stücke zerfetzt und ihn sein Augenlicht gekostet. Ich wollte um jeden Preis herausfinden, wo genau es passiert war. Wie sich herausstellte, war es in der Nähe des Drahtzauns gewesen, unweit des alten Brunnens und schräg gegenüber von dem Baum, von dem der Strick mit dem alten Autoreifen baumelte. Stunde um Stunde brachte ich in dieser Ecke unseres Hofes zu und malte mir die Szene in meiner morbiden Phantasie in allen Einzelheiten aus. Nicht weit von uns wohnte ein verrückter Oberst, der an einer Kriegsneurose litt. Er war allgemein als reichlich schießwütiger Zeitgenosse bekannt, und jeder, der bei Verstand war, hielt sich von ihm fern. Kaum hatte ich von ihm gehört, fing ich an, mich spätnachts mit einem Beutel voller Kieselsteine aus dem Haus zu schleichen. Einen Stein nach dem anderen warf ich auf das Dach des Oberst und versteckte mich dann im Gebüsch.

Jedes Mal stürzte er mit geladener Flinte aus dem Haus und feuerte durch das nächtliche Dunkel direkt in meine Richtung. Ob es ein neuer oder der alte Krieg war, den er ausgebrochen glaubte, war schwer zu sagen. Ich spürte seine Kugeln dicht an meiner Wange vorbeizischen und schlich mich leise zurück nach Hause in mein Bett.

Allmählich nahm mein Verhalten ähnlich verrückte Züge an wie das des Oberst. Mein neuester Zeitvertreib bestand darin, auf den Dienstbotenhütten von Dach zu Dach zu springen. Die Abstände zwischen den einzelnen Behausungen waren ziemlich groß, und die Gefahr, der ich mich bei meinen Sprüngen aussetzte, berauschte mich geradezu. In diesem Rausch spürte ich plötzlich wieder, dass ich am Leben war, dass ich die Dinge im Griff hatte. Kurz darauf zogen wir um. Den Grund dafür erfuhr ich nicht, aber wir mußten unser schönes großes Anwesen gegen eines jener entsetzlichen Fertighäuser eintauschen, die die gegenüberliegende Straßenseite säumten. Vermutlich wurde unser Haus für einen wichtigeren Mann als meinen Vater benötigt, jedenfalls war es ein schlechtes Zeichen, denn augenscheinlich ging es also auch beruflich bergab mit ihm. Meine eigene Talfahrt dagegen schien ein wenig gebremst zu sein. Auf dem Pausenhof setzte ich mich mittlerweile kräftig zur Wehr und war durchaus in der Lage, meinen Peinigern meinerseits ordentlich zuzusetzen. Auch gab es einen netten Lehrer, der sich wohl vorstellen konnte, was ich durchmachte, und tat, was er konnte, um mir zu helfen. Und dann war da noch ein Junge namens Norman, der mir ruhig und unaufdringlich in jenen unsäglichen Situationen zu Hilfe kam, in denen die Klasse unbeaufsichtigt war und die tintengetränkten Krampen, die Grashüpfer, Eidechsen und Frösche – allesamt beliebte Munition für eine Schleuder – nur so auf mich einprasselten.

Seit wir in der Republik wohnten, wo man mit Gold und Diamanten nur so um sich warf, als gäbe es kein Morgen, fanden sich ganz in unserer Nähe auch endlich wieder richtige Geschäfte, in denen meine Mutter nach Herzenslust einkaufen konnte. Wir konnten durch Südafrika an die Küste fahren, einen freien Tag in Durban verbringen und im Meer baden. Im Kruger Nationalpark hielten wir erwartungsvoll Ausschau nach den wilden Tieren, statt sie, wie damals in Gaborone, an jeder Ecke zu fürchten. Wir konnten wieder Kleider kaufen statt selbstgenähte zu tragen. Die Hauptstraße von Mafeking, über die meine Mutter gerne die Nase rümpfte, bot Einkaufserlebnisse, wie wir sie bislang nicht gewohnt waren. Im Friseursalon nahm sich eine richtige Friseurin unserer Dauerwelle an – vorbei die Zeiten, in denen man auf irgendeine *Jaapy*-Frau aus dem Busch angewiesen war, die einem bestenfalls eine verzottelte Krause verpasste. Natürlich hatte die Barclays Bank hier eine Filiale, aber auch die Standard Bank war vertreten, und es gab ein richtiges Polizeirevier, ein Gefängnis und ein Gerichtsgebäude. Dann waren da noch die Drogerie, ein Schreibwarenladen, ein Herrenfriseur, eine Eisdiele, ein oder zwei Cafés, ein Restaurant, eine Kurzwarenhandlung und mehrere Schuh- und Bekleidungsgeschäfte. Es gab Straßenlaternen und Ampeln, und die Straßen von Mafeking folgten keinen uralten Migrationsfährten, sondern waren so offensichtlich von Menschenhand mit dem Lineal gezogen, dass wir uns erst daran gewöhnen mussten. Eine Straße mündete ordentlich in die nächste, die Straßen hatten Namen, und welche Richtung man auch immer einschlug, man konnte doch sichergehen, am Ende eines solchen Streifzuges immer wieder zurück zum Ausgangspunkt zu finden. Es gab Metzgereien, Bäckereien und Lebensmittelläden, Hotels und Bars, und sogar ein Spielwarengeschäft, in dem ich billige Perlenketten kaufen konnte, wann immer ich genügend Taschengeld gespart hatte. Ach, in Mafeking schien es alles zu geben, was man sich nur vorstellen konnte. Sogar ein Krankenhaus hatten wir, in dem die Leute auch tatsächlich wieder gesund wurden, wobei man bei ernsteren Sachen natürlich doch besser in die großen Kliniken nach Johannesburg oder Kapstadt ging. Überall hingen Schilder mit der Aufschrift *Slegs Vir Blankes (Nur für Weiße)*. Auch das hatte es im Protektorat nicht gegeben, wohl weil es sich dort ohnehin von selbst verstand.

Die Ausflüge ins Landesinnere, an die Küste oder in die Wildreservate waren mir willkommene Schonfristen, denn irgendwann musste ich wieder in die Schule, und mein Leidensweg begann von vorn. Auf dem Heimweg von der Schule lauerten mir immer wieder Halbstarke mit kurz geschorenem Schädel auf, die nichts Besseres zu tun hatten, als mich vom Fahrrad zu zerren, mir eine Tracht Prügel zu verpassen und mir mit dem Messer zu drohen für den Fall, dass ich sie verpetzen wollte. Sie hätten sich gar nicht so viel Mühe geben müssen, denn im Schweigen war ich schließlich schon seit langem geübt. Jeden Tag ging das so. Sie warteten jedes Mal kurz hinter den Bahngleisen auf mich, auf jenem Stückchen Niemandsland, das ich zu überqueren hatte, bevor ich den sicheren Schoß des britischen Viertels von Mafeking erreichte. Eines Tages, inmitten all dieser täglichen Wirren, zu denen sich nun auch noch ein Gefühl präpubertären Durcheinanders gesellte, tauchte Norman auf. Er war plötzlich einfach da, als mich meine blonden Schläger gerade wieder einmal in der Mangel hatten. Er kam den Weg entlang geradelt, besah sich kurz die Situation, stellte in Ruhe sein Fahrrad ab und, ohne ein Wort zu sagen, verprügelte er die Jungen nach Strich und Faden. Als er mit ihnen fertig war, setzte er sich einfach wieder auf sein Fahrrad und radelte ohne einen Blick in meine Richtung davon.

Norman war etwas älter als ich, ein blonder, hochgewachsener und gut aussehender Afrikaander mit einem freundlichen Gesicht. Selbst eher still und nachdenklich, war er doch mit zwei ziemlich wilden Jungen aus unserer Klasse befreundet. Wenn diese zwischen den Stunden gerne über Tische und Bänke sprangen oder Passanten aus dem Fenster Unflätigkeiten hinterherriefen, lächelte er nur. Er saß in der Klasse ganz hinten, ich in einer der vorderen Bankreihen. Wir hatten noch nie ein Wort miteinander gesprochen. Ich wusste rein gar nichts über ihn, und doch war ich mir seiner Gegenwart bewusst, wenn ich nach Schulschluss mein Fahrrad aus dem Schuppen nahe der Toiletten holte, wo ein Kind an einem Asthmaanfall gestorben war. Meistens hatte auch er dann gerade sein Rad geholt und schob es wie ich langsam zum Schultor hinaus. Sobald wir das Schulgelände verlassen hatten, trennten sich jedoch unsere Wege, und mich überfiel meine übliche Panik. Der Heimweg lag plötzlich wie ein Minenfeld vor mir, und ich stand wie gelähmt, unfähig, mich auch nur einen Schritt von dem Ort zu entfernen, der noch bis zu dem Augenblick, da Norman sich aufs Rad geschwungen hatte, sicher gewesen war. Irgendwann musste ich mich dann natürlich doch in Bewegung setzen, und so radelte ich zunächst durch eine eher ruhige Wohngegend, vorbei an den Cafés und den indischen Läden und Autowerkstätten, um dann in die Hauptstraße mit all den hohen Häusern einzubiegen, deren Markisen die hübschen Auslagen vor der Mittagssonne schützten.

Sobald ich jedoch die Hauptstraße mit ihren Geschäften hinter mir gelassen hatte und mich jenem unheilvollen Stück Weges jenseits der Bahngleise zu nähern begann, stieg die Panik aufs Neue in mir hoch. Mit jeder Faser meines Körpers versuchte ich sie zu bekämpfen, und doch schaute ich immerzu nervös nach rechts und links, links und rechts, immer auf der Hut vor meinen Angreifern. Doch sie tauchten nicht wieder auf. Die Tage vergingen und sie waren nicht zu sehen. Ich wagte kaum zu hoffen, dass Norman sie tatsächlich in die Flucht geschlagen haben sollte. Schließlich war eine Woche vergangen, ohne dass ich einen Einzigen von ihnen erspäht hätte. Erst als ich eines Nachmittags absteigen musste, weil mein Fahrrad einen Platten hatte, sah ich plötzlich Norman hinter mir, der in einem Abstand von vielleicht sechzig Metern in aller Seelenruhe den Weg entlanggeradelt kam. Als ich wenig später den Zaun erreicht hatte, der die Grenze zu unserer Siedlung markierte, drehte ich mich noch einmal um, und tatsächlich, Norman war immer noch da. Ich hob den Arm, um ihm zuzuwinken, doch er nickte nur kurz und machte kehrt, um den ganzen langen Weg zurück in seine Gegend der Stadt anzutreten.

Keiner von uns verlor je ein Wort über diese Begebenheit, natürlich nicht, aber es machte mir fortan nicht mehr ganz so viel aus, zur Schule gehen zu müssen. Wenn mal wieder ein dicker Brocken Rotze auf meinem Hinterkopf landete, gelang es mir nun sogar manchmal, einfach achselzuckend darüber hinwegzugehen. In meiner Phantasie führte ich endlose Gespräche mit Norman, und jeden Abend beim

Einschlafen sah ich sein lächelndes Gesicht ganz deutlich vor mir. Manchmal nickte er mir dabei unmerklich zu, gerade so, wie an jenem Nachmittag, als ich den Platten gehabt und er mich sicher nach Hause geleitet hatte. Wir redeten viel miteinander, ganz ungezwungen, in aller Ruhe und sehr bedächtig, immer auf Afrikaans, und ausschließlich im sicheren Raum meiner eigenen Phantasie. Im Laufe der Zeit hatte sich Norman in meinem Kopf zu einer immer realeren Figur herausgebildet: Ich stellte mir vor, wie er mir von seinem Vater erzählte, dem ich eine Stelle bei der Eisenbahn angedichtet hatte, und von seinem kleinen Bruder, der ihm auf die Nerven ging. Seine Mutter backte in meiner Vorstellung die herrlichsten Milchtörtchen und *Koeksisters*, die ich unbedingt probieren sollte, wenn ich ihn endlich mal zu Hause besuchen käme. In Wirklichkeit wechselten Norman und ich in all der Zeit nie ein einziges Wort.

Neben Norman hielt Mafeking auch noch einen weiteren Trost für mich bereit. Ich liebte es, mit dem Fahrrad durch die Gegend zu fahren, so weit weg von unserer Siedlung wie möglich. Manchmal machte ich auf ein Glas Orangenlimonade bei einer Frau Halt, die ich mal irgendwo kennen gelernt hatte. Wir saßen dann immer eine Weile auf der *stoep* zusammen, und sie fragte mich nach der Schule. Ich erzählte ihr in den schillerndsten Farben von den Trauben und Pfirsichen, die wir angeblich in der Schule bekamen, und davon, was der Herr Direktor doch für ein netter Mann sei und was ich alles Spannendes lernte, so zum Beispiel die Geschichte von Jan van Riebeck und alles über die Niederländisch-Ostindische Kompanie und die Anfänge der Besiedlung des Kaps durch die holländischen Pioniere, und wie es schließlich zur Gründung der Südafrikanischen Union gekommen war. Norman erwähnte ich nie. Als ich einmal ins Haus ging, um mir die Hände zu waschen, fiel mir auf dem Kaminsims ein winzig kleiner und ganz zerknautschter Babyschuh ins Auge, der sogar noch Schnürsenkel hatte. Ich fragte, wessen Schuh das denn gewesen sei, und sie antwortete mir, dass er einem Kind gehört hätte, das gestorben sei. Das war mein letzter Besuch bei ihr.

Danach änderte ich meine Route, wenn ich wieder einmal einen Ausflug zu dem braunen Flüsschen am anderen Ende der Stadt unternahm. Ich verbrachte ganze Nachmittage im Schatten einer Trauerweide am Ufer und aß Brote mit *Marmite* oder Erdnussbutter, die mir Mpanda mitgegeben hatte. Das Brot war köstlich und kam vom Bäcker in der Stadt. Anders als das selbst gebackene von früher war es dicht und fest, ohne Luftlöcher, Risse oder verkohlte Krusten. Mpanda schnitt mir immer dicke Scheiben ab, klappte sie zu handlichen Dreiecken zusammen und wickelte sie in Butterbrotpapier. Er bat mich, das Papier wieder mit nach Hause zu bringen, damit er es weiter verwenden konnte.

Manchmal durfte ich mit ihm in seiner Küche Sahnekaramell oder Toffee kochen, aber meistens musste Mpanda unser Werk alleine vollenden, weil ich mich mal wieder zu ungeschickt anstellte. Man konnte sich an den Bonbonmixturen höllisch verbrennen, da sie vornehmlich aus geschmolzenem Zucker bestanden, was laut Mpanda fast so schlimme Brandwunden verursachen konnte wie heißer Teer. Ich durfte mich dem Herd nicht einmal nähern. Mpanda schüttelte meistens nur den Kopf über meine zahlreichen blauen Flecken und Schrammen, aber manchmal konnte er auch richtig böse werden. Was soll das mit dem ewigen Wehtun, Missy, immerzu fällst du hin oder brichst dir was? Solltest mittlerweile eigentlich besser auf dich aufpassen können. Als ich so alt war wie du, damals in Nyasaland, hab ich auf eine ganze Herde Ziegen und drei Kühe aufpassen müssen, und keiner einzigen von denen ist je was passiert. Du musst dich schließlich nur um dich selber kümmern, aber es scheint dir nicht besonders gut zu gelingen.

Abends hatten meine Eltern manchmal Gäste zum Essen, oder Bekannte schauten auf ein paar Drinks vorbei. Auf der holprigen, ungeteerten Straße vor unserem Haus, die den Autos der Besucher ziemlich zugesetzt haben muss, parkten zu solchen Gelegenheiten dicke amerikanische Chevrolets, zuweilen sogar der eine oder andere Cadillac. Wir selbst besaßen auch einen Chevrolet, unseren zweiten, aber anders als seinerzeit in Gaborone beschäftigten wir in Mafeking keinen Chauffeur mehr. Jeder in unserem Bekanntenkreis hatte inzwischen ein Auto, und alle Welt kurvte mittlerweile im eigenen Wagen durch die Gegend. Sogar Frauen am Steuer waren keine Seltenheit mehr. Nur meine Mutter fuhr natürlich nicht selbst. Sie hätte es nie gewagt, meinen Vater derart bloßzustellen. Ich weiß nicht genau, wann sie letzten Endes dann doch ihren Führerschein machte, aber sie sollte zeit ihres Lebens eine sehr nervöse Fahrerin bleiben. Sie saß immer kerzengerade am Steuer, ihr angstvoller Blick gespannt auf die Straße gerichtet, als ob jeden Moment etwas unaussprechlich Grauenhaftes vor ihr auftauchen würde, und ständig bremste sie im falschen Moment, so dass ich jedes Mal, wenn ich mit ihr im Wagen saß, zu einem wahren Nervenbündel zusammenschrumpfte. Selbstredend sollte ich genauso fahren, als es an mir war, mich hinter das Steuer zu setzen.

Die Chevrolets jener Jahre, mit ihren sinnlichen Formen

und dem breiten Rumpf, den überdimensionalen Reifen und der weichen Federung, waren wunderschöne Fahrzeuge. Sie hatten einen unverwechselbaren Duft, der Wohlstand, Freiheit und Abenteuer versprach. Ich erinnere mich noch, wie ich während unserer Fahrten mit meinen Schwestern auf der Rückbank saß und stundenlang aus dem Fenster starrte, ganz versunken in den Anblick der an uns vorbeigleitenden Welt. Ich stellte mir vor, dass mein Vater in Wirklichkeit nicht mein Vater, sondern mein Chauffeur war. Anstatt über das Ziel unserer Reise zu bestimmen, hatte er nun meinen Anweisungen zu folgen, und die Fahrt sollte zu einem herrlich schattigen Anwesen oder an den Strand oder einfach ins Blaue gehen, weit, weit weg von Mafeking jedenfalls. Wenn wir Gäste hatten, stahl ich mich mit Vorliebe in das weich glänzende Innere ihrer schönen Autos, ließ meine Finger über die Nähte der Polster gleiten, kurbelte die Fenster hoch und runter und lauschte andächtig dem Zirpen der Grillen in der Dunkelheit. Manchmal kletterte ich auch auf den Fahrersitz und stellte mir vor, wie es wäre, einfach davonzubrausen. Während meiner Zeit auf der Farm hatte ich Traktorfahren gelernt, und ich konnte mir eigentlich nicht vorstellen, dass es sich mit Autos so viel anders verhielte. Das Stimmengewirr, das aus dem Haus zu mir herüber drang, hielt mich letztlich dann aber doch immer wieder davon ab, es auszuprobieren. Eines Nachts hatte ich mich hinter einem Baum versteckt und beobachtete, wie meine Eltern aus dem Haus traten, um ihre Gäste zu verabschieden. Ich wusste, dass die beiden sich, sobald der Besuch gegangen war, über jeden einzelnen Gast das Maul zerreißen würden. Meine Mutter machte immer den Anfang. Hast du die Frisur gesehen? Und die Schuhe in dieser unmöglichen Farbe? Ich sage dir, die hat sich in letzter Zeit mächtig gehen lassen. Darauf mein Vater: Der Mann ist jedenfalls ein echter Vollidiot. Keine Ahnung, wie der es zum Polizeichef gebracht hatte. Und dann möchte ich ja auch mal wissen, wieso er glaubt, alles über das Protektorat zu wissen, wo er doch gerade mal ein Jahr dort gelebt hat. Und diesen ganzen Quatsch von wegen Unabhängigkeit kann ich sowieso schon nicht mehr hören.

Die Gäste stiegen in ihr Auto; der Mann zündete sich eine Zigarette an und startete den Motor. Ohne vorher auch nur eine Sekunde darüber nachgedacht zu haben, stand ich plötzlich hinter dem Wagen, hockte mich auf die breite Stoßstange und hielt mich fest. Das Auto fuhr los, legte langsam an Tempo zu, und ich musste alle Kraft zusammennehmen, um nicht herunterzufallen. Irgendwann war dann immer der Punkt erreicht, an dem ich eigentlich gerne abgesprungen wäre, aber es war schwer, den richtigen Moment abzupassen. Oft klammerte ich mich noch fest, als der Wagen schon die Landstraßen entlangraste, und dann musste ich springen, schon allein, weil wir uns bereits viel zu weit von meinem Elternhaus entfernt hatten. Ich wurde einen Augenblick lang über die Fahrbahn geschleift und schürfte mir die Beine von oben bis unten am groben Schotter auf. Einmal fiel ich kopfüber von der Stoßstange und schlug mir das ganze Gesicht auf. Am nächsten Morgen hatte ich Angst, zum Frühstück zu erscheinen, denn mein Gesicht war über und über von kleinen Wunden übersät, in denen teilweise sogar noch die Kieselsteine steckten. Mpanda schnalzte nur mit der Zunge und seufzte, bevor er sich daranmachte, mir die Steinchen mit einer eigens abgekochten Pinzette einzeln aus dem Gesicht zu pflücken.

Ich muss insgesamt so furchtbar ausgesehen haben, dass sogar meiner Mutter auffiel, dass irgendetwas mit mir nicht stimmte. Manchmal kam sie in mein Zimmer, wo ich stundenlang im Schneidersitz auf dem Bett hockte und ins Leere starrte. Sie versuchte, mit mir zu reden, fragte, was mit mir los sei. Warum schmollte ich so vor mich hin? Warum machte ich ständig einen so elenden und betrübten Eindruck? Was war los? Ich antwortete ihr nicht; für mich war sie im Grunde gar nicht da. Manchmal warf ich mich einfach auf den Rücken, schloss die Augen und stellte mich schlafend. Sie saß dann noch eine Weile an meinem Bett, stand irgendwann auf und verließ schließlich das Zimmer. Die Zeit der Vergeltung war gekommen. Irgendwann ließ sie mich dann endgültig in Ruhe. Doch sie blieb wachsam und war fahrig und ungeduldig mit mir, aber wohl auch ein wenig besorgt. Ich schien mehr als nur eine Phase durchzumachen, und das Ende war nicht abzusehen. Irgendetwas musste geschehen.

Die britische Lösung in solchen Fällen heißt zumeist Internat. Angela ging seit mittlerweile schon fast einem Jahr auf das St. Mary's in Johannesburg, und die beiden Le-Cordeur-Mädchen waren auch nach wie vor dort. Man teilte mir mit, dass auch ich mit Beginn des kommenden Schuljahres, kurz nach meinem dreizehnten Geburtstag, nach St. Mary's wechseln würde. Mein Innenleben war mittlerweile so auf den Hund gekommen, dass ich kaum wusste, was ich bei dieser Nachricht empfinden sollte, aber instinktiv war mir wohl doch klar, dass das Schlimmste nun vorüber war. Ich würde endlich aus diesem Haus rauskommen, einen Neuanfang wagen können. Auf der neuen Schule würde niemand etwas über mich oder meine Vergangenheit wissen. Angela kam in den Sommerferien nach Hause, und gemeinsam durchstöberten wir ihren großen Schrankkoffer nach Sachen, die ihr zu klein geworden waren und die nun in meinen Besitz übergehen sollten. Die Sommeruniform von St. Mary's – blau-weiß geblümte Kleider – war richtiggehend hübsch; im Winter trugen die Johannesburger Mädchen keine Kittel, sondern richtige Röcke und dazu die üblichen Hemdblusen mit Krawatte, einen lilafarbenen Blazer und Schnürschuhe. Als wir mit dem Aussortieren der Anziehsachen fertig waren, hielt Angela ihren Einführungsvortrag. Sie genoss einiges Ansehen in St. Mary's und hegte berechtigte Hoffnungen, im nächsten Jahr in die Reihen der Präfekten aufzusteigen, eine höchst verantwortungsvolle Position, die einem nicht gerade in den Schoß fiel, und unter keinen – sie wiederholte: unter *keinen* – Umständen werde sie sich ausgerechnet von mir mit meinem Heulsusengehabe oder diesen lächerlichen Panikattacken das Ganze vermasseln lassen. So unmöglich wie hier könne ich mich in St. Mary's jedenfalls nicht aufführen. Die Nonnen seien äußerst streng, und die würden mir den ganzen Unfug nicht durchgehen lassen. Mit Mummy habe sie schon gesprochen, mein Benehmen sei in letzter Zeit ja wohl mehr als merkwürdig gewesen, aber damit das klar sei, so etwas sollte ich mir in St. Mary's gefälligst nicht leisten. Einen guten Ruf habe sie nämlich zu verlieren, und daher würde sie es keinesfalls – sie wiederholte: auf gar keinen Fall – dulden, dass ihr ihre kleine Schwester alles zunichte machte, was sie sich auf der einzigen Schule, auf der sie sich je wohl gefühlt habe, hart erarbeitet hätte. Im Übrigen solle ich mir auch gleich merken, dass sie nicht vorhabe, ständig die Verantwortung für mich zu übernehmen. Sie würde mir zeigen, wie man die Namensschildchen ordnungsgemäß in die Sachen zu nähen und den Koffer zu packen hatte, aber darüber hinaus hätte ich nichts von ihr zu erwarten, Schluss, aus, *klaar. Klaar* bedeutete eigentlich das Gleiche wie Schluss und aus – man wiederholte es am Ende des Satzes einfach noch mal, um der Sache den nötigen Nachdruck zu verleihen.

Am Ende der Sommerferien bestiegen wir den Zug nach Johannesburg, in dem schon Hunderte von anderen Kindern saßen, die aus Dar es Salaam, Mombasa, Bulawayo, Salisbury oder noch viel entlegeneren Gegenden anreisten, in denen es keine vernünftigen Schulen gab. Zwei Tage und zwei Nächte dauerte die Zugfahrt. Aus den Abteilfenstern gelehnt ließen wir uns den rußigen Fahrtwind um die Nase wehen und vertrieben uns die Zeit damit, die mitreisenden Jungen zu ärgern, die zumeist Schüler von St. John's, dem Johannesburger Knabenpendant zu St. Mary's, waren. Wir trieben allerlei Unfug im Speisewagen, rannten die Gänge rauf und runter, klopften an wildfremden Abteilen und stellten uns, kreischend vor Vergnügen und Angst, auf die ruckelnden Übergänge zwischen den Waggons, durch deren auseinander klaffende Metallgitter man jeden Moment auf die Gleise hätte fallen können. Angela bekam auf dieser Zugfahrt zum ersten Mal ihre Regel und verbrachte die meiste Zeit auf der obersten Liege in unserem Abteil, wo sie sich vor Schmerzen nur so krümmte. Ich hingegen begann, mich regelrecht zu amüsieren. Ich liebte es, mich so weit wie möglich aus dem Fenster zu lehnen und mein Gesicht den herannahenden Rußschwaden entgegenzurecken. Trotz der engen Dusche auf dem Gang, vor der sich morgens immer eine lange Schlange bildete, klebte der Ruß am Ende der Reise in jeder Ritze unseres Körpers. Jeden Abend kamen die Stewards zum Bettenmachen. Sie waren kaum älter als wir, man verstand sich prächtig, und ab und zu durften wir sogar mal kurz an ihren Zigaretten ziehen. Eine völlig neue Welt tat sich vor mir auf. Fasziniert beobachtete ich all die unbekannten Landschaften, die an unserem Abteilfenster vorüberzogen, merkte mir jeden einzelnen der kleinen Bahnhöfe, an denen wir Halt machten, und gewöhnte mich sogar an die Kinder, die vor unseren Waggonfenstern aufgeregt auf- und absprangen und um ein paar Pennies bettelten. In den Nächten ließ ich mich von den rhythmischen Bewegungen und Geräuschen des Zuges in den Schlaf wiegen, begleitet von dem anheimelnden Geruch von poliertem Messing. Die Räder ratterten gleichmäßig über die Gleise, und ab und an fiel mitten in der Nacht oder am frühen Morgen eine Tür laut ins Schloss, wenn wir wieder einmal an irgendeinem Bahnhof angehalten und neue Passagiere an Bord genommen hatten. Man lag in seiner Schlafkoje und hörte die hastig in Afrikaans erteilten Anweisungen, die die Reisenden zum zügigen Einsteigen ermahnten. Unsere Reise kam mir wie ein einziges romantisches Abenteuer vor. Ich eilte einem unbekannten Ziel, einer neuen Zukunft entgegen. Niemand dort wusste, was ich eigentlich für eine Memme war oder was man mir in der Vergangenheit angetan hatte. Während der Zugfahrt hatte niemand auf mir herumgehackt oder gar meine Sachen aus dem Fenster geworfen. Ich war endlich frei. Ich konnte noch einmal ganz von vorne beginnen, würde ein ganz neuer Mensch werden. Schließlich war ich unterwegs in die Stadt des Goldes. Mit allem Düsteren und Schrecklichen sollte von nun an Schluss sein, aus, vorbei, *klaar*.

Zwölf

Natürlich hatte Angela mit ihren Zweifeln Recht gehabt, denn ich erwies mich als echtes Risiko, besonders in den ersten Wochen, als ich kaum zurechtkam mit all den Regeln und Vorschriften eines normalen Schulalltags. Nach all den Jahren der Freiheit war ich nicht mehr geschaffen für Regeln und Vorschriften, so dass es kein Wunder war, dass mir der ganze Ort mit seiner Ordnung und seinem Gleichmaß einfach unbegreiflich schien. Das Läuten der Glocken verkündete, zu welcher Stunde und Minute wir uns wann und wo einzufinden hatten; einen Großteil des Tages verbrachten wir auf den Knien in der Kapelle, mit Hauben auf den geneigten Häuptern, deren Bänder so fest zusammengeschnürt waren, dass wir ganz rote Ohren bekamen. Ich konnte mich nicht daran gewöhnen. Wann immer möglich, streifte ich unter dem Pult oder der Kirchenbank meine Schnürschuhe ab und befreite meine Füße, als sei ich wieder im Busch. Ich wand mich in den ungewohnten, steifen Kleidern und empfand die Nylonstrümpfe, die wir sonntags tragen mussten, als Tortur. An den Knien oder Knöcheln bildeten sie Röllchen, und der Strumpfhalter schnitt beim Gehen in die Seite. Und dann all diese Menschen – reihenweise Mädchen, die gleich morgens in der ersten Pause drängelten und rempelten, um so viele Sandwiches wie möglich zu ergattern. Wir aßen sie an gedeckten Tischen unter Bäumen, und wer sich am meisten davon unter den Nagel riss, machte es richtig. Ich war verwirrt und alarmiert, und zwar durch alles und jeden. Die Schülerinnen rannten, anstatt zu gehen, es sei denn, eine Nonne kam in Sicht, in welchem Fall sie dann abbremsten und ein sittsames Tempo einschlugen. Jeden Augenblick des Tages wussten sie, was sie zu tun hatten, und vor allem, wie sie es zu tun hatten. Diese Schülerinnen waren lässige, weltgewandte Mädchen, aufs beste miteinander und den Schulregeln vertraut und Neuankömmlingen gegenüber sehr kurz angebunden. Sie besaßen große Schachteln mit erlesenen Süßigkeiten und Schweizer Schokolade namens Toblerone, deren dreieckige Packung an die Alpen erinnerte. Sie hatten Geld, Klasse und jede Menge Kleider, und ihre Blicke besagten, dass sie mich genauso sahen wie meine Mutter: wie etwas, das man gegen seinen Willen aus dem Busch gezerrt hatte.

Angela wurde von einem Notfall zum anderen gerufen. So tauchte sie in meinem Schlafsaal auf, wo ich hinter zugezogenen Vorhängen auf meinem Bett saß und mich weigerte aufzustehen.

Die Hände in die Seite gestemmt, verlangte sie zu wissen, was denn nun schon wieder los sei.

Ich brauch einen BH.

Brauchst du nicht.

Brauch ich wohl.

Du hast nichts, was man in einen BH tun könnte.

Ich brauch trotzdem einen. Alle haben einen.

Das geht nicht. Mummy würde es nie erlauben.

Ich muss einen haben, sonst sterbe ich.

Kannst du mal aufhören, so theatralisch zu sein? Okay, okay. Hör bloß auf. Ich seh zu, was ich machen kann. Jetzt halt die Klappe, steh auf und geh zum Schwimmen, wo du eigentlich schon längst sein solltest.

Natürlich war der Schwimmkurs genau das Richtige, wenn man auf gar keinen Fall vor der ganzen Schwimmgruppe und damit vor der ganzen Schule zugeben wollte, dass man keinen Büstenhalter besaß.

Nachdem ich einige Wochen als verängstigtes Karnickel, schluchzend und jammernd, herumgelaufen war, hatte ich eine Offenbarung. Es geschah eines Nachmittags, als mir die Machtstruktur in meiner Klasse deutlich wurde. Meine alte Freundin, Vyvyan le Cordeur, die diese Schule allem Anschein nach schon seit dem Moment besuchte, da ihre Augen das Licht der Welt erblickt hatten, führte ein unangefochtenes Regiment. Keiner stellte ihre Autorität in Frage; sie war die Autorität. Sie hatte eine Schattenfreundin namens Penny, die ihr aufs Wort gehorchte. Die zwei lebten ihre symbiotische Beziehung, seitdem sie mit sechs Jahren ins St. Mary's gekommen waren. Wie Vyvyan trug Penny lange, bis zur Hüfte reichende Zöpfe, nur waren die ihren dunkelbraun, beinahe schwarz, während Vyvyans Haare blond waren. Penny war dünn und blass. Ihr Haaransatz war von Natur aus hoch und durch die lange Gewohnheit, ihr Haar streng nach hinten zu kämmen, es lang wachsen zu lassen und zu schweren Zöpfen zu flechten, weiter zurückgetreten. Gelegentlich fragten sich die Leute, ob sie nicht ein wenig indisches Blut in sich hätte, aber keiner äußerte seinen Verdacht laut. Penny war Einzelkind, außerordentlich verwöhnt und Vyvyan treu ergeben. Die beiden liefen umher, als wären sie eine Person, wobei Vyvyan jede Entscheidung allein traf. Sie hatte das Sagen.

Was hier zu tun war, lag auf der Hand: Ich musste ihre

Macht brechen. Es war die einzige Möglichkeit, die ich sah, um in St. Mary's zu überleben. Es war der einzige Weg, um sicherzugehen, dass sich der Alptraum von Mafeking in Johannesburg nicht wiederholte. Mein Gedächtnis hat gnädigerweise einen Schleier über die Ereignisse geworfen, die zu Vyvyans Entthronung führten; Tatsache ist jedenfalls, dass ich sie innerhalb kürzester Zeit gestürzt hatte. Danach fing ich an, meine Schulkameradinnen zu terrorisieren und mit miesen Mitteln unter meiner Knute zu halten. Mein klügster Schachzug dabei war, Penny für mich zu gewinnen – sie zu veranlassen, Vyvyan fallen zu lassen. Als Penny sah, wie die Dinge liefen, schlug sie sich auf meine Seite und war schon bald meine beste Freundin. Damit war Vyvyans Sturz besiegelt und ich nicht mehr aufzuhalten. Einige lernwillige und weniger rebellische Mädchen zogen sich zurück und formten eine Splittergruppe, die von Kim Theron angeführt wurde. Die Mädchen in meiner Bande, ob nun wissentlich oder nicht, sahen stürmischen Zeiten entgegen. Ich hatte keinerlei Gewissensbisse, was diesen Putsch betraf. Meine Überlebensstrategien hatte ich im Busch gelernt, und dort galt: friss oder stirb.

St. Mary's war eine anglikanische Mädchenschule mit internen wie externen Schülerinnen. Die Schule war hochkirchlich ausgerichtet und wurde von einem Nonnenorden aus Wantage in England geleitet, allerdings gab es auch externe Lehrerinnen, die keine Nonnen waren. Die Tagesschülerinnen waren natürlich das Letzte, und wir würdigten sie keines Blickes, es sei denn, sie hatten, so wie Lesley Barker, etwas zu bieten. Lesley ließ uns unsere Halbjahresfeste bei ihr zu Hause feiern. Solche Feste waren unglaublich spannende Ereignisse, die bis ins Kleinste geplant sein wollten und ihren Schatten vorauswarfen, kaum dass die Schule begonnen hatte. Wenn wir sonntags Ausgang hatten oder die Wochenenden außerhalb der Schule verbringen durften, ging ich mit Lesley zu ihr nach Hause und sah, wie es bei anderen Familien zuging. Sonntags holte man uns in dem Wagen von Lesleys Vater ab, und kaum waren wir eingestiegen, rissen wir uns unsere Filzkappen vom Kopf, zogen unsere weißen Sonntagskleider, die Strümpfe und Schnürschuhe aus und schlüpften sofort, unter großem Hin- und Hergerutsche, damit niemand sah, dass wir uns auszogen, während wir über die herrlich gepflegte Waverly Street fuhren, in unsere Shorts und Sandalen.

Ich fand mich in eine neue Welt versetzt. St. Mary's war eine richtige Schule, mit hohen Schulgebühren und großzügigen Stipendien und Zuschüssen. Sie verfügte über wunderschön angelegte Gärten, Hockeyfelder, Tennisplätze und ein Schwimmbad. Man veranstaltete Wettkämpfe und trat in Hockey und Tennis gegen andere Schulen an. Wir gingen in die Oper und ins Theater. Und in einem riesigen Auditorium konnten wir unsere eigenen Stücke und Konzerte aufführen. Die Klassenzimmer hatten großzügige Fenster und ordentliche Reihen blank geputzter Pulte mit eingelassenen Tintenfässchen aus Porzellan. Wir benutzten Füllfederhalter und hellblaue Tinte und lernten, unsere Buchstaben kursiv zu schreiben, in schön geschwungenen Formen, die so elegant waren wie die Bögen einer gotischen Kathedrale. Und überall standen volle Bücherregale auf makellos polierten Holzfußböden. Obwohl es kein Kloster war, stellte es klösterlichen Schmuck und Requisiten zur Schau. An der Hauptwand prangte ein großes Kruzifix, an dem ein toter Mann hing. Seine Handflächen bluteten, Dornen waren in seine Stirn gedrückt, und sein Herz war bloßgelegt und trug ebenfalls eine, wenn auch kleinere, Dornenkrone. Glücklicherweise hatte ich etwas Ähnliches schon einmal bei Mrs. Watermeyer in Gaborone gesehen, als ich einmal eine Nacht in ihrem Gästezimmer verbrachte. Ich hatte damals das Bild von der Wand nehmen müssen, um schlafen zu können. Doch in St. Mary's gewöhnte ich mich schnell an die grausamen Bilder. Außerdem war letztlich auch hier, wie bei den Katholiken, Maria die beliebtere Figur, der mehr Wandplatz eingeräumt wurde als ihrem Sohn. Ihr Körper wurde nie misshandelt dargestellt. Sie trug immer Blau und Silber und war nie ohne ihren Heiligenschein und nur selten ohne den kleinen Mann zu sehen, der auf ihrem Schoß saß.

Ich war überrascht, als ich merkte, dass es für jedes Fach einen eigenen Lehrer gab. Sie kamen und gingen, im Gleichtakt zum Läuten der Schulglocke. Für jedes Fach gab es andere Schulbücher, die wir sorgsam von Anfang bis Ende durcharbeiteten. Es gab eine richtige Bibliothek, in der dicht an dicht Tausende von Büchern über jedes nur erdenkliche Thema standen, allesamt ordentlich katalogisiert und ohne eine einzige ausgerissene Seite. Auch ein Labor hatten wir, mit langen, glänzenden Tischen, Glaskästen und Reagenzgläsern, wo auch gelegentlich ein ausgebreitetes, totes Wesen seziert wurde. Der Luxus dieses Lernambientes war für mich genauso überraschend und faszinierend wie die Ernsthaftigkeit nicht nur der Lehrer, sondern auch der Schülerinnen sowie die schwindelig machende Anzahl der Fächer, die es zu erobern galt.

Was mich an den Mädchen in St. Mary's am meisten verblüffte, war die Tatsache, dass sie bis zum Ende der Stunde auf ihren Stühlen sitzen blieben, gesittet aufzeigten, wenn sie etwas fragen oder um etwas bitten wollten, statt zu schreien: ich, ich, ich, und dass sie sich bereitwillig bilden ließen. Mir wurde sehr schnell klar, dass dies auf mich nicht zutraf. Sie wussten Dinge, von denen ich noch nie gehört hatte, und wenn die Lehrerinnen etwas sagten, verstanden die Mädchen, wovon gesprochen wurde. In einigen Fächern wie Englisch, Religion oder auch Geschichte kam ich einigermaßen zurecht, oder konnte zumindest diesen Eindruck erwecken, doch gab es Wissensgebiete, die mir einfach noch nie begegnet waren wie beispielsweise Algebra, Geometrie, Chemie, das Sonnensystem. Von all dem hatte ich keinen blassen Schimmer. Die Lehrerinnen nahmen mich beiseite, um sich ein Bild von meinem Wissen zu machen. Sie fingen mit den Sprachen an, und das war recht schnell abgehakt: kein Griechisch, kein Latein, kein Französisch. Oh je. Ich warf mein einziges Ass auf den Tisch: Wie wär's mit *Afrikaans?* Nun ja, das sei schon ganz gut, meinte Miss Grant, indem sie sich daran erinnerte, dass es eine Amtssprache war, fügte dann jedoch bestimmt hinzu, Afrikaans sei allerdings ein Sprachenmix und keine echte, eigene Sprache. Dann kamen wir zu den schwierigen Themen: Wie ist es mit Mathematik? Einfache Gleichungen? Geometrie? Na schön, aber was ist mit Bruchrechnen, Dezimalrechnen? Ich glaub nicht, war meine Standardantwort oder: vielleicht ein wenig, nein, doch nicht. Nein, tut mir Leid, davon weiß ich nichts. Zu viele Lücken, meinte die Mathematiklehrerin kopfschüttelnd, wo um alles in der Welt ist denn das Kind nur gewesen? Wir versuchen es zunächst mit einigen einfachen Rechenaufgaben und schauen mal, ob du aufholen kannst. Ein hoffnungsloses Unterfangen. Es war zu spät. Ich hatte keine Grundlagen, auf die ich hätte aufbauen können.

Da wurde mir zum ersten Mal klar, dass ich absolut nichts wusste. Diese Erfahrung sollte sich noch häufiger wiederholen. Immer wieder stieß ich auf Abgründe des Nichtwissens. Meine Ignoranz war so naiv und umfassend wie die einer Wilden. Wenn man mir erklärte, die Welt sei rund und drehe sich, dann fand ich, dass die Plattheit der Wüste der beste Gegenbeweis sei. Wenn ich den Mond anschaute, dachte ich, dass der dunkle Teil eben fehle, und nicht, dass er im Schatten läge. Die Logik der Buschmänner, die davon ausgingen, dass die Sonne nachts tief im Sandbett versinke, nur um am nächsten Morgen wiedergeboren zu werden, und dass der Mond im Meer untertauche und dort bleibe, bis die Sonne wieder verschwand, war für mich einleuchtender. Ich glaubte einfach das, was ich sah und was in meinen Augen einen Sinn ergab. Kopernikus? Wer war das?

St. Mary's bot mir die Möglichkeit, mich zu bilden, aber ich war nicht daran interessiert. Mein Verstand war seine eigenen Wege gegangen. Die Interpretationen von anderen bedeuteten mir nichts, und ich hatte wirklich nur wenig Lust, immer wieder auf meine Unwissenheit gestoßen zu werden. Wenn ich mich zum Lernen aufraffte, schien es mir wenig mehr als eine Pflichtübung. Es trennte mich von allem, was unmittelbar und wirklich war und stumpfte mit seiner trostlosen Routine die Sinne ab. Träumen und Nachdenken war alles, worauf es ankam, doch diese beiden Fächer waren nicht im Lehrplan vorgesehen. So gefiel mir zwar das Auswendiglernen von Gedichten, aber sie zu analysieren und auseinander zu nehmen, das wollte ich nicht. Ich wollte lediglich ihren Rhythmus und die Bedeutung der Worte hören und spüren. Nur in der Lyrik erkannte ich meine innersten Gedanken wieder. Und dann fiel mir eines Tages ein Roman in die Hände. Er lag im Schlafraum herum, wo ich ihn gedankenverloren aufhob: Olive Schreiners *The Story of an African Farm*. Ich las ihn und war zutiefst ergriffen. In dieser Geschichte erkannte ich mich selbst wieder. Jahre später hatte Emily Brontës *Sturmhöhe* dieselbe erschütternde Wirkung. Das Moor in Emily Brontës Buch war mir ebenso vertraut wie die Karru in Olive Schreiners *African Farm*. Ich erkannte die Gefühle und die Landschaft, die wie eine wilde, gefangene Seele pulsierte und sich gegen den Wind auflehnte. Ich konnte mich in den Beschreibungen der sinnlichen, aber unfruchtbaren Landschaft verlieren, wie auch in den Protagonisten, die aufs engste mit den Elementen verbunden waren, die eins waren mit Wind und Regen oder der nackten, harten Erde und der glühenden Sonne. Ich glaube, was mir dabei so unendlich vertraut schien, war die Vorstellung einer Geist gewordenen Landschaft, einer Landschaft als Spiegel der Seele. Diese Vorstellung gepaart mit Schreiners Feminismus entfachte meine Begeisterung und riss mich im Alter von fünfzehn Jahren aus meinem bücherlosen Stumpfsinn.

St. Mary's vermittelte mir zum ersten Mal eine Ahnung meiner grenzenlosen Unwissenheit, und diese Erkenntnis überwältigte mich. Es dauerte nicht lange, bis ich in diesen altehrwürdigen, gut ausgerüsteten Klassenzimmern begriff, dass ich in ernsten Schwierigkeiten steckte. Ich versuchte, meine Probleme auf die übliche Art und Weise zu lösen: Je weniger ich wusste, desto frecher mein Auftreten, mit dem ich meine Unwissenheit zu kaschieren suchte. Schon bald bekam ich für das ein oder andere Vergehen Stubenarrest und sonntägliche Ausgangssperren. Angela wurde hinzugezogen, um mich zur Ordnung zu rufen. Irgendwann stöberte sie mich in meinem Versteck im hintersten Winkel des Hockeyfelds auf und baute sich vor mir auf, die Arme in die Seiten gestemmt.

Ich hab gehört, du bist aus dem Chor geflogen.

Ich wollte nicht aus dem Chor geworfen werden.

Was gab's denn dieses Mal?

Ich hab vor der Kapelle gelacht.

Wie konntest du nur? Du weißt doch, dass wir in der Fastenzeit nicht lachen dürfen.

Ich wusste nicht, dass es eine Sünde ist.

Wer hat dich dabei erwischt?

I. B.

O Gott. Was hat sie gesagt?

Sie hat gesagt, ihr sei völlig unbegreiflich, wie man lachen könne, wo doch unser Herr kurz davor stehe, seinen Leidensweg anzutreten, den Tod am Kreuz zu erdulden, sich beschimpfen und geißeln zu lassen und für die Sünden und Missetaten der ganzen Welt geopfert zu werden.

Na, das ist ja großartig! Jetzt fehlt uns im zweiten Alt eine Stimme, und du kannst nicht die Passion mitsingen.

Sie will, dass ich meine Stimme opfere, weil ich sie lasziv eingesetzt habe.

Du hast dich anständig zu benehmen. Ab sofort. Sonst muss ich es den Eltern erzählen.

Was mich betraf, so befand sich Angela in einer verzwickten Lage. Sie war herrisch und energisch, kompetent und warmherzig, liebens- und hassenswert, doch ihre Rolle als mein Kindermädchen verpflichtete sie, immer auf Seiten der Autorität zu stehen, ob zu Hause oder in der Schule. So standen wir uns häufig als Gegnerinnen gegenüber. Ein, zwei

Tage versuchte ich, mich anständig zu benehmen. Aber dann wurde ich wieder einmal erwischt, als ich mich mit zwei Handtüchern und einem schwarzen Kleid als Nonne verkleidet hatte und unter dem Gejuchze und Gelächter meiner Mitschülerinnen im Waschraum umherflatterte. Und als ich gerade die Kette der Toilettenspülung abnehmen wollte, um sie als Kruzifix zu benutzen, kam Schwester Agnes herein und erklärte mir durchaus unheilschwanger, dass sie den Vorfall I. B. melden müsse. Angela und ich hatten große Sorge, dass ich der Schule verwiesen würde, und so warteten wir ängstlich und voll der schlimmsten Befürchtungen darauf, dass ich in I. B.s Büro zitiert würde. Ihre Gemächer zeigten auf den Innenhof des Internatskarrees, direkt auf den Rasenplatz zum Bowlingspielen, der von einem Fußweg namens Queen's Path durchschnitten wurde. Dieser erlauchte Weg war ausschließlich den Nonnen und Präfekten vorbehalten. Wir anderen mussten einen riesigen Umweg machen, während sie einfach durch die Mitte schritten. I. B. konnte von ihrem Schreibtisch den gesamten Platz überblicken und jederzeit alles, was in ihrem Bereich lag, im Blick behalten.

Schwester I. B., kurz für Irene Benedict, war unsere Schwester Oberin, nach Gott das ranghöchste Tier. Sie war eine große, gut gebaute Nonne mit großen Brüsten, die wie ein mit Haube und Kruzifix ausgestatteter *Darth Vader* umherstolzierte. Auf ihrer Wange pulsierte häufig eine kleine Vene, und dieses Schauspiel sah ich mir gerne an. Sie wusste sehr gut, was ich da tat, nämlich eine Schwachstelle fixieren, und es trieb sie zur Weißglut. Während sie sprach, blickte sie ihr Gegenüber an, als sei es kein Mensch, sondern ein einziger Charakterfehler oder irgendein unglücklicher Defekt.

Als sie mich hereingeholt hatte, begann sie auf ihre typische Art, ruhig, geradezu verbindlich.

Ich habe gehört, mein Kind, dass du dich über den heiligen Stand lustig machst, dass du es für angebracht hältst, die ehrenvolle Berufung zur Geistlichkeit nachzuäffen und dich über die Bräute Christi zu mokieren. Ich entschuldigte mich, worauf sie mich mit einem verächtlichen Seufzer bedachte. Ich habe dich und deine Entwicklung an unserer Schule beobachtet, meinte sie unheilvoll und fuhr dann mit scharfer Stimme fort: Bei uns hat man die Augen niederzuschlagen, wenn mit einem geredet wird. Ich senkte sofort meinen Blick, doch ehe ich mich versah, flogen meine Augen in einem Anflug von Unverschämtheit, die selbst sie mir nicht austreiben konnte, wieder hoch. Sie seufzte. Wie ich sehe, haben wir es hier mit einem stolzen Kind zu tun, dessen Wille ungezähmt und ungebrochen ist. Das ist bedauerlich. Es erschwert deinen Weg. Denn obwohl ich gewillt bin, die eigenartigen Umstände, unter denen du bisher gelebt hast, bis zu einem gewissen Grad zu berücksichtigen, wirst du dich unseren Regeln beugen müssen. Ist das klar? Ich nickte nachdrücklich und bemühte mich, den Blick gesenkt zu halten. Es geziemt sich nicht, seinen kleinen Willen mit dem Willen derer zu messen, denen der Herr Gewalt über uns gegeben hat. Sie hielt eine Weile inne und setzte dann zu einer ihrer niederschmetternden Ansprachen an. Sie tat dies auf die theatralische Art, wie es religiöse Menschen gern tun. Dir ist sicher klar, dass wir euch nur unter großem Vorbehalt aufgenommen haben, sagte sie mit gequälter Stimme. Ihr gehört nicht unserer Kirche an. Nebenbei gesagt scheint es, als hättest du die Disziplin und Ordnung keiner einzigen Kirche kennen gelernt und auch ansonsten keinerlei Regeln. Es ist extrem schwer, ein Kind mit deinem Hintergrund aufzunehmen, insbesondere in so fortgeschrittenem Alter, wenn sich schon so viele laxe Angewohnheiten eingeschlichen haben, die ausgemerzt werden müssen. Ich bin jedoch nicht ganz unvorbereitet, sagte sie mit einem weichen, bösen Lächeln, denn ich wurde bereits gewarnt, dass dir Disziplin Not tut. Dein Vater meinte ausdrücklich, du seist deiner Mutter eine Last. Gehe ich recht in der Annahme, dass du ein schwieriges Kind bist? Ich merkte, wie mir ihre kalte, süße Grausamkeit, die zuckersüße Ummantelung ihres Sarkasmus, die Luft nahm. Dass sie das Problem mit meiner Mutter zur Sprache gebracht hatte, hatte mich demoralisiert und meinen kleinen Willen durch Bloßstellung gebrochen. Ich sollte durch sie eine ganz neue Art des Sadismus kennen lernen, messerscharf, subtil und absolut tödlich. In Sachen Boshaftigkeit war sie tatsächlich eine Ranghöhere, und ihre Auftritte konnten einen niederwalzen.

I. B. trat stets mit einer dänischen Dogge an ihrer Seite in Erscheinung. In vollem schwarz-weißem Ornat rauschte sie über das Schulgelände, wobei sich am Saum ihres Kleides eine leichte Staubschicht sammelte. Sie flößte uns allen eine Höllenangst ein – den Nonnen ebenso wie den Schülerinnen. Doch ganz allmählich zog mich das Kloster und seine Lebensart in seinen Bann. Das tägliche Einerlei versetzte mich zurück an einen herrlichen, unfruchtbaren Ort. Der Staub wirbelte zu den Fenstern herein und ließ sich auf Kerzen und Blumen nieder. Er vermischte sich mit dem Weihrauch und der Singsangstimme des Priesters, die mich in eine Trance versetzte, aus der mich zweihundert Hände, die vor zu Boden blickende Gesichter geschlagen wurden, unversehens und jäh herausrissen. Dann ertönten unsere Stimmen im Chor: *O Herr, segne uns und diese Gaben durch Jesus Christus, unseren Herrn, Amen.* Langsam begriff ich, dass es zwischen dem verschwiegenen und berauschten Leben der Nonnen und meinem Leben in der Kalahari einen Zusammenhang gab. Aus der Langeweile musste etwas erschaffen werden, und es gab nur ein Gefühl, das dafür in Frage kam: Leidenschaft. In der Wüste entwickelte sich diese Leidenschaft zu etwas Überbordendem und Bedrohlichem und zwang die Menschen in die Knie. Im Kloster dagegen entfachte die Leidenschaft eine schmerzliche Sehnsucht nach etwas Höherem, das über das eigene Selbst, ja sogar das eigene Leben erhaben ist.

Die meisten Nonnen, vor allem eine unter ihnen, eine wunderschöne, skandalös junge Nonne aus England, besaßen diese Leidenschaft. Die junge Nonne hatte ein weiches, rundes Gesicht mit zwei Grübchen und grünblaue Augen. Wir stellten sie uns mit rotem Haar und als Opfer einer unglücklichen Liebe vor. Spätabends, wenn die Nonnen in ihren hellen Unterkleidern über die Flure geisterten, um ein Bad zu nehmen, spionierten wir ihnen nach und versuchten immer wieder, einen Blick auf Schwester Christiana, auf ihr Haar, womöglich sogar auf einen Arm oder ein Bein, zu erhaschen, auf etwas Menschliches, das von dieser Welt war. Den Nonnen war es verboten, sich in Spiegeln oder sonstigen reflektierenden Flächen zu betrachten. Uns erschien es ungeheuerlich, dass sich jemand, der so jung und so schön war, nie wieder im Spiegel sehen sollte.

Diese junge Nonne sollte das Opfer von I. B.s Zorn und Strenge werden. I. B. wies ihr Aufgaben zu, die normalerweise von Bediensteten erledigt wurden, und so sah ich sie manchmal den Boden der Kapelle scheuern oder das Messing und Silber polieren. Es lag auf der Hand, dass I. B. davon überzeugt war, nur so könne sie Schwester Christianas Geist zurechtfeilen, aber uns anderen schien die Grausamkeit der Oberin offensichtlich, besonders als wir bemerkten, dass die junge Schwester das Kruzifix aus Bernstein, das sie seit frühester Kindheit trug, nicht mehr besaß. I. B. hatte darauf bestanden, es Gott zuliebe aufzugeben und sich von allem zu trennen, was sie an eine Welt kettete, der sie abgeschworen hatte. Schwester Christiana war solche Härte von Nonnen nicht gewöhnt; sie war in einer freundlicheren Ordensgemeinschaft groß geworden, und anfänglich war sie verwirrt angesichts der Versuche, sie zur Ordnung zu rufen und zu demütigen. Ich beobachtete sie, wie sie ihren Willen dem Leben des Klosters unterwarf. Wenn sie kniend ins Gebet versunken war, ging von ihrem Gesicht ein entrücktes Strahlen aus, und wenn sie kritisiert oder zurechtgewiesen wurde, schien es, als könnten solch menschliche Regungen ihr nichts anhaben. Bei Schwester Christiana wurde jede Geste zum Gebet und die Eintönigkeit zur Hingabe. Für mich war das Ganze ein Rätsel: Ihre Liebe sprengte alles irdische Maß. Schwester Christiana war Christus verfallen – es war ihr deutlich ins Gesicht geschrieben und irritierte mich maßlos. Wie konnte man über einen körperlosen Mann in solches Entzücken geraten? Wie konnte man eine solche Leidenschaft für etwas empfinden, das nur im Geiste existierte? Doch nachdem ich die junge Nonne eine Zeit lang beobachtet hatte, wollte ich, was sie besaß, auch besitzen. Ich fühlte mich von ihrer Leidenschaft und ihrer geistigen Tiefe angezogen. I. B.s Behauptung, nur durch Leiden erfahre man Demut, und Demut sei der einzige Weg zu unserem Herrn, setzte mir allmählich zu. Die Fähigkeit dieser kleinen

Nonne, Grausamkeiten an sich abgleiten zu lassen und ihre Seele in Sphären zu erheben, in denen sie über Schmerz und Demütigungen erhaben war, ließ mich staunen: Wie schaffte sie das bloß? Ich hatte ein Rückgrat aus Stahl, doch meins brachte mich um, während Schwester Christianas sie mühelos in den Himmel tragen konnte.

Die Fastenzeit bot mir genau das, was ich brauchte: sechs Wochen, in denen ich nur fasten und Buße tun, vierzig Tage, an denen ich mich ganz ins Gebet und in Bußübungen versenken wollte. Während der Karwoche absolvierten wir ein abgespecktes Programm der Verzichtsleistungen und Huldigungen, die die Nonnen auf sich nahmen. In der Kapelle wurden nach Palmsonntag die Statuen mit Kardinalspurpur verhüllt und der Altar mit dunklen Farbtönen verkleidet. Von Aschermittwoch an, wenn jede Stirn sein aschgraues Zeichen trug, glitten wir immer weiter in ein emotional aufgeladenes, geheimnisvolles Ritual. Am Karfreitag zogen wir uns beim ersten Glockenschlag zurück: zu vierundzwanzig Stunden absolutem Schweigen und strengem Fasten. Kein Wort und kein Bissen kamen über unsere Lippen. Der Altar wurde geräumt, die Passionsgeschichte, wie sie in den Evangelien steht, in endlosem, klagendem Sprechgesang vorgetragen. Die Kapelle wurde praktisch unser ständiger Aufenthaltsort, der schwere, melancholische Duft des Weihrauchs umgab uns, bis wir beinahe in Ohnmacht fielen. Wer tatsächlich umkippte, wurde mit dem Kopf zwischen den Knien aufgesetzt, nur um wieder zu sich zu kommen und die ganze Prozedur auszusitzen, die endlos sich dehnenden Minuten und Stunden, während deren die Prozession schweigend von einer Kreuzesstation zur nächsten schritt. Das trostlose Glockengeläut schlug bei jeder Station, die

Kerzen wurden gelöscht, eine nach der anderen, bis wir in Elend und Dunkelheit verharrten.

Während der dreistündigen Messe brach ich dann zusammen. Ich kippte seitwärts und fiel zu Boden. Meine Sinne waren entflammt. Die Bilder in meinem Kopf schoben sich zwischen mich und die Wirklichkeit. Die Wände der Kapelle drehten sich, und ich nahm nur noch die Peitsche wahr, die wie eine Nilpferdpeitsche aussah und Christus tiefe Fleischwunden schlug, die Dornenkrone, die sich ihm fest in die Stirn drückte, die Nägel, die ihm die Handflächen durchbohrten und das Schwert, das in seine Seite fuhr. Ich konnte seine Gegenwart fühlen, sein Leid schmecken. Er war da. Er war da. Ich wusste es. Ich glaubte. Noch nie zuvor war mir etwas so stark und so schmerzlich nahe gegangen. Ich hatte Angst, weil ich mich so merkwürdig fühlte und so verändert. Ich hatte mein Gleichgewicht verloren und fürchtete, ich hätte auch mich verloren.

Am nächsten Tag wachten wir auf und marschierten zurück zur Kapelle, aber jetzt war alles verwandelt. Es war vorbei. Wir trugen weiße Leinenkleider mit blau-lilafarbenen Hauben. Wir beteten und empfingen den Segen, und dann wurden die Statuen in einer Messe von atemloser Eindringlichkeit und Schönheit enthüllt, von der Orgel brachen ekstatische Klänge los, und während Schwester Agnes in die Orgelpedale trat, erzitterte die Kapelle unter unseren Hallelujas. Father Comber trug, in eine blendend weiße Robe gekleidet, die Osterkerze herein und zündete sie an. Die Nonnen betraten die Kapelle, hohe Vasen mit Arumlilien und weißen Rosen im Arm, die sie auf dem Altar abstellten. Es schien, als hätten wir alle tagelang die Luft angehalten und könnten nun endlich wieder aufatmen.

Während der gesamten Fastenzeit hatte ich darauf gewartet, dass sich meine Seele öffnen und ich Gott durch den Spalt erblicken würde. Und wenn es auch nur zu einem kurzen Aufblitzen seiner Existenz gekommen war, so war mein Wunsch doch in Erfüllung gegangen. Ich hatte Gottes Gegenwart gespürt und wusste nun, dass es ihn gab. Mit dreizehn gab mir die Religion einen Vorgeschmack auf das Himmelreich, und ich klammerte mich daran, als sei sie mein letzter Strohhalm. Sie bot mir Erlösung und die Möglichkeit, ein gutes Kind zu sein. Sie versprach Vergebung für den mörderischen Zorn, der meinen Vater ebenso wie mich selbst mit dem Tod bedroht hatte. Christus konnte mich von meinen unermesslichen Sünden erlösen, wie er es beim heiligen Augustinus getan hatte. Christus konnte mir dabei helfen, das böse Kind in mir zu begraben und ein neues, von allen Sünden gereinigtes Kindsein zu finden. Wenn ich daran dachte, wie ich versucht hatte, meinen Vater zu töten, schien mir das ganze Ereignis mittlerweile ungemein diffus und merkwürdig unentwirrbar. Einen solchen Mord zu planen, das mochte noch angehen, doch ihn tatsächlich auszuführen – meinen Arm zu heben in der Absicht, mit dem Messer zuzustoßen, wie ich es getan hatte –, wer konnte so etwas tun, ohne von aller Menschheit und Menschlichkeit geächtet zu werden? Ich versuchte, mich von meinem Mordversuch zu distanzieren, doch wollte es mir nicht gelingen, ihn zu vergraben oder zu vergessen. Wie ein Geist hinter einem Vorhang spukte der Vorfall immer wieder in meinem Kopf herum, und je heftiger ich versuchte, ihn zu unterdrücken, desto hartnäckiger trat er in meinem Leben in Erscheinung.

Ich war dreizehn und steckte mitten in den Entwicklungsnöten meines Körpers, und das machte mir Angst.

Schüchtern gab ich bei den Bällen zur Halbjahreszeit den neuen und beängstigenden Bedürfnissen meines Körpers nach, doch schien körperliche Nähe sofort die Trancezustände meiner Kindheit auszulösen. Kaum kam ich einem männlichen Körper zu nahe, verwandelte sich mein Körper in eine tote Landschaft, die ich aus der Ferne betrachten konnte. Ich beruhigte mich, indem ich mir sagte, ich sei noch nicht bereit, das sei alles. Die Zeit sei noch nicht reif. Ich wollte noch ein wenig länger in der keuschen Atmosphäre des von Träumerei und Besinnlichkeit geprägten Klosterlebens bleiben. Ich wollte mich in die reine Welt der Nonnen zurückziehen, wo der Körper strikt unter Kontrolle gehalten und durch Abtötung seiner Leidenschaften und durch Kasteiungen zum Schweigen gebracht wurde. Das war mir ganz recht.

Dreizehn

Doch sehr lange hielt mein Vorsatz nicht, denn im nächsten Augenblick hatte ich mich verliebt. Ich erinnere mich noch genau an den Moment, in dem es geschah. Sie stand auf dem höchsten Springturm, bereit hinabzuspringen. Ich wusste, wer sie war, sie hieß Virginia, doch die meisten Leute nannten sie Toffee, weil sie so süß war. Sie war siebzehn, im letzten Schuljahr und kurz davor, ihren Abschluss zu machen und sich dann im Ausland als Krankenschwester ausbilden zu lassen. Ich kannte ihr Gesicht, umrahmt von braun-goldenen Locken, die blasse Haut. Ihre Augen waren sehr blau und eher klein, ihr Blick ernst und klar, als könne sie weit in die Zukunft blicken. Es war weniger ihre Schönheit, die faszinierte, als vielmehr die Tatsache, dass sie das Gesicht einer Dichterin und die Anmut einer jener Frauen hatte, wie sie auf religiösen Gemälden des 16. Jahrhunderts zu sehen sind. Doch an jenem Tag, als sie sprungbereit auf dem Brett stand, kurz davor, abzuheben, schien es mir, als würde ich aus großer Höhe herabfallen, und dabei sah ich nur sie, wie sie auf ihren langen, leicht gebräunten Beinen zum Ende des Sprungbretts rannte und mit einem eleganten Sprung hoch in die Luft federte. Auf dem Scheitelpunkt ihrer Flugbahn ließ sie ihren Körper zusammenklappen, so dass sie mit den Fingern ihre Zehen berührte, verharrte in dieser Position eine unendliche Sekunde lang, bevor sie sich wieder streckte, um sauber, den Kopf sicher zwischen die Arme gesteckt, ins Wasser einzutauchen.

In ihrem schwarzen Satinbadeanzug und ihrer weißen Badekappe wirkte sie ebenso schön wie der Flussvogel, der sich in die rätselhaften Gewässer des Thamalakane-Flusses stürzt. Sie schwamm anmutig zum Beckenrand und zog sich in aller Ruhe an der Beckenkante aus dem Wasser, wobei die Tropfen von ihrem Körper perlten und den schwarzen Satin glitzern ließen. Wir trugen alle Badeanzüge aus Satin, doch ihrer war neu, so dass er noch nicht die übliche rostbraune Farbe, die das Chlor mit sich bringt, angenommen hatte. Ihrer war herrlich, schmiegte sich eng an Hüfte und Bauch und folgte ihren Körperkonturen aufwärts bis zu den bügelverstärkten Körbchen und den schmalen Trägern. Sie zog sich die weiße Badekappe vom Kopf und schüttelte lachend ihre goldenen Locken aus. Irgendjemand rief ihren Namen, worauf sie sich umdrehte und wie eine Gazelle über das satte, grüne Gras lief, die Kappe an den Riemen in der Hand hin- und herschwingend, um sich auf ihr Badetuch zu werfen.

In diesem Moment war es um mich geschehen. Mich überwältigte ein Gefühl grenzenlosen Glücks, doch schon im nächsten Augenblick war ich zu Tode betrübt, denn wie sollte ausgerechnet ich jemals auch nur ein einziges Wort an eine solche Göttin richten können. Sie war Präfektin und lebte in einer elitären Welt, von der wir anderen ausgeschlossen waren. Präfekten umgaben sich nicht mit Pöbel. Sie hatten ihre eigenen Gemeinschaftsräume und hielten Abstand. Sie lebten nach eigenen Regeln und waren in vielerlei Hinsicht privilegiert. Ich wusste, dass Virginia sehr beliebt war und viele Verehrerinnen hatte, das war mir klar; ich wusste aber auch, dass es keine mit meiner Entschlossenheit, sich ihr zu Füßen zu werfen, würde aufnehmen können. Eine Zeit lang begnügte ich mich damit, sie einfach nur zu beobachten. Ich suchte und fand unzählige Gründe, am Gemeinschaftsraum vorbeizugehen, vor dem Klassenzimmer herumzuhängen, in dem sie sich womöglich gerade befand, oder vor der Kapelle darauf zu hoffen, dass sie heraustrat, die Haube abnahm und ihre eingesperrten goldenen Locken befreite. Gelegentlich erhaschte ich einen Blick auf sie, wenn sie in weiter Ferne den Queen's Path hinuntereilte oder die Treppe zu ihrem Schlafsaal hinaufrannte. Ich verbrachte viel Zeit am Schwimmbad, wo ich ihr beim Turmspringen zusah oder ihre weiße Kappe beim Bahnenschwimmen verfolgte und dabei das Wasser glühend beneidete, weil es über ihre Wange streichen durfte. Wenn ich Virginia irgendwo ausgemacht hatte, war ich außer mir vor Glück, wartete ich aber umsonst und sah sie womöglich den ganzen Tag nicht, war ich untröstlich.

Ich war nicht die Einzige, die auf diese Weise litt. In St. Mary's wimmelte es nur so von leidenschaftlichen, bedeutungsvollen Freundschaften zwischen Mädchen, die mit zusammengesteckten Köpfen zum Hockeyfeld gingen, ihre Herzensangelegenheiten bedeckt haltend, sich in leeren Klassenräumen oder nachts in den Badezimmern trafen, um ein wenig Privatsphäre zu schaffen, in der es sich reden ließ. Wenn man in ein solches Treffen hineinplatzte, zog man sich umgehend und mit einer verlegen gemurmelten Entschuldigung zurück, als habe man jemanden nackt überrascht. Meine Beziehung zu Virginia, die zu diesem Zeitpunkt ausschließlich in meinem Kopf existierte, war etwas völlig anderes. Ich hätte es nicht geduldet, wenn jemand meine Empfindungen als etwas so Niedriges und Lächerliches wie Verknalltheit abgetan hätte. Was ich für sie empfand, hatte ich noch nie für jemanden empfunden, und ich schwor mir, es auch in Zukunft nicht zu tun.

Letzten Endes musste ich mich jedoch dazu herablassen, mich ihr auf gewöhnliche Art zu offenbaren. Ich besorgte eine kleine Tafel Schokolade von Nestle und legte sie ihr aufs Bett. Dabei hinterließ ich auch meinen Namen, denn ich wollte nicht, dass der Ruch des Anonymen auf meine Geste fiel. Eigentlich hatte ich in ihrem Schlafsaal ohnehin nichts zu suchen, es verstieß gegen die Regeln, und da sie noch nicht einmal in demselben Flügel lebte wie ich, hätte es ein ernstes Nachspiel geben können, wenn ich von *Matron* erwischt worden wäre. Jede Präfektin hatte die Aufsicht über einen Schlafsaal mit jüngeren Mädchen, die in zwei ordentlichen Reihen jeweils einen mit Vorhängen abgetrennten Raum samt Bett bewohnten. Die Vorhänge durften wir nur zuziehen, wenn wir uns umzogen oder wenn etwas Furchtbares passiert war – der Hund der Familie gestorben oder eine Freundschaft zerbrochen war. Von der Freundin verlassen zu werden, war ein echtes Drama, und wenn eine besonders lange Freundschaft zerbrach, war das wie bei einer Scheidung: Man ergriff Partei, es gab viel Klatsch und gelegentlich auch den ein oder anderen Selbstmordversuch.

In Virginias Schlafsaal zu stehen, dort zu sein, direkt neben ihrem Bett, erfüllte mich mit Andacht. Ich schaute nicht in ihre Schublade, selbstverständlich nicht, aber ich sah mir die Fotos von ihren Eltern und ihrer Schwester an und entdeckte ein Tagebuch mit Schloss, auf dem ein Gedichtband von Roy Kloof abgebildet war. Auf ihrem Nachttisch standen weder eine jener Sammlungen kleiner Porzellantiere, wie wir sie damals alle hatten, noch Heiligenbildchen, wie wir sie alle zur Fastenzeit tauschten; stattdessen besaß sie einen gerahmten Zeitungsausschnitt, auf dem Nelson Mandela und Sisulu als Redner auf einer Demonstration zu sehen waren. In fahriger Aufregung griff ich nach ihrer Bürste und strich mir damit durchs Haar, und mit dem gleichen panikähnlichen Gefühl legte ich mich, flach wie eine Flunder, für den Bruchteil einer Sekunde auf ihr Bett, bevor ich wieder den Flur und dann die Treppen hinunterflog, bis ich schließlich, erstaunt über meinen Mut, im Freien stand. Und da Virginia, wie wir alle, eine wohlerzogene junge Dame war, schrieb sie mir ein Briefchen, um sich für die Schokolade zu bedanken. Es hing eines Tages, mit meinem Namen versehen, am Schwarzen Brett, und ich rannte damit zu den Toiletten, um es ungestört lesen zu können. Ich las es so oft, dass es an den Faltkanten ganz brüchig wurde, und trug es ab diesem Moment immer bei mir. Ich besitze das Briefchen noch heute, wie übrigens alle ihre Briefe sowie einige Entwürfe meiner Briefe an sie. Bei all dem Zusammenpacken und Umziehen, dem Ausmisten und den Wanderschaften von einem Kontinent zum anderen sind Virginias Briefe mir nie abhanden gekommen. In diesem Moment befinden sie sich im Keller in einer quadratischen, weißgoldenen Bonboniere. Hier ein Beispiel:

> Liebe C.,
> was für ein wunderschönes Taschentuch Du mir geschenkt hast, mit Deinen eigenen Händen bestickt. Es ist viel zu kostbar für mich. Wann soll ich es benutzen? Wenn mir mein Herz gebrochen wird? An meinem Hochzeitstag? Natürlich werde ich Dich zu meiner Hochzeit einladen. Wer hat Dir beigebracht, so herr-

lich zu nähen? Wenn ich da an meine eigenen missglückten Stiche denke, muss ich mich direkt schämen.
Alles Liebe Virginia

Ihre Hochzeit zu erwähnen, schien mir ein wenig unnötig, aber immerhin gelang es mir bald, einige Worte mit ihr zu wechseln, in jenen kurzen Augenblicken nach dem Abendessen oder bevor wir in unsere Schlafsäle gehen mussten. Ich schrieb ihr im Bett, bevor es ›Licht aus!‹ hieß und gelegentlich auch in der völligen Dunkelheit des Schlafsaals. Wir durften eigentlich keine Taschenlampen besitzen, weil die Nonnen jegliches Lesen oder was sonst noch unter der Decke geschehen konnte, zu unterbinden versuchten. Doch irgendeine Form der Beleuchtung hielten wir alle versteckt, und so konnte ich das besonders wunderbare Gefühl auskosten, Virginia mitten in der Nacht zu schreiben, wenn ich wusste, dass sie sicher in ihrem Bett auf der anderen Seite des Gebäudekarrees lag. Eines der ersten Briefchen, die ich ihr schrieb, lautete so:

Liebe Virginia,
nach dem Haarewaschen sah ich Dich draußen sitzen, und Dein Haar sah aus wie züngelnde Flammen. Woher hast Du all diese Locken? Mein Haar ist so gerade und langweilig wie Gras. Wegen des Sprungturniers brauchst Du Dir auf gar keinen Fall Sorgen zu machen, natürlich gewinnst Du den Pokal. Und solltest Du ihn durch irgendeinen verrückten Zufall nicht bekommen, so stehle ich ihn für Dich.
Alles Liebe C.

Das Erstaunlichste an Virginia war, dass sie mich mochte, mich wirklich mochte. Sie durchschaute meine Tarnungen zum Teil und entdeckte in mir gute Eigenschaften, von denen ich nicht das Geringste ahnte. Zuweilen ergab es sich, dass wir miteinander reden konnten, und dann lud ich all meine Sorgen und Befürchtungen bei ihr ab. Sie strahlte Optimismus aus, und die Art und Weise, wie sie einem Mut machte, hatte etwas zutiefst Lebensnahes an sich. Ach komm, jetzt mach mal halblang, sagte sie. Oder: Wie kommst du denn auf so eine dumme Idee? Die Briefe gingen hin und her. Ich fuhr fort, über die Flure zu geistern oder mich an strategischen Stellen herumzudrücken, um einen Blick auf sie zu erhaschen. Ich hatte etwas über sie gehört, das mich faszinierte: Virginia fiel regelmäßig in Ohnmacht. Sie kippte einfach um und war weg. Einfach so. In der Schule machte man sich deshalb Sorgen. Was wäre, wenn so etwas oben an der Treppe geschähe? Der Gedanke beunruhigte auch mich, und ich begann, ihre Bewegungen zu verfolgen, als könnte ich, durch einen wunderbaren Zufall, sie vor einem möglichen Sturz bewahren oder sie dabei auffangen. Die Ohnmachtsanfälle waren etwas, das wir gemeinsam hatten. Der Zustand, kurz bevor das Bewusstsein aussetzt, war mir sehr vertraut. Ich war ihm häufig sehr nahe, und hatte bisweilen das Gefühl, ich sei ohnmächtig gewesen, weil mir ein Zeitsegment fehlte. Es überraschte mich, dass Virginia sich nicht näher mit diesem Phänomen befasste, wo sie doch sonst ihren Charakter und ihr Verhalten recht genau unter die Lupe nahm. Doch was ihre Ohnmachtsanfälle anging, so ließ sie sie auf sich beruhen. Viele Jahre später, bereits erwachsen und in England, fiel sie, als sie einmal das Bewusstsein verlor, auf einen Heizkörper und erlitt schwere Verbrennungen am Arm. Sie zuckte lediglich mit den Achseln, als sie mir davon erzählte. Man kann nicht erwarten, im Leben ohne Narben davonzukommen, sagte sie sehr entschieden, jedenfalls nicht, wenn man richtig leben möchte.

Virginia war durch und durch lebendig, und sie ließ mich erkennen, wie tot ich eigentlich war. Besonders deutlich wurde es, wenn sie nicht da war, wenn meine Wunschträume, sie zu sehen oder Zeit mit ihr zu verbringen, von vornherein unerfüllbar waren. Dieses Gefühl, diese Abhängigkeit, war völlig neu für mich und flößte mir Angst ein. Virginia wiederum sorgte sich um mein unkontrollierbares Abgleiten in tiefste Depressionen. Sie versuchte mir beizubringen, mich mehr auf mich zu stellen, und erklärte mir zu meiner Verblüffung, dass ich mir nie meines Glücks sicher sein könnte, wenn ich es ausschließlich an einem Menschen festmachte, denn dieser Mensch hätte dann auch die Macht, mir mein Glück zu nehmen. Sie meinte, glücklich könne man nur sein, wenn man das Glück in sich selbst finde. Ich hatte keine Vorstellung, wie ich so etwas anstellen sollte. Keinen blassen Schimmer. Ich spürte ja schon bei dem Gedanken, dass ich über die Ferien einige Wochen von ihr getrennt sein würde, eine Woge von Panik in mir aufsteigen. Wie ich die Trennung von ihr und dazu noch das Leben zu Hause überleben sollte, war mir schleierhaft – beide Aussichten erfüllten mich mit blankem Entsetzen.

Liebste Virginia,
es ist spätnachts, und ich sollte eigentlich lernen. Ich sitze auf dem kalten Badezimmerfußboden, der Raum riecht nach Babypuder und Käsefüßen, und ich zittere,

wenn ich daran denke, dass mich Barrel, die die ganzen letzten Nächte auf der Pirsch lag, erwischen könnte. Ich kann mich einfach nicht auf diese blöden Matheaufgaben konzentrieren. Bei keiner einzigen kommt etwas Vernünftiges heraus. Ich wünschte, Du wärst hier, und wir könnten reden. Ich hätte nicht übel Lust, mich in Deinen Schlafsaal zu schleichen und Dich aufzuwecken. Aber ich weiß, ich würde es nicht tun, wenn ich Dich schlafen sähe, denn bei den vielen, wichtigen Prüfungen, die Dir bevorstehen, will ich nicht, dass Du meinetwegen müde bist. Ach, Virginia, ich will nicht, dass das Schuljahr endet!
Alles Liebe C.

Liebste C.,
Du musst aufhören, Dir über die Ferien und unsere Trennung solche Sorgen zu machen. Du wirst so viele neue und spannende Dinge erleben, dass Du mich überhaupt nicht vermissen wirst. Natürlich schreibe ich Dir, jeden Tag. Glückwunsch zum Schwimmen, Du hast Dich wirklich großartig geschlagen, und wenn Du im nächsten Halbjahr richtig trainierst, dann wirst Du bestimmt, und das lass Dir von mir gesagt sein, an den *InterHigh*-Wettkämpfen teilnehmen können. Wenn es so weit ist, musst Du mir schreiben und Bescheid sagen, damit ich mit meinen Kindern aus England herfliegen und Dir dabei zusehen kann, wie Du die 200 Meter gewinnst. Ich muss schließen, es klingelt gleich.
Alles Liebe Virginia.

Ich überlebte die Ferien, und als ich zurückkehrte, half mir Virginia, mich besser in St. Mary's einzufügen. Sie hielt hartnäckig daran fest, dass ich intelligent sei und dass ich mich ein wenig für meinen Schulunterricht interessieren sollte. Sie unterstützte mein Vorhaben, die Klassenbucheinträge zu reduzieren, die ich als einer der schlimmsten Unruhestifter allzu häufig bekam. Sie kannte mein merkwürdiges Verhalten, aber sie bildete sich kein Urteil. Kein einziges Mal. Zuweilen fragte sie mich, warum ich so häufig diese enorme Wut beziehungsweise eine so abgründige Traurigkeit empfand. Ich wusste es nicht. Ich hatte gehofft, durch meinen Wechsel ins St. Mary's diese Gefühle hinter mir zu lassen, doch sie waren mir gefolgt. Und so konnte ich in einem Moment ganz normal und nett sein, um im nächsten, wenn mich etwas ärgerte, meine Freundinnen mit dem Kopf gegen die Wand zu knallen, sie ins Gesicht zu schlagen oder jemandem den Arm bis zum Anschlag hinter den Rücken zu biegen. Genauso gut konnte ich irgendein armes Mädchen zwingen, mir mit einem Hockeyschläger so fest auf den Arm zu schlagen, dass ich schwer genug verletzt war, um nicht an irgendeinem völlig unwichtigen Tennisspiel oder sonst etwas teilnehmen zu müssen. Mein Sadomasochismus, vom Meister gelernt, stand in voller Blüte. Obwohl andere von meiner Zerstörungs- und Selbstzerstörungswut entsetzt waren, schien sie mir völlig normal. Allerdings achtete ich darauf, solche Neigungen möglichst zu kaschieren, doch Virginia blieben sie nicht verborgen, und sie erkundigte sich häufiger, warum ich solche Dinge tat. Ich wusste es nicht.

Ebenso wenig blieb ihr verborgen, dass ich einen Selbstmordversuch unternahm. Das war kurz vor den Ferien, bevor wir nach Hause geschickt wurden. Ich hatte ein furchtbares Zeugnis. Ich machte keinerlei Fortschritte in St. Mary's. Die Lehrerinnen bescheinigten mir Konzentrationsschwäche, hielten mich für verträumt, jeden Augenblick bereit, in meine eigene Welt zu versinken. Ich hatte schlechte Laune. Ich konnte es nicht ertragen, wenn man mir Vorschriften machte. Man warf mir vor, meine Mitschülerinnen anzustiften und aufzuwiegeln. Ich wusste, wie mein Vater, der sich in Irland seine Erziehung mühsam hatte erkämpfen müssen, der niemals die Möglichkeit gehabt hatte, eine Universität zu besuchen, und der sich für über alle Maßen großzügig hielt, weil er uns eine Ausbildung an einer Privatschule bot, auf solch ein Zeugnis reagieren würde. Je näher der letzte Schultag rückte, desto schlimmer wurden meine nächtlichen Heimsuchungen und desto deutlicher und eindringlicher die Bilder in meinem Kopf. Im Unterricht verlor ich auch mein letztes bisschen Konzentrationsfähigkeit. Meine Gedanken wirbelten durcheinander, ich sah mich ganz weit draußen im Busch oder nachts im Bett in Gaborone liegen und darauf warten, dass der Generator verstummte und das Haus in pechschwarze Dunkelheit versänke. Ich hatte Visionen von einem Gesicht ohne Gesichtszüge, sah, wie Federn oder Schlangen in meinen Mund gestopft wurden oder wie sich eine Schüssel langsam mit Blut füllte. Alpträume schreckten mich nachts hoch, und ich hatte das sichere Gefühl, dass jemand versucht hatte, mich zu ersticken. Allein der Gedanke, nach Hause gehen zu müssen, ließ mich beinahe durchdrehen. Ich konnte es Virginia nicht sagen, es ging einfach nicht. Und da ich nicht wusste, was mit mir geschah, dachte ich mir, ich sei wohl dabei, verrückt zu werden. Diese Erklärung war so beängstigend und niederschmetternd, dass ich mich regelmäßig auf dem Bett liegend wiederfand, mein Gesicht zur Wand gedreht, und wenn mich jemand ansprach, tat ich so, als schliefe ich.

Ich wurde krank. Ich hatte zwar schon häufig schlimme Halsgeschichten gehabt, doch zu jenem Zeitpunkt war eine Mandelentzündung eigentlich ausgeschlossen, da meine Mandeln im Jahr zuvor entfernt worden waren. Tatsache war jedoch, dass mein Rachen rot und geschwollen war und ich hohes Fieber hatte. Als mir *Matron* das Thermometer unter die Zunge schob und dabei auf meinen Rachen schaute, schreckte sie zurück. Ich wurde ins Krankenrevier gebracht, und dort beschloss ich, dass es an der Zeit war zu sterben. Ich dachte lange darüber nach. Meine Mutter und mein Vater liebten mich nicht, so viel stand fest. Sie würden mich daher auch nicht vermissen, meine Mutter vielleicht ein bisschen, aber auch nur, weil sie sich dabei schlecht fühlen konnte. Doch da meine Mutter augenscheinlich nicht wusste oder es sie nicht scherte, wie sehr ich sie liebte und wie sehr ich ihr helfen wollte, vermutete ich, dass sie generell nicht sehr viel empfand und mich daher nicht wirklich vermissen würde. Ich wollte nicht, dass sie litt, konnte mir aber andererseits auch nicht vorstellen, dass sie je unter etwas anderem leiden könnte als unter den Beschwerden, unter denen ich sie bislang ausschließlich hatte leiden sehen: ewigen Kopfschmerzen und dem Bedürfnis nach Schlaf. Es schien mir unwahrscheinlich, dass sie mein Tod sonderlich betrüben würde, wo ich ihr doch eine so lästige und meinem Vater eine so verhasste Tochter war. Sie wären beide ohne mich sicher besser dran. Was Angela anging, so hatte sie sich eine dicke Haut zugelegt und würde meinen Tod kaum an sich heranlassen. Außerdem war ich ihr eine solche Plage, dass sie es wahrscheinlich freuen musste, wenn sie sich nicht länger pausenlos um mich zu kümmern hätte. So müsste sie mich nicht mehr im Bus zum Zahnarzt begleiten, weil ich ein solcher Schisshase war, dass ich so etwas nicht wie jede andere, normale Person allein bewerkstelligen konnte. Aber vielleicht täte ihr mein Tod Leid, und vielleicht würden sich meine Eltern wünschen, sie wären netter zu mir gewesen. Doch dann wäre es natürlich zu spät.

Mir gefiel der Gedanke an den Sarg. Ange und ich waren einmal in Swasiland zur Beerdigung einer Nonne gegangen. Sie war jung und schön, wie sie so dalag, in Satin eingeschlagen und mit Arumlilien umgeben. Man hatte ihr eine Lilie zwischen die Hände gesteckt, die zum einsamen, stillen Gebet gefaltet waren, derweil sie dort so im Garten lag und ihr die Sonne zum letzten Mal aufs Gesicht schien. Wir mussten sie küssen, und so hob mich eine der Nonnen hoch, damit ich mich zu ihr hinunterbeugen konnte. Die Kälte der Toten kam völlig unerwartet, sie fühlte sich genauso an, wie wenn ich meine Hand in das Marmorbecken tunkte, eine beinahe wässrige Kälte, und sie musste unendlich kalt sein, dass nicht einmal die Sonne sie zu wärmen vermochte. Ich zuckte zurück, was die Nonne zu einem Stirnrunzeln veranlasste, so dass ich wusste, ich hatte etwas falsch gemacht. Dennoch rief ich mir, wann immer ich seitdem an den Tod dachte, jene Nonne in Erinnerung, und dann wusste ich, dass der Tod etwas Schönes war. Und so fiel es mir eigentlich ganz leicht, mich auf den Fenstersims zu stellen, mich immer wieder, mein Leben lang auf Fenstersimse zu stellen, und mich zu fragen: Soll ich?

Natürlich gab es da noch Virginia, doch auch sie würde mich bald verlassen, nach England gehen, und da ich nicht die Absicht hatte, jemals dorthin zu fahren, würde ich auch sie nie wieder sehen. Ich hätte sie dann ebenso endgültig verloren, wie ich Maun, den Fluss, Violet, Elizabeth und Rena verloren hatte. Sollte ich jedoch gezwungen werden – und sie würden mich an den Haaren dorthin schleifen müssen –, nach England zu ziehen, weil man, wie ich wusste, ernsthaft überlegte, aus Afrika abzuziehen, würde mich England ohnehin umbringen. Ich würde auf irgendeinem dreckigen Fenstersims im strömenden Regen stehen, an einem hässlichen Ort, an dem sich die Häuser nur so aufeinander stapelten, ohne Leere und Raum und ohne die Ebene. Das war es, was ich am meisten liebte: die Ebene, über die sich der Himmel endlos weit erstrecken konnte, bis er die Welt mit seinem heiligen Blau erfüllte. Dann würde ich springen.

Dieses Mal wollte ich es richtig machen. Ich wollte, dass mir zumindest ein Mal etwas wirklich gelingt. Auf keinen Fall sollten sie herbeigelaufen kommen, sich um mich scharen und auf mich herabschauen mit so einem Blick, der deutlich zu verstehen gäbe, musst du eigentlich immer alles versauen? Das Krankenrevier war ein guter Ort, um zu springen. Es befand sich im obersten Stockwerk der Schule, in der dritten Etage, und unten lief ein Betonpfad vorbei, auf den ich aufschlagen würde. Ich konnte ihn eigentlich gar nicht verfehlen. Als ich das letzte Mal aus einem Fenster gesprungen war – angeblich, weil ich in Eile war, zum Mittagessen zu kommen –, hatte ich mir nur einen Arm gebrochen. Doch das Krankenrevier war für so etwas ideal. Es konnte gar nicht schief gehen. Und als mir klar wurde, dass mich nichts mehr zurückhielt und ich keinerlei Zweifel mehr verspürte, wusste ich, dass dies die beste Lösung war, und ich fragte mich: Soll ich? Und die Antwort lautete: Ja.

Dort oben auf dem Sims konnte mich keiner sehen. Das Fenster schaute auf die Straße, die um diese Zeit nur wenige Menschen entlanggingen. Ich hatte den Eindruck, ich säße auf einem der flachen Hügel in der Nähe der Farm. Mit den Beinen über dem Sims saß ich dort und wartete darauf, in Trance zu fallen. Und während ich wartete, erfüllte mich der Anblick der herrlichen blauen Gummibäume und des tiefblauen Himmels und das Gefühl der Sonne auf meinem Körper mit abgrundtiefer Trauer. Ich war so unendlich einsam dort oben auf dem Sims. Ich hatte eine solche Empfindung nicht erwartet, hatte gar keine Empfindungen erwartet, weil ich doch nur ein Stock oder ein Stein war. Doch nun, wie ich auf dem Sims saß, fühlte ich durchaus etwas. Es war unerträglich. Ich löste mich augenblicklich auf und verschwand an jenen Ort, wo die Welt ganz Schönheit ist und sonst gar nichts. Ich schaute nicht mehr aus einem Fenster in meinem Schulgebäude. Ich befand mich wieder an dem gewundenen Fluss, bei den blau- und rosafarbenen Wasserrosen. Dort, wo das grüne Boot zwischen dem Schilf schaukelte und Wildenten aufflogen, eine einzelne oder auch zwei, die dann in der heißen Luft hingen, die alles um sie herum in etwas Stilles, Grünblaues und Ewiges verwandelte. Jetzt fühlte ich mich nicht mehr so einsam dort auf dem Sims, und ich sagte mir: Jetzt! – und konzentrierte mich darauf, hinauszufliegen, mich der Luft in die Arme zu werfen und von ihr gehalten zu werden, bevor ich starb.

Vierzehn

Doch ich wurde gerettet – zurückgerissen von einem großen, lesbischen Mädchen, das aus dem anderen Zimmer des Krankenreviers herübergekommen war und mich fluchtbereit auf dem Sims hatte schwanken sehen. Sie zog mich zurück in den Raum, aber sie zog mich zu nah an sich heran, so dass ich sie von mir stieß und ihr eine knallte – als Dank für ihre Mühe. Als es mir wieder besser ging, verließ ich das Krankenrevier, obwohl ich eigentlich am liebsten bis zu den Schulferien dort geblieben wäre, um dann direkt nach Hause verschwinden zu können. Denn die ganze Schule wusste Bescheid, und das war schrecklich, beinahe so beschämend wie damals in Goedgegun, als uns Schilder umgehängt wurden: Ich bin ein Dieb. Ich bin ein Lügner. Ich bin eine Verrückte. Natürlich betrachtete I. B. diesen Vorfall als melodramatischen Akt und schaffte es auch dieses Mal, die Nase zu rümpfen und ein vernichtendes Urteil zu fällen.

Jetzt hast du also, hob sie an und schob ihre Riesenhände in die schwarzen Ärmel ihres Gewandes, in deinem maßlosen Stolz beschlossen, dem Ratschluss unseres Herrn zuvorzukommen und die Stunde deines Todes selbst zu bestimmen – ohne die Gnade der Beichte oder den Beistand einer Fürsprecherin. Auf ihrem Gesicht lag das freundliche Lächeln, das einen frösteln ließ. Aber vielleicht überschätze ich dich auch, vielleicht bist du ja nur das dumme, dickköpfige Mädchen, vor dem mich dein Vater gewarnt hat, als er dich damals zu uns brachte. Und womöglich hast du in dem Augenblick, da du die Autorität unseres Herrn in deiner Selbstsucht herausfordern wolltest, nichts weiter gesucht als ein wenig Rampenlicht – ein Melodrama, das geeignet ist, für die Ödnis einer Seele einzustehen, die trostlos und verloren auf dem Meer herumirrt, ohne Disziplin, ohne Ehrfurcht, die allein sie zum sicheren Hafen geleiten könnten. Als sie sah, dass sie mich erledigt hatte, bat sie mich mit sanfter Stimme, als spreche sie zu einem Kind, das sie soeben zu seinem eigenen Wohl gequält hatte: Bitte komm in mein Büro, damit ich dir einige Bibelpassagen zum Lesen aufgeben kann, Worte, die geeignet sind, deinem Sinnen und Trachten eine neue Richtung zu geben. Dann wurde ich nach Hause geschickt, wo mich eine Tracht Prügel erwartete, die meine Mutter derart entsetzte, dass sie meinem Vater mit Scheidung drohte.

Gegen Ende meines ersten Jahres in St. Mary's, kurz bevor sie nach England abreiste, nahm Virginia mich mit zu sich nach Hause. Ich wusste, dass sie sich damit in ein schiefes Licht setzte. Die Nonnen würden es nicht gern sehen und es ihr irgendwann ankreiden. Schließlich bekam ich nach wie vor regelmäßig Ärger in der Schule und widersetzte mich immer noch jedweder Autorität. Allerdings wusste ich mittlerweile die Toleranzgrenzen der Nonnen besser abzuschätzen, hatte mich zudem mit einigen netteren Nonnen angefreundet und ein wenig Sympathie in ihnen zu wecken gewusst. Schwester Hilary, die den Chor leitete, war auf Grund ihrer natürlichen Herzensgüte besonders leicht zu manipulieren, und so schaffte ich es, zumindest die meiste

Zeit über, nicht aus dem Chor geworfen zu werden. Und das war gut so, denn das Singen war mittlerweile für mich zu einer Quelle des Glücks geworden.

Virginia hatte normale Eltern. Ihr Vater war ein intelligenter und nachdenklicher Mann. Womöglich arbeitete er als Schriftsteller oder Wissenschaftler. Jedenfalls zitierte Virginia ihn häufig. Sie erklärte mir eines Tages, dass es möglich sei, auch ohne Gott ein guter Mensch zu sein. Diese Vorstellung empfand ich als ungemein tröstlich, denn so hatte jedermann die Möglichkeit, gut zu sein, und brauchte sein Leben nicht nur als düsteres Verhängnis und nur von Gott zu tilgende Schuld ansehen. Ich weiß noch, wie ich mich mit Virginias Vater über die Schule und meine Zukunftspläne unterhielt. Seine Fragen erweckten den Eindruck, als glaube er an meine Zukunft, als traue er mir etwas zu. Ich wurde misstrauisch, fürchtete, er würde mich aufs Glatteis führen, um mich dann ob meiner Antworten verhöhnen zu können. Doch meine Angst war unbegründet. Diese Erfahrung war neu. Er erzählte mir, Virginia halte mich für begabt und glaube, ich könnte eines Tages etwas Großes leisten. Was er sonst noch sagte, bekam ich gar nicht mehr mit, so erstaunt war ich. Wochenlang hütete ich seine Worte wie einen Schatz und holte sie wie einen Talisman immer dann hervor, wenn ich dachte, ich sei am Ende meiner Kräfte.

Virginias Eltern führten ein geregeltes, beschauliches Leben. Sie zogen nicht alle sechs Monate um, wie es meine Eltern mittlerweile taten. Virginia hatte ihr ganzes Leben in einem Haus gewohnt und ganze zwei Schulen besucht. Wir dagegen waren so häufig umgezogen und auf so viele unterschiedliche Schulen gegangen, dass ich kaum noch den

Überblick hatte. Ich beneidete Virginia um ihre unkomplizierte Beziehung zu ihrem Vater. Seine Art, mit ihr zu reden und ihr zuzuhören, verblüffte mich. Vor allem war deutlich zu spüren, dass sie ihn liebte, und zwar ganz selbstverständlich und ohne Qual. Das zu sehen, versetzte mir einen schmerzlich-sehnsüchtigen Stich. Ein einziges Mal versuchte ich, ihr zu erzählen, wie es bei uns zu Hause ausgesehen hatte, bevor ich nach St. Mary's entkommen war. Doch ich konnte schlechterdings nicht viel von jenem Leben preisgeben: Ich schämte mich zu sehr. Ich schämte mich so sehr, dass ich mein Möglichstes tat, um jeden Gedanken daran zu verbannen. Meine Erinnerungen gerieten zunehmend durcheinander. Und so deutete ich die Gewalttätigkeit meines Vaters lediglich an, während ich von meiner Mutter so gut wie gar nicht sprach. Ich verhielt mich ihr gegenüber nach wie vor loyal, war immer noch besessen von dem Gedanken, sie zu retten oder zumindest aufzubauen, und liebte sie unverändert auf meine hoffnungslose Art. Wie hätte es auch anders sein können? Sie war meine Mutter, eine andere hatte ich nicht. Mich von ihr zu lösen, stand außer Frage. Ich war überzeugt, sie würde augenblicklich sterben, wenn ich sie im Stich ließe. Dennoch war unsere Beziehung mittlerweile so angespannt, dass ich froh war, im Internat und damit fern von ihr zu leben. Durch den Vorfall mit dem Messer schienen meine Mutter und ich endgültig aneinander gekettet, eine Schicksalsgemeinschaft aus Schuld und Verrat. Wenn sich unsere Blicke unverhofft trafen, mussten wir rasch wegschauen, so unerträglich war uns, was wir im Auge der jeweils anderen lasen.

Als Virginias letzte Wochen in St. Mary's immer schneller dahinschwanden, machte sich angesichts der bevorstehenden Trennung tiefste Verzweiflung in mir breit. Auch der Gedanke, nach Hause zu müssen, erfüllte mich mit Schrecken. Am Ende des Halbjahres würde ich nach Pretoria fahren, da meine Eltern, als Angestellte der britischen High Commission, im Sechsmonatsrhythmus gemeinsam mit der südafrikanischen Regierung zwischen den beiden Hauptstädten Pretoria und Kapstadt hin- und herzogen. Dieses Hin und Her zwischen den beiden sehr unterschiedlichen Städten Südafrikas machte auf mich kaum Eindruck. Geblieben sind lediglich Erinnerungen an die Küstenstädtchen am Kap und die Jakarandabäume in Pretoria, doch sind die damit verbundenen Bildeindrücke eher blass und unbedeutend. Mein Leben spielte sich zu jener Zeit in St. Mary's ab. Dort waren Angela und ich inzwischen zu Hause, und es war das erste wirklich stabile Zuhause, das wir in unserem Leben kennen lernten. Ihm bewahrte ich im Herzen, direkt neben meiner Liebe für die Wüstenlandschaften, ein besonderes Andenken. Vor allem aber war es Virginia, die ich für alle Zeiten in mein Herz geschlossen hatte.

Mein Blick hing an ihr, wenn sie am Kopfende eines langen Tisches das stärkehaltige Essen, das wir serviert bekamen, verteilte und die weißen Teller an ihre Nachbarin zur Rechten, die nicht ich war, weiterreichte. Noch immer hatte ich nur arg selten die Gelegenheit, mit ihr zu sprechen. Unsere Leben waren und blieben durch sorgsam gehegte Schranken getrennt. Doch gelegentlich, wenn ich stundenlang nicht aufzufinden war und vom Erdboden förmlich verschluckt schien, machte sie sich, wie ich es mir gewünscht hatte, auf die Suche nach mir. Meistens spürte sie mich am hintersten Ende des Hockeyfelds auf, in einer Art Niemandsland, jenseits der eigentlichen Spielfelder. Einmal kam sie dort ruhigen Schritts auf mich zu, die langen Beine teilten das Gras. Ich fühlte mich so elend, dass ich kaum den Blick vom Boden zu heben wagte, wo ich mit einem spitzen Stöckchen in der Erde wühlte. Sie setzte sich ganz nah neben mich.

Was ist los, fragte sie mich. Sie suchen schon überall nach dir.

Ich zerbrach das Stöckchen und schleuderte es von mir. Ich weiß nicht, was los ist, aber irgendwas ist immer los.

Aber du musst doch wissen, was mit dir ist, zumindest eine Ahnung haben.

HASS! Ich bin voller HASS, schrie ich auf. In mir ist eine solche Wut, dass ich alles nur noch kurz und klein schlagen will. Voller Zorn schlug ich mir mit der Faust ins Gesicht, hörte, wie sie erschrocken nach Luft schnappte. Warum tust du dir so etwas an?, flüsterte sie, warum musst du dir immer so wehtun? Mich so zu sehen, schmerzte sie. Das durfte nicht sein. Sie nahm meine ineinander gekrallten Hände und trennte sie, wie Erzfeinde, die sich nicht zu nahe kommen dürfen, und kaum hatten sie voneinander abgelassen, gruben sich meine Nägel in den Hautausschlag, der meine gesamte Handfläche und jeden Finger meiner rechten Hand bedeckte. Offen und blutig, wie sie war, war sie ein deutliches Zeichen meiner gegen mich selbst gerichteten Gewalt.

Du kannst nichts dafür, dass du dich so fühlst, sagte sie leise. Dir muss etwas Furchtbares zugestoßen sein. Alles hat seinen guten Grund. Selbst Mord und Vergewaltigung. Auch Mörder und Vergewaltiger sind irgendwann selbst einmal ermordet und vergewaltigt worden, durch irgendjemanden oder irgendetwas. Was ist mit dir geschehen? Wer hat dich so verletzt?

Wieder quollen mir Federn und Schlangen aus dem Mund, und ich dachte, ich sei am Ersticken und müsse auf der Stelle sterben. Ich hatte ihr nichts zu sagen.

Du musst dagegen ankämpfen, sagte sie, aber anders, nicht so. Ohne diese Gewalt.

Für den Bruchteil einer Sekunde war ich ganz Ohr, doch dann schweifte mein Verstand wieder ab und ich betrachtete die kleinen blauen Blumen, die ihre Knie bedeckten und ihr wunderschönes Kleid von St. Mary's so recht zur Geltung brachten. Ihre Taille wurde von einem straffen, den Präfekten vorbehaltenen Gürtel umfasst, der das Kleid zugleich so vorteilhaft zusammenraffte, dass es ab der Taille in weichen Falten um ihre Beine floss. Ihr Gürtel war nicht so speckig und ausgefranst wie meiner, der aus dem gleichen Material war wie das Kleid und innerhalb von Sekunden zerknitterte. Mein Blick fiel auf die Brosche am Kragen ihres Kleids, sie war hellblau, mit einer nach oben geschwungenen weißen Lilie. Das Motto der Schule kam mir in den Sinn: *Candida Rectaque*, rein und aufrecht. Ich begann, meine Handfläche über den Boden zu reiben, als wolle ich sie reinwaschen.

Hör auf, sagte sie. Du musst damit aufhören.

Ich dachte, sie sei wütend auf mich, und spürte, wie die Panik in mir aufwallte, doch dann merkte ich, dass sie es gar nicht war. Ihr Blick war in die Ferne gerichtet, dahin, wo der hohe Drahtzaun das Schulgelände vom Rest der Welt trennte, von den Häusern und Vorstädten, der satten, grünen Enklave von Waverly. Sie nahm meine Hand und hielt sie fest, dreckig und blutig, wie sie war. Mit leiser Stimme meinte sie: Dort draußen, weit weg von hier, in den Townships sind die Menschen dabei, die Dinge zu ändern. Menschen, die, seit wir unseren Fuß auf diesen Kontinent gesetzt haben, nichts als Gewalt, Knechtung und Mord erfahren haben. Sie verbrennen ihre Passbücher, sie erheben sich und kämpfen.

Ihre Worte ließen mich zum ersten Mal Hoffnung schöpfen – Hoffnung darauf, dass sich Dinge ändern ließen, dass auch Leid ein Ende haben konnte. Ihre Botschaft war grundverschieden von der der Nonnen. Von ihnen hatten wir gelernt, dass nur Leid uns von Sünden reinigen, heilig und unverletzlich machen konnte und wir es daher freudig annehmen sollten. Virginia dagegen meinte: Wehr dich. Aber gewaltlos. Sie ließ mich am äußersten Ende des Hockeyfelds mit einem revolutionären Gedanken zurück, und als ich ihr noch einmal hinterherblickte, drehte auch sie sich um, lächelte mich an und schickte mir einen seltsamen Gruß herüber – eine zur Faust geballte Hand, hoch in die Luft gereckt. Jetzt hatte ich verstanden. Dieser Gruß versetzte mich zurück nach Hause, zurück in den Busch, wo ich zum ersten Mal gespürt hatte, dass ich eine Afrikanerin sein könnte, eine stolze Kriegerin mit einem Speer in jeder Hand und dem Mut einer Löwin. Und als ich das Hockeyfeld verließ und zur Schule zurückkehrte, lief ich über Diamanten.

Meine aller-, allerliebste Virginia,
in zwei Tagen fangen die Ferien an. Nur noch daran kann ich denken. Alle im Schlafsaal sind fieberhaft dabei, die Tage auszukreuzen und so zu tun, als würden dies die großartigsten Ferien der Welt. Ich dagegen möchte am liebsten sämtliche Uhren zerschlagen und die Tage zurückdrehen. Dass dies Dein endgültig letztes Jahr ist und Du dann für immer fortgehst, ist mehr, als ich im Moment fassen kann. Was soll nur aus mir

werden? Was soll ich tun? Ich nehme mir vor, tapfer und stark zu sein, aber ich weiß nicht, ob ich das ohne Dich kann.

In Liebe C.

Liebste C.!

Immer wieder habe ich Deinen letzten Brief gelesen und mich bei dem Gedanken, dass ich fortgehe, ganz traurig gefühlt. Ich werde Dich fürchterlich vermissen, wenn ich gehe. Es wird mir unheimlich Leid tun, die Schule und meine Freunde zu verlassen, selbst bei einigen der alten Pinguine tut es mir leid, doch am meisten schmerzt es mich um Dich. Du bist so erwachsen geworden. Ich bin so stolz auf Dich und auf Dein tapferes Verhalten, als ich Dir erzählt habe, wann wir genau abreisen. Und weißt Du, mittlerweile will ich gar nicht mehr weg. Ich werde dieses Haus vermissen und, ach, was werde ich unser wunder-, wunderschönes Südafrika vermissen und die Sonne und all unsere lieben Bediensteten, die mich umsorgt haben, seit ich klein bin.

Du wirst doch auch ohne mich zurechtkommen, oder? Und wirst Du auch glücklich sein? Ich komme wieder, das verspreche ich. Ich muss zurückkommen. Ich könnte nie lange woanders leben. Ich werde zurückkommen und als Krankenschwester in einem der Missionskrankenhäuser arbeiten, und dann werde ich mein eigenes aufbauen, ein richtig gutes für die schwarzen Kinder, damit nicht mehr so viele Babys sterben müssen. Wirst Du mir dabei helfen? Du müsstest die Organisation übernehmen, dann wüsste ich, dass alles wie geschmiert läuft. So, jetzt fühle ich mich ein wenig besser. Jetzt weiß ich, dass nicht nur das Jetzt zählt, sondern auch das Morgen, die Zukunft, die vielen noch kommenden Tage, auf die wir uns vorbereiten müssen.

Du musst einfach einen erstklassigen Abschluss hinlegen, meine Süße! Arbeite hart, sei gut in Sport, und dann kannst Du Präfekt werden. Und wenn ich in ein paar Jahren zum Klassentreffen komme, darfst Du mir den wässrigen Tee und diese fetten Küchlein servieren. Aber vielleicht kommst Du ja auch nach England, und dann sind wir wieder zusammen. Wir könnten uns dann nachts, über eine Tasse Kaffee, endlos lang unterhalten oder über Straßen mit Kopfsteinpflaster und Brombeerhecken flanieren – und dabei Pläne schmieden. Wie wär's mit einer Reise durch Europa auf einem Boot? Mit Tausenden von Verehrern, die wir alle sehr gern hätten, aber nicht so gern wie einander – bis wir heiraten, natürlich! Und jetzt, meine Süße, versprich mir, dass Du Dir all diese dunklen Gedanken aus dem Kopf schlägst. Bis ich fahre, ist es noch eine halbe Ewigkeit.

Ich schicke Dir ein Meer voller Liebe und mit jeder Welle einen Kuss!

Deine Virginia

Auch nach ihrem Abschluss und bevor sie nach England ging, war Virginia immer für mich da. Sie kam und holte mich von der Schule ab, nahm mich mit zu sich nach Hause und päppelte mich dort ein wenig auf. Doch immer brachte sie mich zurück und ließ mich dann allein. Ich hatte geglaubt, ich würde nichts als Wut und Trauer spüren, wenn sie weg war, doch ich schaffte es, ein wenig normaler zu reagieren und die Dinge so zu sehen, wie sie waren. Sie schrieb mir beinahe jeden Tag und ermunterte mich, mein Leben zu genießen und neue Freundschaften zu knüpfen. Sie fand, es sei richtig und gut so, und ein Weg, um glücklich zu sein und sie nicht zu sehr zu vermissen. Doch ob sie es nun wollte oder nicht: Ich gehörte auf immer ihr. Ich übernahm Eigenschaften von ihr, ließ sie ein Teil meiner selbst werden, weil ich sie auf diese Weise, zumindest dachte ich das, nie würde verlieren können.

Fünfzehn

In meinem letzten Jahr in St. Mary's schwante mir allmählich, dass ich, genau wie Virginia, Afrika unter Umständen doch würde verlassen müssen. Die Stimmung war düster. Nun hieß es: bloß abhauen, bevor es zu spät ist, bloß nicht abwarten, bis irgendein Eingeborener, der seit frühester Kindheit am Ende meines Gartens gewohnt hat, mir ein Messer an die Kehle hält. Ich hörte mir an, wie sie redeten, und spürte, je lauter und warnender die Stimmen wurden, wie ernst es ihnen war, und je mehr ich hörte, desto wahrscheinlicher schien mir, dass man mich eines Tages packen und auf ein Schiff nach England verfrachten würde, und das wär's dann gewesen – mein Ende. Denn ich wusste, dass ich nur da, wo ich war, und nirgends sonst überleben konnte. Die Leute in England würden mich sofort durchschauen. Sie würden auf den ersten Blick erkennen, dass ich ein Mädchen aus dem Busch war, eine aus den Kolonien, wild und ungezügelt, unwissend und ungebildet. Wie sollte ich unter Menschen leben, die nicht wussten, woher ich kam? Die von dem, was ich kannte und liebte, keinerlei Vorstellung hatten? Wie ihnen erzählen vom Zauber des Flusses in Maun oder den afrikanischen Frauen, die mit ihren Babys im Tragetuch auf dem Rücken auf die Maisfelder gingen? Wie ihnen schildern, wie es ist, wenn ein Perlhuhn leichtfüßig durch Kleckse von Mondlicht schreitet oder wenn die versengten Ebenen vibrieren und surren, kaum dass die Sonne im Zenit steht? Was wüssten die in England schon von den silbrigen Nächten, wenn die Hyänen den Mond anheulen und der Löwe sein einzigartiges Gebrüll von sich gibt? Wie sollten sie die reglose Stille der Krokodile unter Wasser verstehen, die zwischen den Stängeln der Wasserrose lauern? Wie sollte ich ihnen auch nur das Mindeste davon vermitteln?

Ich glaubte, an Afrika festhalten zu können, indem ich es zu einem Teil von mir machte, doch das Land, das niemals das unsere gewesen war, entglitt uns zusehends. Der Kontinent war in Bewegung geraten, und mittlerweile steuerte auch Botswana auf die Unabhängigkeit zu. Obwohl meine Eltern nach wie vor zwischen den beiden südafrikanischen Hauptstädten hin und her pendelten, kehrten wir ein letztes Mal nach Bechuanaland zurück, als die Verfassung des Protektorats geändert und Schritte in Richtung Freiheit und Selbstbestimmung unternommen wurden. Doch bevor wir dorthin reisten, blieben wir für kurze Zeit in Basutoland (Lesotho), einem kleinen bergigen Königreich, das von der Republik Südafrika umschlossen wird. Und dort, in Basutoland, geschah es zum ersten Mal, dass ich von einem Jungen hingerissen war. Ich war damals fünfzehn Jahre alt.

Es geschah auf die denkbar einfachste Art. Ich ging eines Tages die Straße in Maseru entlang, als ein kleiner, blauer Wagen mit einer abgerundeten Heckscheibe – ein Anglia – angedonnert kam und mit quietschenden Reifen anhielt, und zwar so, dass auch ich zum Stehen kam. Mein Herz raste und ich rang nach Luft. Mit geweiteten Augen stand ich da. Ein blonder Junge hatte sich nach mir umgedreht. Ausgerechnet nach mir, die ich einen fürchterlichen Rock trug, den meine Mutter aus England mitgebracht hatte, und mit meinen geschorenen Haaren wie ein Sträfling aussah. Als ich aus der Schule gekommen war, hatte meine Mutter wie üblich mit einem Blick alles erfasst und sogleich ihre Schere hervorgeholt. Auch hatte sie dafür gesorgt, dass ich mir den blassrosa Lippenstift von den Lippen wischte, den perlmuttfarbenen Lack von meinen Nägeln entfernte und das Fläschchen mit dem Rest des Cutex-Nagellacks in den Abfalleimer warf. Dass jemand trotzdem noch ein Auge auf mich werfen würde, kam einem Wunder gleich.

Meine Mutter, die Make-up Queen, wollte nichts mit uns zu schaffen haben, wenn wir irgendein Make-up auflegten. Sie fand es schlimm, nuttig, mit einem Wort unenglisch. Da gab es keine Diskussionen. Es interessierte sie nicht, dass alle anderen Teenager der Welt blassrosa Lippenstift und dicke, klumpige Wimperntusche trugen. Wir hatten die Finger davon zu lassen und damit basta. Ihr einziges Einlenken auf diesem Sektor bestand darin, dass sie mir ein Paar ihrer Schuhe gab, schwarze Wildlederschuhe mit Diamantsternchen auf den Spitzen, die ich heiß und innig liebte. Doch zu solchen Gesten kam es nur selten; meistens schüttelte sie den Kopf und seufzte: Deine Füße sind so viel breiter als meine, Liebes, kein Wunder bei all dem Barfußlaufen im Busch, ich glaube nicht, dass du je wieder normale Füße bekommen wirst. Was meinen Vater betraf, so lungerte er auf den Partys und den gelegentlich stattfindenden Tanzabenden, die wir als Teenager besuchten, herum. Und bei der einzigen Fete, die wir je bei uns zu Hause feiern durften, platzte er ständig herein und knipste überall das Licht an. Dann blinzelten wir in das grelle Licht, schockiert und entsetzt, unser im Schutz der Dunkelheit gewagtes langsames Tanzen derartig ans Licht der Öffentlichkeit gezerrt zu sehen.

Bevor ich abends weggehen durfte, schleifte er mich unter eine Lampe, packte mich am Kinn, drehte mein Gesicht ins Licht und kontrollierte, ob ich auch ja kein Make-up trug. Wenn ich mich doch geschminkt hatte – und das war die Regel –, schmierte er mir die Schminke mit seinem Daumen durch das ganze Gesicht. Trug ich etwas auch nur halbwegs Aufreizendes – wozu ich gar keine Gelegenheit hatte, da meine Mutter meine Kleidung aussuchte –, befahl er mir, auf der Stelle etwas anderes anzuziehen. Damals war die Zeit der engen Pullover und spitzen Büstenhalter, im Madonna-Stil, mit umlaufenden Nähten, die in einem harten Konus endeten. Man trug Röcke, die üppig ausgestellt waren dank eines Tüllunterrocks, der so viele gestaffelte Schichten hatte wie eine Hochzeitstorte. Beim Tanzen konnte man dann zwischen dem wirbelnden Blau oder Rot des Rocks einen Blick auf endlos lange Streifen goldener Oberschenkel und Unterhöschen werfen, die weiß wie die Unschuld waren.

Natürlich waren die Röcke und Tüllunterröcke, die Angela und ich trugen, weit weniger bauschig. Wir hatten nicht ›flott‹ auszusehen – das gehörte sich nicht für englische Mädchen. Englische Mädchen zogen mit ihrer Kleidung keine Blicke auf sich oder gar ihren Körper. Das meinte jedenfalls meine Mutter. Ich weiß nicht, woher sie diese Weisheiten hatte. Vielleicht aus ihren Frauenzeitschriften, die sie bis an ihr Lebensende las. Doch sobald wir das Haus verlassen hatten und den Auflagen meiner Mutter und den Klauen meines Vaters entronnen waren, winkten Freiheit und Glück. Ange und ich kletterten auf die Ladefläche eines

Trucks, an dessen Steuer irgendein wilder Junge saß, ich schnappte mir einen *Hot Pink*-Lippenstift aus der Handtasche irgendeines Mädchens, zog meine Lippen nach und fühlte mich großartig. So brausten wir also in den Abend hinein und machten uns in den Häusern von Freunden breit, deren Eltern ausgeflogen waren, rauchten Rothmans und tranken Castle-Bier. Wir saßen unter dem Sternenhimmel oder auf rot gefliesten Veranden herum, warfen das Grammophon an, um zu *Jailhouse Rock* und *Blue Suede Shoes* zu swingen oder zu *Are You Lonesome Tonight* und *Blue Moon* rumzuknutschen. Um mich herum wurde heftig ausprobiert und herumexperimentiert, doch damit hatte ich nichts zu schaffen. Mir waren ja schon die allerersten Schritte auf diesem Gebiet nicht ganz geheuer. Als mir einmal ein Junge seine Zunge in den Mund steckte, bekam ich einen Würgeanfall, der mir nicht weniger als ihm einen gehörigen Schrecken einjagte. Als ich das erste Mal bei einem Jungen eine Erektion spürte, wäre ich fast in Ohnmacht gefallen. Und als mich einmal in einem Garten ein Junge zu Boden warf, sich auf mich legte und anfing, an meinen und seinen Kleidern zu zerren, verwandelte ich mich unter ihm in einen Stein oder Ast und lag so steif da, dass er innehielt und mich erst einmal richtig ansah. Mann o Mann, sagte er, du siehst aus, als hättest du ein Gespenst gesehen. Er ließ mich los. Ich hätte ihn nicht davon abhalten können, weiterzumachen, und wenn es um mein Leben gegangen wäre.

Angela und ich machten beide eine recht missliche Teenagerzeit durch, doch wir sprachen nicht darüber. Sie besaß ein Paar wirklich abscheulicher Schnürschuhe, das sie tragen musste, um ihr abgeflachtes Fußgewölbe auszugleichen. Meine Mutter hatte auch darauf bestanden, Angelas wunderschönes Haar in eine Dauerwelle zu legen, die sich als Desaster herausstellte: Ich weiß noch, wie sie sich völlig verzweifelt auf den Rücken eines Pferdes schwang und davonstob. Mich hatte man in ein Leder- und Eisenkorsett gezwängt, um eine Krümmung meiner Wirbelsäule zu korrigieren. Ich hatte die Stütze in Johannesburg angepasst bekommen; irgendein sadistischer Arzt war der Ansicht, sie würde mich schon zurechtbiegen; doch nachdem ich einige Monate in dieser Klemme gelebt hatte, ließ ich das Teil im Zug liegen und winkte ihm zum Abschied hinterher, als es Richtung Rhodesien davonfuhr. Wahrscheinlich hat man es als Ersatzteillager für Traktoren ausgeschlachtet.

Als ich mich also mitten auf der Straße in Bruce verliebte, waren meine Empfindungen, die zwar flüchtig, aber auch heftig waren, in ihrer Tragweite recht alarmierend. Ich wusste nicht, wohin sie mich führen würden, und ich hatte keine Ahnung, wie um alles in der Welt ich sie unter Kontrolle halten sollte. Dieser Schlag in die Magengrube, den ich bei unserer ersten Begegnung erhielt – ich konnte ihn nicht einordnen. Meine Gefühle waren andere als die, die ich für Virginia empfunden hatte, waren körperlicher und zugleich erschreckender. Dieser Junge mit seinem blonden Haar und seinem hochgewachsenen, schlanken Körper, den ich überhaupt nicht kannte und auch nie richtig kennen lernen sollte, wurde für mich zur Verkörperung all meiner Phantasien, was Jungen betraf. Er hieß Bruce Going, und dieser Name stand ihm gut zu Gesicht. Er arbeitete in der Filiale der Barclays Bank, doch dieser Job passte ganz und gar nicht zu seinem sonstigen Leben. Er war ein Wilder, süchtig nach schnellen Autos und Alkohol. Natürlich bezeichnete man damals niemanden als Alkoholiker. Und auch das Wort

Säufer wäre im Zusammenhang mit Bruce nie gefallen, dafür war es zu abstoßend, zu abgründig und endgültig für jemanden, der noch so jung war. Doch als ich ihn kennen lernte, war er bereits in den Fängen des Alkohols und hatte bereits so viele Autounfälle gehabt, dass man um seine Zukunft bangen konnte. Er trug seine Narben wie Tätowierungen, seine Schädeldecke hatte tiefe Dellen, und seitlich am Körper, wo man ihm einen Türgriff herausoperiert hatte, war eine tiefe Einbuchtung. All das störte mich nicht im mindesten; mir war derlei vertraut. Bruce hatte ein schmales, von Tragik gezeichnetes Gesicht, das ich einfach nur schön fand. Und trotz seines wilden Gebarens war da ein ruhender Pol in ihm, eine Mitte, die nicht etwa darüber nachdachte, was er sich mit seinem Fahrstil antun könnte, sondern vielmehr, welche Zukunft ihm als Rennfahrer offen stand. Ich versuchte, seinen Fantasievorstellungen von sich selbst nicht in die Quere zu kommen, ich versuchte, ihn zu verstehen, hörte ihm zu und glaubte sogar an ihn.

Beinahe jede Nacht schlich ich mich aus dem Hotelzimmer, das ich mit Ange teilte, um ihn am Hintereingang von Lancer's Inn zu treffen, wo wir während unseres Aufenthalts in Basutoland wohnten. Dann saßen wir stundenlang in seinem Auto und unterhielten uns, während er eine Zigarette nach der anderen rauchte und die Kippen aus dem Autofenster schnippte. Mit ihm zusammen zu sein war eine riskante Angelegenheit. Mein Vater hatte gehört, dass Bruce leichtsinnig und verrückt sei, und natürlich hatte er mir daraufhin jeglichen Kontakt mit ihm untersagt. Dennoch gelang es mir, ihn nahezu jeden Tag zu sehen. In seinem Wagen fuhr er mich in die Berge außerhalb von Maseru, wobei er, dem Straßenrand gefährlich nahe, die Kurven schnitt und immer mehr Gas gab, je höher wir stiegen und je mehr wir uns dem Pass näherten.

Wir waren ein keusches Paar, Bruce und ich; was immer er mit seinem Körper tat, mit Sex hatte es jedenfalls nichts zu tun. Geschwindigkeit war für uns beide eine alternative Form der Ekstase. Wenn er hinter einem Lenkrad saß, war er am meisten er selbst und so glücklich, wie er nur sein konnte. Er schien für die Geschwindigkeit zu leben, sonst war ihm nichts wichtig. Er wusste, was er tat, kannte keine Angst, zögerte oder zweifelte niemals auch nur eine Sekunde. Er war eins mit dem Auto, vollkommen fixiert auf das Summen des Motors und den Schwung der Streckenführung. Er hatte den Wagen absolut unter Kontrolle, und irgendwann war der Moment erreicht, da Schönheit und Schnelligkeit gemeinsam einen Gipfelpunkt erreichten und es in der Magie der rauschenden Geschwindigkeit schien, als hätten wir aufgehört zu atmen, als verharrten wir in Bewegungslosigkeit. Diesen Punkt zu erreichen, nannte Bruce ›gipfeln‹. Wir glitten in einen Zustand der Gnade und verfielen dem Schönheitszauber, der uns umgab – Himmel und Sonne, die blauen Gipfel und die strohgedeckten Hütten am Fuße des Berges, die dunklen Bäume, in deren Schatten Einheimische saßen und auf den Bus in die Stadt warteten. Die ganze Szenerie erfüllte mich mit rasender Liebe, nicht nur zu ihm, sondern zu allem, was Geschwindigkeit zum Vorschein brachte und was so herrlich in seiner Flüchtigkeit war.

Wir hatten nie einen Unfall, er und ich, aber ein- oder zweimal war es verdammt knapp. Als ich ihn vorsichtig fragte, ob er vorhabe, sich recht bald von dieser Welt zu verabschieden, lachte er nur. Wir verbrachten nur drei Wochen miteinander, doch irgendetwas von ihm blieb in mir haften, eine gewisse Leuchtkraft, die ihm, wenn er sie denn hätte bändigen können, womöglich geholfen hätte, seinen Traum vom Grand-Prix-Star zu verwirklichen. Als ich wieder in der Schule war, schickte er mir lange Briefe in blassgrünen Umschlägen, die er in seiner schrägen Schrift verfasst hatte. Und er schrieb mir auch weiter, als ich nach England ging, und im Laufe der Zeit nahmen die Briefe allmählich nicht nur an Umfang, sondern auch an Leidenschaftlichkeit zu. Er wollte, dass ich nach Afrika zurückkäme und ihn heiratete; er lernte, seine Sucht nach Alkohol und Geschwindigkeit zu beherrschen, zumindest sprach er in seinen Briefen davon. Er schickte mir eine wunderschöne, rot-schwarze Basutodecke, die mich in den feuchten, dunklen Tagen meines Internatslebens in England am Leben erhielt. Er war meine Verbindung zu allem, was ich verloren hatte, und ich klammerte mich um des schieren Überlebens willen an diese Decke und schlief jede Nacht eingerollt in ihr, während ich von meiner Rückkehr träumte und von den Fahrten auf die Berggipfel mit ihm an meiner Seite.

Es war im Sommer 1960, als im Kongo die Hölle losbrach und sämtliche Europäer innerhalb kürzester Zeit die Flucht antraten und ihr Heil auf den Booten und in ihrer Heimat suchten, bevor das Gemetzel überhand nahm. Es war, als würde sich Indien wiederholen: Überall sah man rennende, raffende Imperialisten, die in den Gebieten, die sie erobert, und bei den Menschen, die sie unterdrückt hatten, einen allzu vertrauten, merkwürdig süßlichen Gestank hinterließen. Im Kongo tat sich etwas, und das verhieß nichts Gutes. 1960 hatte sich Conrads Kongo, das Juwel Afrikas, das Land, das für seine Diamanten, sein Kupfer und seinen

Kautschuk ebenso bekannt war wie für seinen Sklavenhandel, für frei erklärt. Zum Premierminister wählte das Volk Patrice Lumumba, einen ehemaligen Postangestellten, einen Revolutionsführer, der großes Ansehen bei seinen Leuten genoss und zum Zeitpunkt der Wahl noch im Gefängnis saß. Der unabhängige Staat Kongo war geboren. Zentralafrika hatte sich befreit, zumindest das war gelungen. Die Lage beruhigte sich ein wenig, während die Belgier mit den Amerikanern berieten, wie man auf diese Unabhängigkeitserklärung reagieren solle. Man wob ein dichtes Netz, dessen Sinn und Zweck erst fünfzehn Jahre später ans Licht kommen sollte. Damals jedenfalls schien es, dass von der Minute an, da dieses Land in schwarze Hände geraten war, alles irgendwie fehlschlug, und das Ganze, ehe man sich versah, in einer Katastrophe endete. Schuld sei die übliche Geschichte, so hieß es: unversöhnliche Stämme, die sich an die Gurgel gingen, Aufstände, blutige Krawalle, Streiks, Verschwörungen, ein Bürgerkrieg, ein Armeeputsch, eine Machtergreifung, ein schauriger Mord. Doch wer steckte dahinter? Niemand wusste es. Man hängte es damals Mobuto an, einem barfüßigen und hungrigen Soldaten aus dem Kongo, der die Verantwortung für die Armee übernommen hatte und mysteriöserweise stolzer Besitzer einer Million blütenweißer US-Dollars war.

Die entsetzliche Geschichte machte weltweit Schlagzeilen. Nun war auf den Titelseiten aller Zeitungen schwarz auf weiß zu lesen, was man schon immer gewusst hatte, nämlich dass Afrikas Seele so schwarz wie eh und je war und genau so wild, wie man es sich immer schon vorgestellt hatte. Patrice Lumumba, der große Hoffnungsträger der Schwarzen, war ermordet, sein Leichnam so verstümmelt worden, dass man ihn nicht öffentlich aufbahren konnte. Danach ging es im Kongo richtig los. Die Spirale der Gewalt drehte sich, die Zahl der Toten stieg. Die Welt war entsetzt und schaute sprachlos zu, wie sich so viel Hoffnung in so viel Tragik verkehrte. Das war es also, was die Afrikaner unter Freiheit verstanden. So also gingen sie mit der soeben errungenen Unabhängigkeit um.

Von all dem, was sich auf der Weltenbühne abspielte, erfuhren wir, die wir im Mädcheninternat in Johannesburg lebten, nur aus den Nachrichten. Was wir hörten, lähmte uns vor Angst und ließ uns an nichts anderes mehr denken. Kannibalen fielen über weiße Christen her, die Eingeborenen waren von der Kette, drehten völlig durch, waren besessen, mit Knochen im Haar, Körperbemalung und einer wilden, unersättlichen Gier nach dem Blut der Belgier, der Missionare, nach jedwedem Blut, solange es weiße Haut durchströmte. Wir lebten in der Angst, die wilde Flut könnte sich über den Kongo River ergießen, nach Transvaal herunterrauschen und uns in ihrem Blut ertränken. Katholische Nonnen wurden vergewaltigt, schwangeren Frauen vor den Augen ihrer Ehemänner und Kinder der Bauch aufgeschlitzt, die Föten auf Speere aufgespießt. Wir wussten, worum es ging: Wir waren die künftigen Mütter weißer Kinder. Unserer würde man sich zuerst entledigen, wenn nur noch Schwarz erwünscht war.

Wir bewegten uns kaum von den Radios weg, so gebannt verfolgten wir die Nachrichten. Dreißig Weiße in Stanleyville ermordet, hieß es im BBC grimmig, mit weiteren Übergriffen gegenüber Ausländern ist zu rechnen, dringender Ruf nach Evakuierung. Es war grauenhaft, meinten wir einmütig. Dreißig Weiße. Mein Gott! Wie viele Schwarze waren es noch einmal? Nun, ganz egal. Die Männer, die hinter

Mobuto standen, versuchten gemeinsam mit seiner Armee und Polizei, die Kontrolle zu behalten – aber was würde aus uns? Wie weit würde der Aufruhr sich ausbreiten? Es war der Anfang vom Ende. Zu dieser Zeit erkrankte die ganze Schule, zumindest die Internen, an einem höchst ansteckenden Durchfall, der uns alle vom Unterricht fern- und beständig in der Nähe der Toiletten hielt, wo wir um einen Sitzplatz anstanden. Michelle Phillips meinte, am besten sei es, auf der Klobrille zu sitzen, die Beine hoch in die Luft zu spreizen, damit sich die Gedärme optimal entleeren könnten. Aus irgendeinem Grund wurde der Erreger dieser Durchfallerkrankung mit den Vorgängen im Kongo in Verbindung gebracht – ob es nur die Angst war, die unsere Gedärme in Wasser verwandelte, oder ein tödlicher Parasit aus dem Dschungel, der den ganzen gewaltigen Kongo River hinabgeschwommen war, sämtliche südlichen Nebenflüsse durchquert hatte, bis er in den makellos weißen Adern der Wasserversorgung von Johannesburg landete – wer wusste das schon. Blankes Entsetzen ging wochenlang in den Schlafsälen um. Die Nonnen waren hochnervös. I. B. saß in ihrem Büro und brütete über einem Verteidigungsplan.

Dann wurde Lumumba ermordet, und mit ihm starb der Traum von Freiheit. Der Terror ebbte danach ein wenig ab, doch das Ende war nicht in Sicht – außer für den Kongo. Andernorts fingen die Unruhen erst an. Wieder trugen die Buschtrommeln ihre aufstachelnden Botschaften durch das Elefantengras und über die weiten Savannen: Wirf das Joch der Weißen ab; nimm dir dein Land. Solche Aufrufe verbreiteten sich wie ein Buschbrand durch die zuvor so ruhigen Kolonien. Man wollte uns loswerden. Uns alle. Sofort. Raus. Raus. Raus. Schluss und *klaar*.

Sechzehn

Wir befanden uns im Aufbruch. Mein Vater wurde wieder nach England versetzt, und wir, meine Mutter, meine Schwestern und ich, gingen mit ihm. Doch bevor wir das Land verließen, besuchten Ange und ich ein letztes Mal die Farm in Gaborone – zusammen mit meiner Mutter, die uns aus irgendeinem, mir unerfindlichen Grund begleitete. Es fällt schwer, sie mir auf der Farm der le Cordeurs vorzustellen, da ich sie immer erfolgreich von diesem Fleckchen Erde verbannt hatte. Doch fest steht, dass sie mitkam. Ich lag in demselben kleinen Raum, in dem ich einige Jahre zuvor mit meinen Verbrennungen im Dunkeln gelegen und Rena mir die Stirn mit eisgekühltem Wasser betupft hatte, bis ich wieder einigermaßen klar denken konnte. Meine Mutter saß auf meiner Bettkante, so weit entfernt von mir, wie unter den Umständen nur möglich, und hatte ihre Beine elegant übereinander geschlagen. Ich hatte mich wieder einmal in mein merkwürdiges Schweigen gehüllt, für das sie keinerlei Verständnis hatte, das sie vielmehr wütend machte. Als ich ein Kind war, hieß es bei solchen Gelegenheiten, ich schmollte, als ich dreißig war, ich sei klinisch depressiv. In lag in meinen Shorts auf dem an die Wand gerückten Bett. Aus irgendeinem Grund betrat Dan le Cordeur den Raum, während meine Mutter noch bei mir saß. Kaum war er hereingekommen, machte sich Beklemmung breit. In dem

Zimmer schien nicht genügend Platz oder Luft für uns drei zu sein, jedenfalls fühlten sich meine Mutter und ich unbehaglich. Dan setzte sich zu meinen bloßen Füßen aufs Bett. Mit seinem breiten Kreuz sperrte er das Sonnenlicht aus, seine Hände waren lose zwischen seinen Knien gefaltet. Er lächelte mich an. Ach, komm, sei doch wieder fröhlich, tu mir den Gefallen. Er legte eine Hand auf meinen Oberschenkel. Sie war braun gebrannt, mit goldenem Pelz, und fühlte sich schwer und sanft an, warm auf meiner Haut. Meine Mutter versteifte sich, bis sie dasaß, als habe sie einen Bogen verschluckt. Sie starrte auf seine Hand, die sich jedoch nicht von der Stelle rührte. Daraufhin fixierte sie seine Hand so lange, bis sie sich scheinbar von allein zurückzog und zu ihrer Ausgangsposition zwischen seinen Knien zurückkehrte. Meine Mutter atmete auf, und ich tat es ihr nach.

Also, sagte er an mich gewandt, was gibt's?

Sie ist wieder mal unmöglich, sagte meine Mutter und fuhr sich über eine Unebenheit an ihrem Fingernagel.

Er sprach Afrikaans mit mir, sagte warme Worte, die er in einem beinahe mütterlichen Ton aussprach. *Wat makeer?* Was ist los? Bei diesen neuerlichen Zeichen von Nähe und Vertrautheit, die meine Mutter ausschlossen, versteifte sie sich wieder und presste ihre Lippen zu einem schmalen blassrosa Streifen zusammen.

Sieh mal, sagte Dan, wobei er nun mit meiner Mutter sprach, sie möchte nicht nach England. Sie hat Angst, anzuecken, ausgeschlossen zu werden, sie ist ein Buschkind, sie ist mittlerweile eine von uns. Es ist zu spät, sie zu einer *Englisher* umerziehen zu wollen. Er beugte sich ein wenig zu meiner Mutter, die zurückwich. Hör mir mal zu, begann er von neuem, sie steckt doch mitten in der Ausbildung, warum kann sie nicht einfach mit Angela hier bleiben und ihren Abschluss machen? Es dauert doch nur noch zwei Jahre.

Das kommt überhaupt nicht in Frage.

In den Ferien könnte sie doch zu uns kommen. Es macht uns überhaupt keine Umstände. Wir würden uns freuen, sie bei uns zu haben.

Ich wusste, dass meine Mutter allmählich wütend wurde, doch er schien es nicht zu bemerken, als er fortfuhr, ihr seine Gründe darzulegen, und versuchte, sie auf seine unbekümmerte Art zu überreden. Und mit jedem Wort wuchsen bei meiner Mutter Anspannung und Verärgerung, bis sie sich plötzlich erhob. Nein, sie kommt mit uns, sagte sie. Ihre Überfahrt ist schon gebucht. Da ist nichts mehr zu machen. Gerald würde so etwas nicht zulassen. Als ich sie so sprechen hörte, die Endgültigkeit in ihren Worten über die gebuchte Überfahrt und die mutmaßliche Reaktion meines Vaters vernahm, wusste ich, dass es vorbei war. Es hatte keinen Zweck, meine Mutter um Hilfe zu bitten. Armes Ding, sie war genauso hilflos wie ich. Mit meinem Vater hatte ich schon versucht zu reden, kaum dass ich von unserer bevorstehenden Abreise erfahren hatte. Als ich damals ein paar, wie ich glaubte, gute Vorschläge machte, was ich mit dem Abschluss von St. Mary's anfangen würde, etwa Journalistin werden oder ein Universitätsstudium beginnen, hatte er mich nur verächtlich angesehen und gemeint, aus dir wird nie etwas, wo immer du bist. So standen die Dinge nun einmal. Ich hätte Reißaus nehmen können, wie ich es einst getan hatte, und das stickige kleine Zimmer, meine verärgerte Mutter und der herumsitzende Dan waren weiß Gott dazu angetan, es zu versuchen, doch wie mir später klar wurde, hatte ich dieses Mal tatsächlich ganz anders reagiert. Ich war nicht wie eine Verrückte aus dem Haus gestürmt und hatte dabei alles niedergetrampelt, was mir vor die Füße kam. Ich hatte den beiden gegenüber den längeren Atem bewiesen, und schließlich waren sie es, die den Raum verließen, und ich konnte ein einziges Mal das Gefühl haben, mich zumindest halbwegs unter Kontrolle zu haben.

Als sie fort waren, drehte ich mich zur Wand um und beschloss, während ich mit den Nägeln an dem Putz kratzte, um mich herum Mauern zu errichten, hohe, unbezwingbare Mauern. Eine wahre Festung würde ich um mich errichten, so dass ich unantastbar wäre. So könnte ich dann weiterleben. Ich wollte in den Laden gehen, um Rena zu sehen, neben ihr zu sitzen und die Wolle zu halten und durch meine Finger laufen lassen, während Rena strickte. Ich wollte, dass es so war, wie es früher gewesen war. Allein der Gedanke daran ließ mir die Tränen in die Augen steigen. Aber ich war jetzt auf mich selbst gestellt. Ich hielt mich fern, weil ich sie liebte und sie meine Liebe erwiderte und ich das Risiko der Liebe nicht mehr eingehen konnte.

Später, um die Mittagszeit, lief ich an der Scheune und dem Kral vorbei zum Stausee, und als ich dort saß und Steinchen über das braune Wasser warf, war mir, als stehe die Welt still. Nichts bewegte sich, nichts änderte sich, ein Sinnbild der Ewigkeit. Ich liebte dieses Land derart, dass ich glaubte, ich müsse sterben, wenn ich es verließe. Und dann ging mir auf, dass ich es nur deshalb so inbrünstig geliebt hatte, weil es ansonsten nichts gab, was ich hätte lieben können. Gurrende Tauben dösten in den Bäumen, die Sonne knallte auf das Wasser, ein Falke schoss in die Luft und lauerte dort oben im Aufwind, ohne sich zu rühren. Die Welt war voller Harmonie und Ausgeglichenheit. Ochsen bewegten sich wie archaische Kreaturen vorwärts, die kleinen Jungen zogen hinter den Ziegen her und trieben sie auf das Grasland. Ich saß dort den ganzen Tag, rührte mich nicht von der Stelle, blickte auf das Wasser, schaute und wartete.

Ich blieb dort, bis der Mond, der sich in jener Nacht nur zur Hälfte zeigte, aufgestiegen war. Der Himmel war ebenso grenzenlos und still wie die Weiten des blassen, verdörrten Grases. Allmählich und kaum vernehmlich hörte man erste Geräusche zwischen den Bäumen, und dunkle Schatten tauchten im bläulichen Halbdunkel auf. Die Augen wilder Tiere gingen wie Sterne zwischen den Gräsern auf. Eine Fledermaus fiel im Sturzflug zu Boden, eine Hyäne ließ ihren heulenden Schrei hören. Der Wind trug einen unbeschreiblichen Duft mit sich, schmerzlich vertraut. Hier war mein Zuhause, hier war ich zu Hause.

Würde ich in England bei all der Luftverschmutzung und dem Nebel jemals wieder Sterne sehen? Doch selbst wenn: Für mich stand fest, dass die Sterne nirgends so schön waren wie die, die auf Afrika herabsahen. Wie sollte ich weiter leben, ohne die filigranen, silbernen Fäden des Mondlichts zu sehen, die sich des Nachts verflüssigen und über die Felder ergießen? Wie sollte ich atmen können, wenn man mir diese Luft entzog? Ich sah den englischen Himmel vor mir, wie ich ihn von Fotos und Gemälden her kannte: sein endloses Grau, die Häuser aneinander gedrängt; die beengten Gärten, die auf Eisenbahnschienen schauen; die Wäsche, die in der verpesteten Luft auf der Leine trocknet. Und weil es ein so kleines Land war, in dem so viele Menschen zusammengepfercht waren, konnte der Himmel eigentlich nur ein entfernter Flecken inmitten von Dächern, die Luft eigentlich nur leblos und schal sein. Mein Lebtag hatte ich an Orten gelebt, wo die Luft sprudelnd und würzig war, in einer Gegend, die so blank war wie ein abgenagtes Skelett. Was sollte ich in einer Welt, in der jedes Haus wie das andere aussah und aus winzigen Zimmern, verhangenen Fenstern und verschlossenen Türen bestand?

Meine Mutter hatte mir schon von England erzählt. Sie tat es jetzt umso mehr. Sie begann, ihre Schränke leer zu räumen und Kleider auf diverse Haufen im Zimmer zu verteilen. Niemand wird dir dort die Schuhe putzen, sagte sie, wobei sie ein Trägerkleid hochhielt, um es dann in die Ecke zu schleudern. O nein, und du wirst nicht jeden Tag schöne, saubere Kleidung anziehen können. Und glaub ja nicht, dass ich für dich wasche und bügle. Und das Abwaschen und Aufräumen wirst du ebenfalls selbst besorgen müssen. Und natürlich müssen wir ein Internat finden, das dich nimmt. Wenn ihr die Aussicht auf England weniger Angst einflößte, war sie meistens bestimmend und brüsk, manchmal aber auch tapfer und frohen Mutes. Weißt du, Liebes, es wird hübsch sein, ins Grüne zu fahren und zur Abwechslung mal Gras zu sehen, das tatsächlich grün ist, und ich bin sicher, ich werde irgendeine Zugehfrau finden und ein schönes Haus, auch wenn es uns klein vorkommen mag, da bin ich sicher, und die Fenster und Türen werden natürlich nicht so sein wie diese hier, wegen der Kälte, weißt du, aber dafür werden wir ein schönes Kaminfeuer haben. O je, da fällt mir ein, wer wird uns dann die Kohlen bringen und wer den Rost sauber machen? Sogleich wurde sie fahrig und ängstlich und ich musste mit allerlei Lügen und Geschichten einspringen, um den furchtbaren Gesichtsausdruck zu vertreiben, den sie in solchen Momenten stets hatte.

Sie legte meistens ziemlich großspurig los. Dein Vater wird in das Commonwealth Relations Office in Whitehall versetzt, verkündete sie. Und mit diesen Worten kam ihre ganze Hochnäsigkeit, die ansonsten von ihren Zukunftsängsten überlagert wurde, wieder zu ihrem vollen Recht. Sie polierte ihren snobistischen Akzent auf, bis er wieder vornehm genug war. Während sie ihr Spiegelbild prüfend betrachtete und Zitronensaft auf die eine oder andere Sommersprosse tupfte, konnte sie etwa sagen: Glaubst du, es stimmt, was die Einheimischen über Ponds Hautpflegecreme sagen? Was sagen sie denn?, fragte ich dann und fuhr mit dem Finger über die Mahagoniplatte ihrer Frisierkommode, um in dem feinen Staub ihres Gesichtspuders zu schreiben, als ob es Sand wäre. Na ja, dass sie die schwarze Hautfarbe zum Verschwinden bringt. Das ist selbstverständlich der Grund, warum sie sie verwenden; sie glauben, sie helle ihre Haut auf. Ich bestätigte ihr, es sei sicher einen Versuch wert. Doch im selben Atemzug versicherte ich ihr, dass ich keine einzige Sommersprosse in ihrem Gesicht entdecken könne, und überhaupt fände ich Sommersprossen ganz hübsch, hätte schließlich selbst welche. Oh nein, sagte sie, Sommersprossen sind nun wirklich vulgär. Sei doch so gut, mein Schatz, und reich mir die Creme. Mal sehen, ob's funktioniert.

Sie begann, sich Gedanken zu machen, welche Kleidung sie bräuchte, wie ihr gesellschaftliches Leben aussehen würde und ob sie weiterhin in Kontakt mit Leuten aus P. B. bliebe. Doch meistens führten solche Fragen wie überhaupt die ganze Ungewissheit dazu, dass sie unruhig wurde. Wie viel würde wohl eine Zugehfrau kosten? Wie sollte sie all ihre Aufgaben bewältigen – den Hausputz, das Kochen, das Waschen und Bügeln? Wie machte man das überhaupt? Sie war in Indien aufgewachsen; sie hatte keine Ahnung von solchen Dingen. Weißt du, Liebes, wir sind anders erzogen worden; wir mussten so etwas nicht tun oder gar arbeiten, man hat mir noch nicht einmal beigebracht, wie man sich hübsch macht. Sogar das musste ich mir selbst beibringen. Indem sie fortfuhr, von dem, was uns in England erwartete, zu erzählen, jagte sie uns beiden Angst ein, doch sie konnte es nicht lassen. Ich habe gehört, die Menschen dort sollen so unfreundlich sein, sagte sie in ihrer Nervosität. Man soll jahrelang in ein und derselben Straße wohnen können, ohne dass man mit einer Menschenseele ein Wort wechselt. Man kann in seinem Bett sterben, und es dauert Tage, ehe man gefunden wird. Die meisten Leute, die für immer nach Europa zurückgekehrt sind, erzählen, wie sehr sie das gute alte P. B. vermissen – keine Bediensteten, keine Partys, kein Spaß, Alkohol und Zigaretten sündhaft teuer – wie sollte man sich da überhaupt zurechtfinden? Unter solchen Reden tigerte sie rauf und runter, händeringend. Schließlich konnte ich ihr nur anbieten, Tee aufzugießen, und ihr raten, ein Nickerchen zu machen, das täte ihr sicher gut.

Sie gab mir deutlich zu verstehen, daß ich allmählich lange genug zu Hause gelebt hatte. Nein, du wirst nicht mehr lange bei uns wohnen, meinte sie und nippte an ihrer Teetasse. Du wirst auf eigenen Füßen stehen, vielleicht in London. Ich glaube nicht, dass wir uns ein Haus in London werden leisten können, aber du könntest ein Zimmer, vielleicht auch möbliert, mieten. Dazu brauchst du natürlich einen Job. Mädchen brauchen etwas, worauf sie zurückgreifen können – einen Job als Sekretärin, Krankenschwester oder etwas Ähnliches –, falls mal etwas schief läuft, damit sie nicht aufgeschmissen sind, wenn ihr Mann stirbt oder sich aus dem

Staub macht. Glaub bitte nicht, dass wir dich unterhalten, wenn die Schule erst einmal vorbei ist.

Was meine Zukunft betraf, wusste ich also Bescheid. Ich würde in einem möblierten Zimmer wohnen, mit sich lösenden Tapeten und muffigen, schmutzigen Möbeln; ich würde Münzen in den Zähler des Gasofens werfen, um ihn, wenn mir kalt war, in Gang zu setzen oder um mir eine Suppe warm zu machen. Ich würde in einem schmuddeligen Büro als Sekretärin arbeiten und mich von irgendjemandem den ganzen Tag herumkommandieren lassen, Botengänge erledigen und diesem Jemand ein Sandwich zum Lunch besorgen, als sei ich eine Bedienstete. Vor dem Fenster sähe ich das Grau des Himmels und des Smogs, und die Leute würden in schweren Mänteln umherlaufen und kaum lächeln, weil es so kalt wäre. Meine Mutter hatte es an Deutlichkeit nicht fehlen lassen, und für einen Augenblick kaufte ich ihr alles ab. So wird es kommen, dachte ich. Doch dann mischte sich etwas anderes in dieses Elendsszenario, zwei Wörter nur, die mir ein anderes Gefühl gaben: Wehr dich. Ich klammerte mich an sie, als ginge es um mein Leben.

An jenem letzten Abend wusste ich, dass ich die Farm der le Cordeurs nicht wiedersehen würde. Ich blickte um mich, als gelte es, mir alles einzuprägen, es mir auf ewig in mein Gedächtnis zu brennen. Doch die Farm tat mir nicht den Gefallen, stillzuhalten. Die Farm wie auch das Land, zu dem sie gehörte, wandelte sich mit der Zeit, die ich nicht anhalten konnte. Die Dinge würden weiterlaufen, auch ohne mich. Als ich auf den Stufen stand, die zu dem L-förmigen Haus führten, stellte ich mir vor, wie die Farm wohl aussähe, wenn wir alle abgezogen wären. Die Räume wären leer, Sand würde ins Haus wehen und sich in kleinen Häufchen in den Zimmerecken sammeln. Die Scheiben würden bersten, die Wände einstürzen. Fliegengittertüren würden im Wind quietschen, so wie damals bei Bunny Swart, und wilde Vögel würden ihr Nest in den Dachsparren bauen, unter dem Eisenwellblechdach, auf das einst der Regen niedergeprasselt war und Geräusche gemacht hatte wie ein auf dem Dach tanzender Betrunkener. Die herrlichen Villen aus unserer kurzen Herrschaftszeit würden zerfallen und in sich zusammenbrechen, würden wilden Tieren und heimatlosen Flüchtlingen als Unterschlupf dienen. In den Krankenhäusern würden Krankenschwestern noch immer in den dunkelblauen Uniformen und schneeweißen Hauben des Empire umherlaufen; Kinder würden immer noch in weißen Blusen und Trägerkleidern, wie wir sie einst trugen, zur Schule gehen, wir aber wären nicht mehr hier, um sie zu sehen. Und wenn sie zurückschauten, würde nichts davon zeugen, wer wir waren, woher oder warum wir kamen und wieder gingen oder gar warum wir sie so geliebt haben, wie wir sie geliebt haben.

Siebzehn

Angela durfte in St. Mary's bleiben, um ihren Abschluss zu machen, während meine Mutter, mein Vater, Susan und ich den Zug nach Kapstadt bestiegen. Ich kannte das Kap aus der Zeit, als meine Eltern alle halbe Jahre für sechs Monate dort gewohnt hatten, doch dieses Mal bedeutete mir das herrliche, unermessliche und abgrundtiefe Meer, als ich es wiedersah, rein gar nichts. Wenn ich zum Horizont hinstarrte, war mir, als wolle ich über ihn hinausblicken zu der kleinen Insel im Nebel, die unser eigentliches Ziel war. Eine Eiseskälte befiel mein Herz, nicht einmal die flimmernde Hitze konnte mich, die ich am Quai stand und zu dem weißen Rumpf des Dampfers aufschaute, der uns bald von hier fortbrächte, erwärmen. Dieses Mal war das Schiff, das uns nach England bringen sollte, kein schwimmender, nach einer königlichen Residenz benannter Palast. Weder leuchteten seine Schornsteine in Purpurrot und Schwarz, noch konnte sein Rumpf es mit dessen elegantem Schiffskörper aufnehmen, jenen fliederblauen Flächen, die im Auf und Ab der meterhohen Wellen, die der Atlantik gegen die Mole wirft, mit der See tanzen. Dieses Mal fuhren wir mit der *MV Jagersfontein*, die zu der Linienflotte Holland–Afrika gehörte: ein zweckmäßiger schwarz-weißer Dampfer mit geraden Rumpfseiten.

Als wir die Laufplanke hinaufgingen, vorbei an Wimpeln,

die im Wind flatterten, und zu den Klängen von *Auld Lang Syne*, überkam mich Panik, und ich griff nach der Hand meiner Mutter. Wir haben Angela allein gelassen, schrie ich. Sie hätte mit uns kommen sollen, schließlich waren wir auch zusammen, als wir nach Afrika kamen. Ich war verzweifelt und zerrte an ihrem Arm. Wie sollte ich ohne sie zurechtkommen, wo sie doch immer vorausgegangen war und mir die Wege geebnet hatte. Ich wollte wieder kehrtmachen und sie holen. Meine Mutter schüttelte mich ab. Mein Gott, sei nicht albern, sagte sie, geh da rauf und hör auf, so ein Theater zu machen. Du hältst die Leute auf. Was gibt es denn da um Himmels willen zu heulen, ausgerechnet jetzt? Reiß dich mal ein bisschen zusammen, und zwar schnell. Was hast du bloß? Weißt du nicht, dass wir nach Hause fahren?

Also fuhr ich ohne Angela. Ich stand an Deck, gegen die Reling gelehnt, als der Dampfer langsam aus der Tafelbucht herausgezogen wurde, eskortiert vom trostlosen Klang der Glockentonnen, die die Fahrrinne säumten. Es schien, als führen wir unter den Bergen her und versänken immer tiefer im Meer, je größer der Abstand zum Ufer wurde. Möwenschwärme flogen über unserem Kielwasser, Wimpel flatterten plötzlich durch die Luft, und wir versuchten, sie aufzufangen, doch schon bald rissen sie entzwei und landeten im Meer. Die Menschen unter uns am Quai winkten immer noch zum Abschied und schienen zu schrumpfen, je weiter wir uns aus der Bucht entfernten und aufs offene Meer zuhielten. Die Wimpel trieben einen Moment lang auf dem Wasser, bevor sie untergingen. Nebelhörner ertönten wie Dudelsäcke an einem offenen Grab.

Als der Dampfer die Bucht verließ, die sich in den Südatlantik weitet, kam der Tafelberg in seiner ganzen Pracht in den Blick, flach und feuersteinfarben wie der Busch; mit zunehmendem Abstand wurden seine Farben immer dunkler. Ich schaute zurück auf das Gebirgspanorama und die Bucht, die immer kleiner wurde. Schon bald kehrten die afrikanischen Seevögel, die unserer Gischt bislang gefolgt waren, zu ihren Plätzen auf den Bergfelsen zurück. Ihre Schreie wurden schwächer, bis jedes natürliche Geräusch vollends verstummte. Die Maschinen heulten indes, der Schlepper, der uns aufs offene Meer eskortiert hatte, drehte ab, sein Steuermann winkte noch einmal herauf, um dann zur Küste zurückzukehren. Allmählich beruhigte sich die See, und der weiße Schiffsrumpf pflügte unaufhörlich durch die Wellen, teilte sie und hinterließ einen wirbelnden Malstrom in seinem Kiel. Nun waren wir allein auf hoher See und ohne Begleitschutz. Wir fuhren Richtung Äquator und weiter gen Norden, heimwärts. Ich blieb an der Reling stehen, wurde schwach, drehte mich noch einmal nach dem Festland um. Es war immer noch in Sicht, in seiner ganzen Erhabenheit, das blaue Massiv der Halbinsel mit ihren schützenden Bergen, mit ihren Südostwinden, die uns nun davontrugen, immer weiter davontrugen.

An diesem Abend ging meine Mutter in einem schwarzen Oberteil mit weißen Punkten und einem weiten Rock zum Tanzen; ihre schmale Taille war so beweglich wie die einer Wespe. Während sie herumwirbelte, wehten das Knistern und Rascheln ihres Tafts und der schwere Duft von Chanel No. 5 hinter ihr her. Doch obgleich sie mit meinem Vater tanzte, wirkte sie – wie immer –, als tanze sie allein. Mein Vater bemerkte es nicht, und da er immer noch derjenige war, der nicht trank, war er ganz schön in Form. Dieses Mal war er sich seiner Position sicher. Denn er befand sich auf dem Weg nach Whitehall und zu den Fluren der Macht. Ich sehe ihn noch auf dem Dampfer vor mir. Er hatte sich ein wenig erholt, da sein zukünftiger Posten einer Beförderung gleichkam und ihn wieder mit mehr Befugnissen ausstattete. Der Preis für diese Stellung war freilich äußerste Selbstaufgabe gewesen, jedenfalls soweit er dazu imstande war. Mittlerweile war er ein Ire, der das typisch Irische, das die Engländer so abstoßend fanden, nahezu vollständig abgelegt hatte. Er war durch die Härten seines Kolonialdienstes zurechtgebogen worden und hatte in der Abhängigkeit vom Wohlwollen seiner Vorgesetzten im *Colonial Office* gelernt, wo sein Platz war. Er hatte sich in einen Engländer verwandelt und sämtliche Einstellungen und Verhaltensweisen der Engländer übernommen oder wußte sie zumindest so überzeugend nachzuäffen, dass man durchaus sagen konnte, England habe ihn kastriert. So stand er da und parlierte mit den anderen Herren, sprach von seinen Plänen, sah der Band zu und sonnte sich schon jetzt in dem Gefühl, bald die Früchte seiner Arbeit einfahren zu können: einen Adelstitel vielleicht, bestimmt aber einen Orden des British Empire, das war das Mindeste. Hätte man ihm damals gesagt, dass er Afrika nie wiedersehen sollte, wie er auch Indien nie wiedersah, hätte er es für blanken Unsinn gehalten. Und wenn man ihm erzählt hätte, dass er nur wenige Jahre später ganz aus dem Dienst ausscheiden und ohne Arbeit und Perspektive dastehen sollte, hätte er kein einziges Wort geglaubt.

Die Passagiere betranken sich, als ob es für sie kein Morgen gäbe. Gin und Whiskey flossen in Strömen, wobei Stewards permanent und allerorten dafür sorgten, dass die

Gläser nicht leer wurden. Sie hatten allesamt Oberwasser, viele verließen Afrika für immer und brachen zu neuen Ufern auf: nach Australien oder Amerika, wo es sich noch gut leben ließ. Man sprach laut und enthusiastisch. Man war vor der großen Fluchtbewegung davongekommen, befand sich in Sicherheit und fuhr einer viel versprechenden Zukunft entgegen. In Afrika zu leben, war inzwischen doch recht riskant geworden. Die politische Atmosphäre war geladen – auf der einen Seite Revolutionäre, die Reformen forderten, auf der anderen ein kompromissloser Obrigkeits- und Polizeistaat, der jeden Protest im Süden im Keim erstickte. Es war nicht lange vor Sharpeville, als die Polizei von Südafrika neunundsechzig Schwarze während einer friedlichen Demonstration niedermähte. Es war der Beginn von Hausarrest, Hochverratsprozessen und lebenslänglichen Haftstrafen. Es war die Zeit des Widerstands. Unsere Mitpassagiere flohen früh außer Landes, bevor auch das letzte Stück Afrika hochgehen würde.

Wir ließen all das zurück, tauschten es ein gegen die abgeschottete Welt eines Passagierdampfers auf See. Ich beobachtete, wie schnell wir den Geist des Busches auf dem Dampfer wiederauferstehen ließen. Man war nur kurz da, hatte ein wenig Freizeit, befand sich auf Geschäftsreise oder erlebte eine Zäsur, und so war es an Bord des Schiffes nicht anders als im Busch. Männer und Frauen, ihrer Vergangenheit wie ihrer Zukunft entbunden, fielen sich in wilder Selbstvergessenheit in die Arme. Leidenschaftliche Romanzen entflammten über Nacht, loderten üppig und fiebrig in der sonnendurchtränkten Luft. Liebende wandelten Arm in Arm über verlassene, mondgebleichte Decks und tauschten lange und intensive Küsse, während die hellen Sterne das

Firmament durcheilten. Es geschah vor aller Augen – ein Mann, den man soeben noch mit seiner Frau auf dem gewienerten Tanzboden gesehen hatte, lag ausgebreitet auf dem stummen Körper einer Frau, die man zuletzt in der zweiten Klasse gesichtet hatte. Ein junger Engländer, der nach Hause fuhr, um seine Liebste aus Kindertagen zu heiraten, lag eng umschlungen mit einem Steward, der seine erste Seereise unternahm, auf den Netzen an Deck der Besatzungsmitglieder. Auch zu einem Selbstmord kam es. Der Sarg wurde in den Union Jack gewickelt und langsam im Meer versenkt, während wir den 23. Psalm hersagten.

Wir fuhren weiter gen Norden, überquerten den Äquator, dieses Mal allerdings ohne Zeremonie. Wir überquerten die Linie, und weiter ging's. Doch obwohl es dieses Mal keine Zeremonie gab, wirkte das Ereignis wie ein Echo früherer Überquerungen. Als wir zuvor dem Äquator schon recht nahe waren, trat die Besatzung – bislang so schmuck in ihren blendend weißen Uniformen mit den dezenten Goldtressen – von Kopf bis Fuß in Schwarz an. Je tiefer die Sonne ihres Weges zog, desto mehr schienen wir in schattige und traurige Gefilde abzugleiten. Das Meer war nicht mehr blaugrün, die Wellen wurden schwer und lang. Wenn die Sonne schien, fiel der Schatten des Dampfers auf das Wasser und verfolgte uns wie ein Albatros, der uns immer näher der Heimat brachte. Die Tage fielen von unserem Abreißkalender, einer nach dem anderen, derweil wir weiterfuhren, und indem sie vergingen, änderten sich Klima und Licht geradezu dramatisch. Die Luft wurde schal und kalt, das Licht irgendwie dicker. Wollsachen wurden aus dem Gepäckraum geholt, und an Deck sah man Leute mit Hut und Mantel. Während wir nach England Ausschau hielten, wussten wir, dass wir die neue Welt hinter uns ließen und in die alte Welt zurückkehrten, und wir wurden trübsinnig und einsilbig, lehnten an der Reling und starrten auf das Meer. Das Wasser war grün und spiegelglatt, doch so still, dass alles, selbst das Schiff, zu gefrieren schien.

Als wir uns England näherten, sah ich, dass es flach war, genau so, wie ich es aus den Atlanten kannte. Es hatte nichts, was an Afrikas herrliche, runde Birnenform mit der südlichen, ins Meer ragenden Halbinsel erinnerte: das schönste Kap der Welt, das Kap der Stürme, das Kap der Guten Hoffnung. England lag ruhig im Meer, eine gemalte Insel auf einem gemalten Ozean, und als ich es so erblickte, die weißen Klippen niedrig und gebeugt, schien es mir ein sehr enges Land zu sein, sehr grau und sehr freudlos. Als wir in den Hafen von Southampton einliefen, sah ich ein riesiges Werbeplakat, auf dem ein Glas Bier abgebildet war und darüber die Worte: *Nur Mut.*

Epilog

Vor zehn Jahren, als Afrika und mein Leben auf diesem Kontinent kaum mehr als ein Traum waren, brach eines Tages ein Sturm in meinem Kopf los. Ich wachte mit Kopfschmerzen auf, die nicht abklingen wollten, und fühlte Angst mir in Wellen über den Körper laufen. Ich war völlig verunsichert, schreckhaft ohne erkennbaren Grund und konnte keinen klaren Gedanken fassen, geschweige denn mich konzentrieren. Ich litt schon seit einer ganzen Weile an solchen Symptomen, wenn auch in abgeschwächter Form. Genau genommen hatte es schon kurz nach dem Tod meines Vaters vor einigen Jahren begonnen, doch in den vergangenen sechs Monaten war es schlimmer geworden. Meine alten Alpträume stellten sich wieder ein und mit ihnen die Bilder, die vor meinem inneren Auge immer nur kurz aufflackerten und wie Halluzinationen wirkten: eine Schüssel mit Blut, Kinderweinen, wenn gar kein Kind in der Nähe war, und eines Tages, als ich auf meine Füße hinabschaute, sah ich statt meiner hochhackigen Schuhe kleine, schwarze Ballerinaschühchen. Für den Bruchteil einer Sekunde nur sah ich sie, dann waren sie wieder verschwunden, wie all die anderen Bilder auch. Ich war außer mir vor Angst. Der Wahnsinn hatte mich wieder befallen, davon war ich überzeugt, und ich hatte keine Ahnung, wohin das führen mochte. Ich beschloss, die Kopfschmerzen durch Schlaf zu kurieren, während ich gleichzeitig das Empfinden hatte, ich müsse schreien und könne nie wieder damit aufhören. Ein Schrei saß in meiner Kehle fest; er hatte dort mein ganzes Leben lang gesessen, doch nun schien er sich einen Weg ins Freie zu bahnen.

Ich ging in den zweiten Stock meines Hauses und kroch in ein altes Messingbett. Es steht im Gästeschlafzimmer – in einem großen, luftigen Raum mit hellen Wänden und großen goldbraunen Dielen. Große Bäume vor dem Fenster sorgen hier für Schatten und dämpfen den Lärm, so dass mich der Raum an unser Baumhaus in Maun erinnert, weil er so luftig und eingebettet in schwere Zweige daliegt und vom Wind kühl gehalten wird. Ich betrachte ihn als mein Sommerschlafzimmer und ziehe oft dorthin, wenn es draußen heiß ist; die Tauben kommen nah ans Fenster, wenn der Tag dämmert, und nachts hört man ihr Gurren, bevor sie sich zurückziehen.

Ich hatte gerade jenen Schwebezustand zwischen Wachen und Schlafen erreicht, als mein Geist begann, ohne Sinn und Verstand eine Flut von Bildern zu umkreisen. Ich lag unter der Bettdecke, es war kalt, oder ich war kalt, ich weiß es nicht mehr, jedenfalls hatte ich ganz plötzlich und wie aus heiterem Himmel das Gefühl zu ersticken. Ich schlug um mich, japste nach Luft und saß schließlich kerzengerade im Bett, wobei ich hätte schwören können, soeben etwas von meinem Gesicht geschleudert zu haben. Das Erstickungsgefühl war immer noch da, mein Herz schlug so heftig, dass es wehtat. Mittlerweile war meine Atemlosigkeit in Hyperventilation übergegangen. Eine schlimme Panikattacke war das, so viel wusste ich, und auch, dass ich mich wieder unter Kontrolle bringen musste. Ich zwang mich, ruhiger zu atmen, sprach mir so lange Mut zu, bis ich mich beruhigt hatte, und schlief, als ich schließlich die Augen schloss, augenblicklich ein.

Als ich nach etwa zwanzig Minuten aufwachte, hatte sich ein Bild in meinem Kopf festgesetzt. Es gehörte zu einem immer wiederkehrenden Traum über einen Mann ohne Gesicht. Ich konnte seinen Körper erkennen, doch ein Antlitz hatte der Mann nicht. Es war ein wenig wie im Film, wenn sie die Identität eines Interviewten anonym halten, indem sie sein Gesicht unscharf stellen. Das Bild erinnerte mich an die Alpträume aus meiner Kindheit, in denen mir immer wieder jemand erschienen war, dessen Antlitz ohne Konturen war und der manchmal im Dunkeln am Fuß meines Bettes stand, mich manchmal aber auch aus der Finsternis eines Traums anstarrte. Der Gedanke an einen Mann ohne Gesicht ließ sich einfach nicht verscheuchen, so sehr ich auch versuchte, die Sache ruhig und vernünftig zu durchdenken. Doch schon bald konnte ich überhaupt nicht mehr denken. Ich war ganz aufgegangen in den hellen Raum, in dem das Nachmittagslicht zu den Fenstern hereinschimmerte. Ich fühlte mich entrückt, weit weg, winzig klein, irgendwie ohne Ich, als sei meine Identität vorübergehend aufgehoben: kein Gefühl drang in mein Bewusstsein vor. Dann setzte der Erstickungsanfall wieder ein, und dieses Mal wurde es so schlimm, dass ich Todesängste litt.

Und dann hörte ich einfach auf zu existieren. Stattdessen war ich wieder das kleine, sechsjährige Mädchen von damals. Ich lag in Swasiland in meinem Bett, lauschte auf das Brummen des Generators und wartete darauf, dass er sich unter Stottern ausschaltete und mein Nachtlicht mit allem anderen in Dunkelheit tauchte: mit dem Fußende meines Betts, den Fensterrahmen, den spielzeugbeladenen Regalen.

Die Tür öffnete sich leise, durch den Türspalt fiel Licht ein, es muss Mondlicht gewesen sein – ein dünner, goldener Strahl, der kurz aufschien und meinen Blick fing. Dann überkam mich wieder das Erstickungsgefühl. Ich konnte die Sunlight-Seife riechen, mit der unsere Wäsche im Zuber gewaschen wurde; der Duft kam von dem Kissen, das auf meinem Gesicht lag, und auch die Federn darin konnte ich riechen. Ich fühlte, wie sich die Federkiele in meinen Mund und mein Gesicht bohrten. Ich warf mich hin und her, um einen winzigen Luftkanal zu finden, damit ich nicht umkam, riss meinen Kopf von einer Seite zur anderen und trat mit den Beinen um mich. Ein Pfeil schoss unter unbeschreiblichen Schmerzen in meine Körpermitte. Ich wurde gespalten. Und dann war es, als könne ich mich selbst aus großer Entfernung sehen. Ich hatte keinen Kopf, weil das Kissen ihn verdeckte. Ich konnte meinen Oberkörper sehen, meinen blass-gelben Pyjama mit Entchen und weißer Bordüre am Kragen und an den Ärmeln. Den Rest meines Körpers konnte ich nicht sehen, aber fühlen konnte ich ihn. Und dann fühlte ich überhaupt nichts mehr.

Als ich zu mir kam, klapperten meine Zähne, die jedoch gar nicht mehr meine Zähne zu sein schienen. Sie fühlten sich vielmehr wie meine Milchzähne von damals an, wie leichtes Porzellan mit kleinen Furchen, das mir, wenn ich weiter so mit den Zähnen klappern würde, leicht aus dem Mund fallen könnte. In meinem Körper schien alles aus den Fugen geraten, wie nach einer Explosion, die meine Organe und Knochen durcheinandergewirbelt hatte. Ich zitterte, dann fiel mir auf, dass ich blutete, und als ich zwischen meine Beine fasste, waren meine Finger voller Blut. Ich fing an zu schluchzen und konnte nicht aufhören. Ich zitterte und konnte es nicht ändern. Ich schrie ein einziges Mal auf, dann wurde ich still und lag da wie das tote Ding, das ich im Grunde war.

Auch das Übrige kam mir wieder zu Bewusstsein, klar und deutlich, so, wie es sich zugetragen hatte und wie es die ganze Zeit über in der Versenkung geruht hatte – vergessen und doch nicht vergessen, gewusst und doch nicht gewusst –, all die Jahre hatte es nur darauf gewartet, wieder zum Vorschein kommen zu können. Es dämmerte und ich lag in meinem Bett in Swasiland. Angela trat von der Tür an mein Bett und brachte mir ein Glas Milch. Ich nahm einen Schluck, doch der süßliche Geschmack ließ mich schaudern. Ich konnte die Milch nicht trinken. Ich habe seitdem kein einziges Glas Milch mehr getrunken: ordentlich im Glas, kann ich den Geschmack nicht ausstehen, mag es nicht anrühren. Ich hatte keine Ahnung, warum die Milch einen solchen Ekel hervorrief. Ich hasste Milch einfach. Ich stand auf, als ich die Dienstboten in der Küche hantieren hörte, und ich wusste, dass er fort zur Arbeit war. Ich ging ins Badezimmer, es war, als pinkelte ich durch zerbrochenes Glas. Ich schaute in die Kloschüssel und sie war voller Blut; sein Pegel schien langsam an den Seiten zu steigen. Mein Schlafanzug war voller Blut, ich selbst auch. So ging ich zu meiner Mutter, weil ich nicht wusste, was ich sonst tun sollte. Sie sah mich kurz an, und ihr Gesicht verlor jede Fassung. Was hast du mit dir angestellt? Ihre Frage verwirrte mich. Ich sagte, das war Dad.

Da verfiel sie in eine atemlose Hysterie; sie steigerte sich derartig hinein, bis sie wütender war, als ich sie je erlebt hatte oder erleben würde. Sag das NIE wieder, erzähl mir nie mehr solche Lügen, brüllte sie, packte mich an den Schultern und schüttelte mich. Hörst du? Nie wieder.

Sie drehte mich Richtung Bad und schleifte mich am Arm dorthin, drehte den Wasserhahn ganz auf und befahl mir, mich zu waschen. Sie zog das Bett ab, holte mich aus der Wanne, um die Wäsche hineinzuwerfen. Sie ließ kaltes Wasser in die Badewanne, bis sie fast überlief. Das Wasser war rosa. Ich schaute zu. Ich beobachtete sie. Sie sagte jetzt nichts mehr. Angela war nicht dabei. Ich konnte sie nirgends sehen. Später brachte mich meine Mutter zum Arzt. Ich weiß nicht, was sie ihm erzählt hat. Er wohnte auf derselben Straße wie wir, und normalerweise war er recht freundlich. An jenem Tag sprach er jedoch kein Wort mit mir, und als er sprach, wandte er sich an meine Mutter. Kinder, sagte er, während er mich ohne jede Betäubung nähte, spüren da unten nichts. Wir gingen nach Hause, meine Mutter und ich, und verloren nie mehr ein einziges Wort darüber.

Als ich aus dem zweiten Stock nach unten kam, war ich nicht mehr ich selbst. Ich fühlte mich, als sei ich gerade nach Goedgegun geschickt worden. Alles war vorbei, nichts würde wieder so sein wie früher. Für den Rest dieses Samstags war ich ein Geist, eine sprachlos umherwandelnde Präsenz, kaum fähig mitzuteilen, was geschehen war, und zu ängstlich, es überhaupt zu versuchen. Denn wenn ich den Mund aufgemacht hätte, hätte ich gegen das Verbot meiner Mutter verstoßen. Ich befand mich immerzu am Rande einer Panik, vollkommen außer mir – so wie ich es jetzt in diesem Moment bin, da ich diese Sätze schreibe, nur noch viel schlimmer. Meine alte, abgrundtiefe Angst vor der Dunkelheit kehrte zurück. Ich war in der Vergangenheit gefangen, meinem Körper entschlüpft und in einen Trancezustand abgedriftet, mit dessen Hilfe ich mein Alltagsleben gerade noch so bewältigte, jedoch ohne wirklich anwesend zu sein. Genau wie damals, als ich Kind war.

Eine Weile lang glaubte ich, dass es nur einmal passiert war. Ich musste es glauben. Doch als eins zum anderen kam, als sich immer mehr Erinnerungsfetzen zusammenfügten und das Halbbewusste ins Bewusstsein trat, war das Ergebnis schließlich mehr, als mein Verstand ertragen konnte. Ich brauchte Monate, den Schock meiner Entdeckung und deren Folgen zu verwinden, und unablässig überkamen mich Bilder aus dem Nichts, die mein Leben völlig aus der Bahn warfen. Ein ganzes Jahr lang stand ich förmlich neben mir, außerhalb von Raum und Zeit. Ich stellte wieder selbstzerstörerische Züge an mir fest wie damals in Afrika und später, als ich Afrika verlassen hatte, in England, wo ich Jahre voller Heimweh und Elend verlebte. Ich glitt durch mein Leben wie eine Schlafwandlerin, ohne Gespür für Gefahr und ohne die Fähigkeit, ihr auszuweichen. Ich konnte kaum eine Straße ohne Probleme überqueren. Wie schon in Mafeking rannte ich auch jetzt wieder in Autos hinein, und einmal stand ich wie damals in St. Mary's auf dem Fenstersims im zweiten Stock und überlegte: Soll ich? Und wenn ich nicht mit einem Mann verheiratet gewesen wäre, der mich durch diese Zeit begleitet und sie mit mir durchgestanden hatte, wäre ich vermutlich nicht mehr hier. Und dann merkte ich ganz allmählich, dass inmitten all des Schreckens und des Leids etwas, das auf dem Grunde dieser Geschichte geschlummert hatte, nun zum Vorschein kam. In der Dunkelheit hatte sich ein Diamant geformt, und als er sichtbar wurde, konnte ich mir plötzlich auf mein ganzes Leben einen Reim machen. Zum ersten Mal fügte sich mein Leben zu einem kompletten Bild.

Ich fuhr nach England, um mit Angela zu sprechen.

Sie lebte dort, seit sie in St. Mary's ihren Abschluss gemacht hatte. Sie hatte eine Ausbildung als Krankenschwester absolviert und war dann an das Charing-Cross-Krankenhaus in London gegangen. Als ich sie besuchen fuhr, arbeitete sie schon beinahe zwanzig Jahre dort, und zwar vorwiegend mit Patienten, die an Atemnot und Atemwegserkrankungen litten. Sie hatte sich dem Pflegeberuf vollkommen verschrieben und war eine engagierte Anwältin ihres Berufsstandes: mit ihrem eisernen Willen zog sie gegen jede Form der Unterdrückung zu Felde und setzte sich mit einer solchen Vehemenz gegen Hierarchien zur Wehr, dass manch einer taumelnd in die Seile ging. Sie arbeitete immer noch dort, als ich zu Besuch kam. Ich wohnte bei ihr, in ihrem Haus in Ealing, und versuchte immer wieder, auf die Vergangenheit zu sprechen zu kommen, auf unsere Kindheit, auf das, was geschehen war, doch ich schaffte es nicht. Immer wenn ich es versuchte, war mir, als bekäme ich einen Schlag auf den Mund, der mich verstummen ließ. Ich brachte kein Wort heraus.

Eines Abends waren Ange und ich in der Küche, und ich betrachtete vom Fenster aus die Gartenmauer mit den verflochtenen Ranken der Mondwinde, die im Sommer geblüht hatte. Der Tisch war schon gedeckt, und wir wollten zu Abend essen. Ihr Mann und ihre Tochter warteten im Esszimmer bereits auf uns. Ange füllte den Reis in eine Schüssel, gleichzeitig reichte sie mir einen Bund Petersilie. Ich betrachtete das Grün und mir wollte schier das Herz brechen bei der Erinnerung an die Petersilie, die unter dem Wasserhahn in Gaborone wuchs und nur deshalb grün war, weil der Hahn tropfte, ohne den sie nie überlebt hätte.

Ich sah sie an und versuchte wieder zu sprechen. Ich konnte es nicht. Meine Lippen waren wie versiegelt. Ich versuchte es immer wieder, und immer wieder schlug es fehl. Schließlich brach es aus mir hervor und ich sagte: Ich bin eigentlich hergekommen, um dir etwas zu sagen, doch jetzt, da ich hier bin, bringe ich es nicht über die Lippen. Sie schaute mich kurz an und sagte: Es geht um Inzest, nicht wahr?

Im nächsten Moment standen wir auch schon am Tisch, setzten uns und schafften es tatsächlich, etwas zu essen. Wir vier hatten ein absolut normales Abendessen, so als wäre nichts geschehen. Es war so, wie es immer gewesen war. Das Spiel war uns vertraut. Vor Jahren hatten wir gleichfalls um einen Tisch gesessen, an dem mein Vater, wie jeden Tag auch, frühstückte und ich wie immer vor meinem Frühstücksei saß, das ich jedoch noch nicht angerührt hatte. Ich befand mich wieder einmal in meiner Traumwelt, war praktisch gar nicht anwesend, und meine Mutter wurde allmählich ungeduldig. Sie griff über den Tisch und schlug mein Ei auf und sagte: Mach schon, beeil dich ein bisschen. Ich nahm meinen Löffel und durchtrennte damit das gekochte Ei und sah das milchige, schleimige, wabbelige Weiß des kaum gekochten Eis. Ich führte den Löffel zum Mund, der Schleim glitt vom Löffel in meinen Mund. Mir stockte der Atem. Ich konnte ihn nicht hinunterschlucken. Ich wäre eher gestorben, statt zu schlucken. Ich erbrach alles, und das Ei, der Löffel und mein Erbrochenes landeten auf meinem Schoß und ergossen sich über den grünen Faltenrock meiner Schuluniform.

Wir kamen nochmals auf das Thema zu sprechen, Ange und ich. Wir hätten es vielleicht bei diesem knappen Wortwechsel in ihrer Küche belassen, wenn sie es nicht nochmals angeschnitten hätte. Sie richtete es so ein, dass wir unter vier Augen reden konnten, und sie bat mich zu erzählen, was geschehen war. Ich erzählte ihr nicht viel, weil ich spürte, dass sie nicht viel wissen wollte. Ich erzählte ihr nur vom ersten Mal in Swasiland, als ich sechs und sie acht war. Keine Einzelheiten. Nichts, an dem sich der Verstand hätte festhaken oder verfangen können. Doch als ich ihr erzählte, wie unsere Mutter mich zum Arzt gebracht hatte, sah sie mich an, als streife sie eine entsetzliche Erinnerung, und da sie Krankenschwester war, es immer schon gewesen war, sagte sie nach Art einer Krankenschwester: Ich erinnere mich an diese Blutung.

Und dabei blieb es. Wir legten die Sache zu den Akten und haben seither kaum mehr davon gesprochen, haben kein Wort darüber verloren, was sich damals tatsächlich ereignet hat, kein Wort über die Folgen der Geschehnisse, und auch nur wenige Worte darüber, inwiefern sie betroffen war. Sie gab mir deutlich zu verstehen, dass sie nicht weiter in die Tiefe gehen wollte, erst recht nicht um ihretwillen. Weißt du, sagte sie müde, du warst immer bereit, dich ohne Kerze ins Dunkle hinauszuwagen. Ich nicht, sagte sie. Und so nahmen wir unser Leben wieder auf und machten weiter, indem wir versuchten, den alten, ausgetretenen Weg auszubessern und die Dinge dadurch zusammenzuhalten, dass wir uns an das Schöne erinnerten. Mittlerweile sind von uns Fünfen nur noch wir zwei übrig; zuerst starb unsere Mutter, dann unser Vater und schließlich, vor zwei Jahren, starb auch unsere jüngste Schwester Susan. Angela und ich sind die beiden letzten Augenzeugen einer Kindheit, die wie die Landschaft, als deren Teil sie mir im Rückblick erscheint, ebenso unwiederbringlich verloren ist. Jeder Einzelne von uns – meine Mutter, mein Vater, meine Schwestern und ich – hat einen Weg gefunden, in der Gegend, in die es uns verschlagen hatte und deren Schönheit mit Worten nicht zu beschreiben ist, so gut es ging, zu überleben.

Das Leben, das wir führten, ist vorüber, und die Schauplätze unserer Kindheit existieren nicht mehr – Bechuanaland, Rhodesien, Belgisch-Kongo –, sie sind verschwunden und mit ihnen die weiße Herrschaft und der kühle Glanz kolonialer Gewißheit. Dieses unser Leben wurde von den Zeitläuften ebenso rasch überrollt, wie die genannten Ländernamen von den Landkarten verschwanden, so rasch, dass es kaum so etwas wie eine Dokumentation über das gibt, was sich dort zugetragen hat oder welche Bedeutung es hatte. Früher litt ich unter der Vorstellung, unter Menschen zu leben, die nicht wussten, woher ich kam und was ich gesehen hatte. Wie hätte ich ihnen von der Schönheit Afrikas erzählen können? Wie ihnen erzählen vom Zauber des Flusses in Maun oder der afrikanischen Frauen, die mit ihren Kindern im Tragetuch auf dem Rücken auf die Felder gingen? Wie ihnen erzählen von den Silberreihern, die hoch über dem von Wasserlilien überwachsenen Strom des Thamalakane durch die Lüfte segeln? Was wussten sie schon von der Stille des Busches, wenn der Geist des Buschmannes in großen, leichten Schritten vorbeigleitet? Oder davon, wie das Mondlicht sich in den gefiederten Blättern der Akazienbäume fängt und die Wüste mit Silber überzieht? Wie sollte ich ihnen auch nur das Mindeste davon vermitteln?

Inzwischen weiß ich, dass es nicht die Orte und Gegenden an sich sind, die Schönheit hervorbringen, sondern die

Menschen, die diese Schönheit zu lieben wissen. Das glänzende Licht Amerikas stammt aus Afrika und wird sich nach Havanna und Helsinki ausbreiten, bevor es wieder in Gottes Schoß zurückkehrt. Der kühle Wind, der aus der Karibik zu uns herüberweht, hat einen Schuss Würze, und die Sommerstürme bringen in Honolulu und Tibet ebenso heftige Regenfälle mit sich wie in Gaborone. Das Sonnenlicht in Guatemala ist genauso sanft wie in Sussex. Indiens Berge sind ebenso aus dem Zusammenprall der Kontinente hervorgegangen wie die in Karru. Eine Blume, die für einen Tag erblüht, trägt immer zur Schönheit der Erde bei – in Sibirien ebenso wie in der Kalahari. Mittlerweile habe ich Ersatz gefunden.

Danksagung

Nach den vielen Jahren, die nötig waren, um diese Geschichte druckreif zu machen, bin ich zahlreichen Menschen zu tiefstem Dank verpflichtet. Kemp Battle für seine unerschöpfliche Liebe und Treue und für die vielen Male, die er an mich geglaubt hat, wenn ich es nicht mehr tat. Leita Hamill, die aus Freundschaft und ohne jede Entschädigung sämtliche Fassungen dieses Buches mehrmals gelesen und redigiert und bis zum Ende durchgehalten hat. Dan Halpern für sein Entgegenkommen und seinen Beitrag zur Erstfassung des Manuskripts wie auch für die Vermittlung meiner Agentin Betsy Lerner von der Gernert Company. Mit ihrem glänzenden Lektorenblick hat sie dem Buch nicht nur den letzten Schliff gegeben, sondern es auch wie eine Löwin zu Markte getragen. Sonny Metha und Marty Asher von Knopf and Vintage, tausend Dank, dass ihr dieses Buch veröffentlicht. Marianne Velmans und Sarah Westcott und allen Mitarbeitern von Doubleday in London, eure unverzügliche und einfühlsame Reaktion bedeutet mir mehr, als Worte sagen können. Meinen Kindern Ally, Tom, Emily und Joe, meiner Stieftochter Mish und meinen Enkelkindern Becca, Molly und Casey, habt Dank, dass ihr mir beigebracht habt, eine Mutter beziehungsweise Großmutter zu sein. Dank und liebe Grüße auch an die Kinder anderer, die mir im Prozess des Schreibens am Herzen lagen: A. J., Doug, Fran,

Frankie, Joy, Matt, Mike und Jim. Ein großer Dank geht auch an Peggy Calvert, die meine Mutter wurde, als ich vor sechzehn Jahren zum ersten Mal in die USA kam. Ich danke auch zahlreichen Freunden, die während der langen Inkubationszeit dieser Geschichte in ihrem hartnäckigen Interesse und ihrer unermüdlichen Hilfe nicht müde wurden: Caron Avery, Anne Battle, Stephanie Beddows, Andrea Cook, Sue Cook, Logan und Ellie Fox, Kate Hughes, Liz und Sam Hynes, Shelagh Macdonald, Randi Orlando, Henry und Mary Reath und Harriet und Geoffrey White. Ein besonderer Dank gilt Miriam Lowi, die damals, als ich ihr zum ersten Mal von meinem Plan erzählte, alles aufschreiben zu wollen, sagte: Versetz dich einfach nach Afrika zurück und erzähle, wie es war.